禮記集說（下）

衛湜 撰

前聖繼天立極之道。
莫大於禮。
後聖垂世立教之書。
亦莫先於禮。
禮儀三百。
威儀三千。
孰非精神心術之所寓。

華夏出版公司本著「弘揚傳統文化，好書永世流傳」的理念，因舊版圖書年代久遠，囿於時空因素，在尚未能聯繫到原著作人並取得同意下，重新出版了這本著作，如有侵權，敬請著作權人或其親友和華夏出版公司聯繫，謝謝您。

禮記卷之六

玉藻第十三

此篇記天子諸侯服冕笏佩諸制及行禮之容節。

天子玉藻十有二旒前後邃延龍卷以祭。玉冕前後垂旒之玉也。藻雜采絲繩之貫玉者也。以藻穿玉以玉飾藻故曰玉藻。邃深也。延冕上覆也。玄表而纁裏。前後邃延者言前後各有十二旒垂而深邃延在其上也。龍衮畫龍於衮衣也。祭祭宗廟也。餘見禮器。○邃音粹。卷讀爲衮。**玄端而朝日於東門之外。聽朔於南門之外。**朝日春分之禮也。聽朔者聽月朔之事也。東門南門皆謂國門也。○疏曰知端當爲冕者皮弁尊次則諸侯之朝服又其次玄端諸侯皮弁聽朔朝服視朝是視朝之服卑於聽朔今天子皮弁視朝若玄端聽朔則是聽朔之服卑於視朝且聽朔大視朝小故知端爲冕謂玄冕也是冕服之下者。○端讀爲冕。朝音潮。**閏月則闔門左扉立于其中。**鄭氏曰天子廟及路寢皆如明堂制明堂在國之陽每月就其時之堂而聽朔焉卒事反宿路寢閏月非常月也聽其朔於明堂門中還處路寢門終月。○疏曰樂太史云終月謂終竟一月所聽之事於一月中耳尋常則居燕寢也皇氏云明堂有四門即路寢亦有四門閏月各居其時當方之門義或然也。○今按闔門左扉者左爲陽陽爲正以非月之正故闔左而由右。**皮弁以日視朝遂以食日中而餕奏而食日少牢朔月大牢五飲上水漿酒醴酏。**皮弁服天子常日視朝之服也。諸臣同此服。日中而餕謂日中所食乃朝食之餘也。奏作樂也。日常日也。朔月月朔也。上水以水爲上也。下四者說見內則。○疏曰餕尚奏樂郎朝食奏樂可知。○少去聲。大音泰。酏音移。**卒食玄端而居動則左史書之言則右史書之御瞽幾聲之上下年不順成則天子素服乘素車食無樂。**玄端服說見內則。玄者幽陰之色。宴息向晦而服之。於義爲得也。御瞽侍御之樂工也。幾察也。察樂聲之高下以知政令之得失也。此以上皆天子之禮。○端如字。幾平聲。**諸侯玄端以祭裨冕以朝皮弁以聽朔於大廟朝服以日視朝於內朝。**裨冕公衮侯伯鷩子男毳也。朝見天子也。諸侯以玄冠緇衣素裳爲朝服。凡在朝君臣上下同服。但士服則謂之玄端。袂廣二尺二寸故也。大夫以上皆侈袂三尺三寸。○方氏曰天子聽朔於南門示受之於天。諸侯聽朔於太廟示受之於祖。原其所自也。天子諸侯皆三朝外朝在庫門之外治朝在路門之外內朝在路門之內亦曰燕朝也。○端讀爲冕。**朝辨色始入君日出而視之退適路寢聽政使人視大夫大夫退然後適小寢釋服。**臣入常先君出常後尊卑之禮然也。視朝而見羣臣所以通上下之情。聽政而適路寢所以決可否之計。釋服釋朝服也。**又朝服以食特牲三俎祭肺夕深衣祭牢肉朔月少牢五俎**

四簋。子卯稷食菜羹。夫人與君同庖。三俎。特豕魚腊也。周人祭肺。夕。夕食也。牢肉。即特牲之餘也。五俎。加羊與其腸胃也。簋盛黍稷之器。常食二簋。月朔則四簋也。子卯。說見檀弓。夫人不特殺。故云與君同庖也。○食音嗣。君無故不殺牛。大夫無故不殺羊。士無故不殺犬豕。君子遠庖廚。凡有血氣之類。弗身踐也。至于八月不雨。君不舉。天子膳用六牲。則無故亦殺牛。此言國君也。天子之大夫有故得殺牛。此無故不殺羊。謂諸侯之大夫也。故謂祭祀及賓客饗食之禮也。祭禮有射牲之文。此言弗身踐。亦謂尋常也。八月。今之六月。殺牲盛饌曰舉。○遠去聲。踐讀為翦。食音嗣。年不順成。君衣布搢本。關梁不租。山澤列而不賦。土功不興。大夫不得造車馬。衣布。身著布衣也。士以竹為笏。而以象飾其本。搢。插也。君插士之笏也。關。謂門關。梁。謂澤梁。不租。不收租稅也。列。當作迾。遮遏之義。周禮。山虞掌其厲禁。鄭云。遮迾守之是也。凶年雖不收山澤之賦。猶必遮迾其非時采取者。造。新有製作也。此皆為歲之凶。故上之人節損以寬貸其下也。○衣去聲。搢音薦。著音勺。皆為為去聲。卜人定龜。史定墨。君定體。周禮。龜人所掌。有天地四方六者之異。各以方色與體辨之。隨所卜之事。各有宜用。所謂卜人定龜也。史定墨者。凡卜必以墨畫龜。以求吉兆。乃鑽之以觀其所拆。若從墨而拆大。謂之兆廣。若裂其旁岐細出。則謂之璺拆。亦謂之兆璺。韻書。璺音問。器破而未離之名也。體者。兆象之形體。定。謂決定其吉凶也。○疏曰。尊者視大。卑者視小。君羔幦虎犆。大夫齊車鹿幦豹犆。朝車。士齊車鹿幦豹犆。幦者。覆軾之皮。犆。緣也。君之齊車。以羔皮覆軾而緣以虎皮。朝車。亦謂大夫之朝車。以下文兩言齊車。故知上為君齊車也。○幦音覓。犆音直。齊音齋。覆緣並去聲。君子之居恆當戶。寢恆東首。若有疾風迅雷甚雨。則必變。雖夜必興。衣服冠而坐。向明而居。順生氣。而臥。敬天威而變。凡知禮者。皆當如是。不但有位者也。故以君子言。○首去聲。日五盥。沐稷而靧粱。櫛用樿櫛。髮晞用象櫛。進禨進羞。工乃升歌。盥。洗手也。沐稷。以淅稷之水洗髮也。靧粱。以淅粱之水洗面也。樿櫛。白木梳也。晞。乾也。象櫛。象齒梳也。髮濕則滑。故用木梳。乾則澀。故用象櫛也。沐而飲酒曰禨。羞則籩豆之實也。工乃升堂以琴瑟而歌焉。既充之以和平之味。又感之以和平之音。皆為新沐氣虛。致其養也。○靧音悔。樿音展。禨音暨。浴用二巾。上絺下綌。出杅。履蒯席。連用湯。履蒲席。衣布晞身。乃屨。進飲。杅。浴盤也。屨。踐也。蒯席。蒯草之席也。湅。洗也。屨蒯席之上。而以湯洗其足垢。然後立於蒲席。而以布乾潔其體。乃著屨而進飲也。○杅音于。連讀為湅。力甸切。衣去聲。將適公所。宿齊戒。居外寢。沐浴。史進象笏。書思對命。大夫之有史。蓋掌文史之事耳。非史官之比也。思。謂意所思念。欲告君之事。對。謂君若有問則對答之辭。命。謂君所命令當奉行者。此三者。皆書之於笏。故曰書思對命。皆謂敬謹之至。恐或遺忘也。○齊音齋。既服。習容觀玉聲。乃出。揖私朝。煇如也。登車則有光矣。既服。著朝服畢也。容觀。容貌儀觀也。玉聲。佩玉之聲也。揖私朝。與其家臣揖而往朝于君也。煇與光。皆言德容發越之盛。光則又盛於煇矣。○觀去聲。

天子搢珽。方正於天下也。搢。插也。珽。亦笏也。即玉人所謂大圭長三尺者是也。以其挺然無所詘。故謂之珽。蓋以端方正直之道示天下也。○搢音薦。珽他頂切。

諸侯荼。前詘後直。讓於天子也。荼者。舒遲之義。前有所畏。則其進舒遲。諸侯之笏前詘者。圜殺其首也。後直者。下角正方也。以其讓於天子。故殺其上也。○荼音舒。詘音屈。殺去聲。

大夫前詘後詘。無所不讓也。大夫上有天子。下有己君。故笏之下角亦殺而圜。示無所不讓也。

侍坐則必退席。不退則必引而去君之黨。臣侍君之坐。若側旁有別席。則退就別席。或旁無別席可退。或有席而君不命之退。則當引而却離坐於君親黨之下也。一說黨屬於鄉而小。故以為旁側之喻。

登席不由前。為躐席。疏曰。失節而踐為躐席。應從下升。若由前升。是躐席也。鄉飲酒禮。賓席于戶西。以西頭為下。主人席于阼階。介席于西階。皆北頭為下。賓升席自西方。註云。升由下也。又記云。主人介凡升席自北方。降自南方。註云。席南上。升由下。降由上。主人受獻自席前適阼階。是降自北方者。以受獻正禮。須席末啐酒。因從北方降也。故註云。由便也。若尋常無事。則升由下而降由上。若賓則升降皆由下也。○今按此說。席之上下。固為明白。竊意此經八字當作一句。而為字平聲。蓋行禮之時。人各一席。而相離稍遠。固可從下而升。若布席稍密。或數人共一席。則必須由前乃可得已之坐。若不由前則是躐席矣。

徒坐不盡席尺。徒空也。非飲食及講問之坐。為徒坐。不盡席之前一尺。示無所求於前也。

讀書食。句**則齊豆去席尺。**石梁王氏曰。食則豆去席尺。讀書則與豆齊。亦去席尺。是謂齊豆去席尺。

若賜之食而君客之。則命之祭。然後祭。先飯。辯嘗羞。飲而俟。客之。以客禮待之也。然必命之祭然後祭者。不敢以客禮自居也。先食而徧嘗諸味。亦示臣為君嘗食之禮也。飲而俟者。禮食未飧以前。啜飲以利滑喉中。不令澀噎。今君猶未飧。故臣亦不敢飧而先嘗羞。嘗羞畢而啜飲以俟君飧。臣乃敢飧也。○飯上聲。辯音徧。

若有嘗羞者。則俟君之食。然後食。飯。飲而俟。君命之羞。羞近者。命之品嘗之。然後唯所欲。

凡嘗遠食。必順近食。此謂君但賜之食。而非客之者。則膳宰自嘗羞。故云若有嘗羞者。此臣既不祭不嘗。則俟君食乃食也。雖不嘗羞。亦先飲。飲以利喉而俟君也。羞近者。但於近處食一羞也。品猶徧也。凡嘗遠食。必自近者始。客與不客皆然。故云凡也。○飯上聲。

君未覆手。不敢飧。君既食。又飯飧。飯飧者三飯也。君既徹。執飯與醬。乃出授從者。覆手者。謂食畢而覆手以循口之兩旁。恐有殺粒汙著之也。飧以飲澆飯也。禮食竟。更作三飧以助飽實。故君未覆手。則臣不敢飧。明不敢先君而飽也。既猶畢也。君畢食。則臣更飯飧也。三飯並是飧。謂三度飧也。故曰飯飧者三飯也。君食竟。既徹饌。臣乃自執己之飯與醬。出授己之從者。此食己所當得故也。此非客禮。故得以己饌授從者。故公食大夫禮。賓取粱與醬。降奠於階西。不以出也。若非君臣。但是降等者。則徹之以授主人之相者。故曲禮云。徹飯齊以授相者也。○飧音孫。上三飯上聲。執飯去聲。從去聲。先去聲。

凡侑食不盡食。食於人不飽。唯水漿不祭。若祭為已傃卑。食而勸侑。禮之勤也。食之不盡與不飽。禮之謙也。公食大夫禮。賓祭解衆。臣敬君之禮。此言水漿不祭。禮各有所施也。水漿非盛饌之比。若祭之則爲大偯卑矣。已，太也。偯，厭也。謂太厭降卑微。如有所畏迫也。○偯，虛涉切。厭，入聲。

君若賜之爵。則越席再拜稽首受。登席祭之。飲卒爵而俟君卒爵。然後授虛爵。君子之飲酒也。受一爵而色酒如也。二爵而言言斯。禮已三爵而油油以退。退則坐取屨。隱辟而后屨。坐左納右。坐右納左。

酒如，禮度明肅之貌。言言與誾誾同，意氣和悅之貌。已，止也。油油，謹重自得之貌。坐取屨，跪而取屨也。隱辟而后屨，不敢向人而著屨也。跪左足而納右足之屨，跪右足而納左足之屨，此納屨之儀也。○洒，先典切。言言讀作誾誾。辟音僻。

凡尊必尚玄酒。唯君面尊。唯饗野人皆酒。大夫側尊用棜。士側尊用禁。

尊尚玄酒，不忘古也。君坐必向尊，示惠自君出，而君專之也。饗野人，如蜡祭之飲是也。禮不下庶人，唯食之足於味而已，故一用酒也。側，旁側也。謂設尊在賓主兩楹之間，旁側夾之，故云側尊。棜禁見禮器。○疏曰。若一尊亦曰側尊。故士冠禮云，側尊一甒醴在服北。註云，無偶曰側。與此側別。○馬氏曰。面尊則不側，側尊則不面。尊於房戶之間，賓主共之是也。○棜，於據切。甒音武。

始冠緇布冠。自諸侯下達。冠而敝之可也。

冠禮初加緇布冠。諸侯以下通用。存古故用之。非時王之制也。故既用即敝棄之可矣。○始冠冠去聲。冠禮同。餘如字。

玄冠朱組纓。天子之冠也。緇布冠繢緌。諸侯之冠也。玄冠丹組纓。諸侯之齊冠也。玄冠綦組纓。士之齊冠也。

天子始冠之冠，則玄冠而以朱組爲纓。諸侯雖是緇布冠，却用雜采之繢爲纓緌，爲尊者飾耳，非古制也。齊冠，齊戒時所服者。諸侯與士皆玄冠，但其纓則有丹組綦組之異。朱色紅而明。丹，赤色也。綦，帛之蒼白如艾色者。一說文也。○繢音會。緌音蕤。齊音齋。

縞冠玄武。子姓之冠也。縞冠素紕。既祥之冠也。

縞，生絹也。武，冠卷也。以縞爲冠，凶服也。武則玄色，吉也。所以吉凶相半者，蓋父有喪服，子不可用純吉，故曰子姓之冠。姓，生也。孫是子之所生，故謂之子姓。素，熟絹也。紕，冠兩邊及卷下畔之緣也。縞冠素紕，謂冠與卷身皆用縞，但以素緣之耳。既祥之冠者，祥祭後所服也。○方氏曰。爲祖之亡也，故冠縞以示其凶。爲父之存也，故武玄以示其吉。冠上而武下。爲祖而縞者，尊尊於上也。爲父而玄者，親親於下也。○紕音皮。卷上聲。

垂緌五寸。惰游之士也。

此言縞冠素紕而緌之垂者長五寸。蓋以其爲惰游失業之士，使之服此以恥之耳。

玄冠縞武。不齒之服也。

不齒，即王制所謂不帥教而屛棄之者。使之玄冠縞武，亦以恥辱之。○屛音丙。

居冠屬武。自天子下達。有事然後緌。

禮服之冠，則臨著乃合其武，有儀飾故也。若燕居之冠，則冠與武相連，以非行禮之時，故率略少威儀也。此冠無分貴賤皆著之，故云自天子下達。凡緌所以致其飾，故有事乃緌，無事則否也。○屬音燭。著音勺。

五十不散送。親沒不髦。

喪禮啓殯以後，要絰之麻散垂，葬畢乃絞。此言五十始衰，不散麻以送葬也。髦象幼時剪髮爲鬌之形。父母在則用之，故親沒則去此飾。詳見內則。○散，上聲。鬌音朶。

大帛不緌。玄冠紫緌。自魯桓公始也。

方氏曰。大帛，冠之白者。凶服去飾，故不緌也。玄冠之緌，不宜用紫色，爲其非正色也。後世用之，則自魯桓公始。朝玄端。夕深衣。前章言夕深衣祭牢肉者。國君之禮也。此言朝玄端夕深衣者謂大夫士在私朝及家朝夕所服也。深衣三袪。縫齊倍要。衽當旁。袂可以回肘。袪。袖口也。尺二寸。圍之爲二尺四寸。要之廣三。其二尺四寸。則七尺二寸也。故云三袪。齊者裳之下畔。要爲裳之上畔。縫齊倍要者謂縫下畔之廣一丈四尺四寸。是倍要之七尺二寸也。衽裳交接之處也。在身之兩旁。故云衽當旁。袂袖之連衣者也。上下之廣二尺二寸。肘長尺二寸。故可以回肘也。○袪音嶇。縫如字。齊音咨。要平聲。長中繼揜尺。袷二寸。袪尺二寸。緣廣寸半。長中者長衣中衣也。與深衣制同而名異者。著於內則曰中衣。蓋著在朝服或祭服之內也。著於外則曰長衣。以素爲純緣者也。雜記云。練冠長衣以筮。註云。深衣之純以素者也。若凶服之純以布者則謂之麻衣。繼揜尺者幅廣二尺二寸。以半幅繼續袂口。而揜覆一尺也。袷曲領也。其廣則二寸。○袷音劫。緣廣。並去聲。純音準。以帛裏布。非禮也。外服是布。則不可用帛爲中衣以裏之。謂不相稱也。冕服是絲衣。皮弁服。朝服。玄端服。是麻衣。皆十五升布。凡裏各如其服。士不衣織。無君者不貳采。染絲而織之爲織。功多色重。故士賤不得衣之也。無君去位之臣也。不貳采謂衣裳與冠同色。○疏曰。大夫士去國。三月之內。服素衣素裳。三月之後。服玄端玄裳。○衣去聲。織音志。衣正色。裳間色。非列采不入公門。振絺綌不入公門。表裘不入公門。襲裘不入公門。正色者。青。赤。黃。白。黑。五方之正色也。木青克土黃。故綠色青黃。爲東方之間色。火赤克金白。故紅色赤白。爲南方之間色。金白克木青。故碧色青白。爲西方之間色。水黑克火赤。故紫色赤黑。爲北方之間色。土黃克水黑。故騮黃之色黃黑爲中央之間色也。列采謂正服之色各有尊卑品列也。非此則是褻服。振讀爲袗。禪也。禪則見體。裘上必有裼衣。表裘是無裼衣而裘在外也。襲裘謂揜其襲衣而不露裼衣也。表與襲皆爲不敬。故此四者皆不可以入公門也。○閒去聲。振上聲。纊爲繭。縕爲袍。禪爲絅。帛爲褶。纊新綿也。縕舊絮也。衣之有著者。用新綿則謂之繭。用舊絮則謂之袍。有表而無裏者謂之絅。有表裏而無著者謂之褶。○縕音韞。禪音丹。絅苦迥切。褶音牒。著音主。朝服之以縞也。自季康子始也。朝服之布十五升。先王之制也。季康子始用生絹後人因之。故記者原其所自。凡古禮之亡皆由於變。孔子曰。朝服而朝。卒朔然後服之。聽朔重於視朝。諸侯之朝服玄端素裳。而聽朔則皮弁。故卒聽朔之禮。然後服朝服而視朝也。曰。國家未道。則不充其服焉。曰字承上文。亦孔子之言也。禮樂刑政。未合於先王之道。則亦不宜充盛其衣服。○鄭氏曰。謂若衛文公者。唯君有黼裘以誓省。大裘非古也。君。國君也。黼裘以黑羊皮雜狐白爲黼文以作裘。舊讀省爲獮。方氏釋爲省耕省斂之義。今從之。大裘。黑羊裘也。天子郊服。謂國君固可衣黼裘以誓軍旅省耕斂。今而僭服大裘。則不可也。但言非古。則僭禮之失自見。君衣狐白裘。錦衣以裼之。君之右虎裘。厥左狼裘。士不衣狐白。狐白裘。以狐之白毛皮爲裘也。君衣此裘。則以素錦爲衣加其上。使可裼也。袒而有衣曰裼。詳見曲禮。虎裘者居右。狼裘者居左。示威猛之衛也。狐之白者少。故惟君得衣之。士賤不得衣也。○君衣不衣衣。去聲。註君衣得衣同。君子狐青裘豹褎玄綃衣以裼之君子謂大夫士也狐青裘狐之青毛皮爲裘也豹褎豹皮爲袖玄綃衣玄色之綃爲衣也○褎袖同綃音消麛裘青豻褎絞衣以裼之麛鹿子也豻胡地野犬絞蒼黃之色○豻音岸絞音爻羔裘豹飾緇衣以裼之狐裘黃衣以裼之錦衣狐裘諸侯之服也飾謂袖也論語緇衣羔裘黃衣狐裘○鄭氏曰凡裼衣象裘色犬羊之裘不裼不文飾也不裼犬羊之裘庶人所服裘與人俱賤故不裼以爲飾也裘之裼也見美也弔則襲不盡飾也君在則裼盡飾也此言裼襲之異宜見美謂裼衣上雖加他服猶必開露以現示裼衣之美弔喪襲裘惟小斂後則然盡飾者盡其文飾之道以爲敬弔士於哀故敬不在美君在則當以盡飾爲敬服之襲也充美也是故尸襲執玉龜襲無事則襲弗敢充也充美會云掩塞其華美也尸尊無所示敬故襲執玉之禮有裼時有襲時執龜爲享禮庭實則裼以卜則襲此特主襲而言耳非謂執玉龜無裼之禮也無事謂執玉執龜之禮巳竟也無事則裼亦謂在君之所非君所則否弗敢充者以見美爲敬也○疏曰凡敬有二體以質爲敬者子於父母之所不敢袒裼以文爲敬者臣於君所則裼若平敵以下則亦襲以質略故也所襲雖同其意異也笏天子以球玉諸侯以象大夫以魚須文竹士竹本象可也球美玉也文飾也陸氏音須爲班而疏引庾氏說以鮫魚須飾竹以成文與應氏說相近宜讀如字○應氏曰爾雅魚曰須蓋魚之所以鼓息者在須大夫以近尊而屈故飾竹以魚須士以遠尊而伸故飾以象見於天子與射無說笏入大廟說笏非禮也小功不說笏當事免則說之既搢必盥雖有執於朝弗有盥矣陳氏曰笏之所用蓋諸侯之朝天子則執命圭而搢荼大夫之聘則執聘圭而搢笏及其合瑞而授圭則執其所搢而已所謂見於天子無說笏者此也射以觀德則禮固在所隆小功則禮可以勝情故亦不說當事而免則事可以勝禮故說之○方氏曰大廟之內惟君當事則說笏所以逸尊者也後世臣或說之則失之簡矣小功之喪悲哀殺矣事不可不記也故不說笏及當事而免之時則不可以不說凡在廟搢笏必盥手者爲將執事也及有執事於朝則亦不再盥爲其已盥故也○見音現說音脫大音泰免音問凡有指畫於君前用笏造受命於君前則書於笏笏畢用也因飾焉因事而有所指畫用手則失容故用笏也造受命謂君所而受命也畢用者每事皆用之也因飾焉謂因而文飾之以爲上下之等級也○造七到切笏度二尺有六寸其中博三寸其殺六分而去一中廣三寸天子諸侯大夫士之笏皆然天子諸侯則從中以上稍稍漸殺至上首止廣二寸半是六分三寸而去其一也其大夫士又從中殺至下亦廣二寸半故惟中間廣三寸也玉人言大圭長三尺是兼終葵首言之○殺色介切去上聲天子素帶朱裏終辟此辟字讀如前章縞冠素紕之紕緣也天子以素爲帶素熟絹也用朱爲裏終竟也終辟終竟此帶盡緣之也○辟音皮而素帶終辟而下缺諸侯字諸侯亦素帶終辟而不朱裏大夫素帶辟垂大夫之素帶則惟緣其兩耳及垂下之紳腰後不緣士練帶

率下辟。練縿也。士以練爲帶。單用之而緶緝其兩邊。故謂之繂。腰及兩耳皆不緣。惟緣其紳。故云下辟。○率音律。居士錦帶。弟子縞帶。以錦爲帶。示文也。弟子用生絹。示質也。○鄭氏曰。居士。道藝處士也。幷紐約用組三寸。長齊于帶。紳長制。士三尺。有司二尺有五寸。子游曰。參分帶下。紳居二焉。紳韠結三齊。疏曰。幷。並也。謂天子下至弟子。其所紐約之物。並用組爲之。○方氏曰。紐則帶之交結也。合幷其紐。用組以約。則帶始束而不可解矣。三寸。其廣也。長齊于帶者。言組之垂適與紳齊也。紳之長制。士三尺者。自要而下爲稱也。士如此。亦擧卑以見尊也。有司欲便於趨走。故特去五寸。引子游之言。言人長八尺。自要而下四尺五寸。分爲三分。而紳居二。故長三尺也。韠。蔽膝也。結。卽組也。紳韠結三者。皆長三尺。故曰三齊。○韠音必。大夫大帶四寸。雜帶。君朱綠。大夫玄華。士緇辟二寸。再繚四寸。四寸。廣之度也。雜帶。謂以雜色爲辟緣也。朱綠者。上以朱。下以綠。玄華者。外以玄。內以華。華。黃色也。士帶之辟。則內外皆緇。是謂緇帶。大夫以上。帶皆廣四寸。士練帶。惟廣二寸。而再繞要一帀。則亦是四寸矣。一說。大帶者。正服之帶。雜帶者。雜服之帶。○繚音了。凡帶有率無箴功。凡帶當率緶之處。箴線細密。不見用箴之功。若無箴功也。○率音律。肆束及帶。勤者有事則收之。走則擁之。肆讀爲肄。餘也。詩。伐其條肄。謂約束帶之餘組及紳之垂者。遇有勤勞之事。則收斂而持於手。若事迫而不容不走者。則擁抱之於懷也。韠。君朱。大夫素。士爵韋。圜殺直。天子直。公侯前後方。大夫前方後挫角。士前後正。韠下廣二尺。上廣一尺。長三尺。其頸五寸。肩革帶博二寸。韠象裳色。天子諸侯玄端服朱裳。大夫素裳。上士玄裳。中士黃裳。下士雜裳。此言玄端服之韠。若皮弁服。則皆素韠也。凡韠皆韋爲之。故其字從韋。又以著衣畢然後著之。故名爲韠。韠之言蔽也。爵韋。爵色之韋也。在冕服則謂之韍。字亦作芾也。圜殺直三者之形制也。天子之韠直。謂四角無圜無殺也。下爲前。上爲後。公侯上下各去五寸。所去之處。以物補飾之。使方。變於天子也。大夫則圜其上角。變於君也。正。卽直與方之義。士賤不嫌與君同也。頸之廣五寸。在中。故謂之頸。肩。兩角也。肩與革帶皆廣二寸。○詩疏曰。古者佃漁而食。因衣其皮。先知蔽前。後知蔽後。後王易之以布帛。而猶存其蔽前者。重古道。不忘本也。士服爵弁。以韎韐配之。則服冕者以芾配之。故知冕服謂之芾。芾韠皆是蔽膝。其制同。但以尊祭服。故異其名耳。○今按韎韐者。以茜草染韋爲赤色。作蔽膝也。○圜音圓。殺。色介切。挫音佐。廣。去聲。去。上聲。茜音倩。一命緼韍幽衡。再命赤韍幽衡。三命赤韍葱衡。此以命數之多寡。定韍佩之制。緼。赤黃色也。幽讀爲黝。黑色也。衡。佩玉之衡也。葱。青色也。周禮。公侯伯之卿三命。其大夫再命。其士一命。子男之卿再命。其大夫一命。其士不命。○緼音溫。韍音弗。幽。上聲。王后褘衣。夫人揄狄。君命屈狄。此言后夫人以下六等之服。褘衣色玄。揄狄青。屈狄赤。六服皆衣裳相連。褘讀爲翬。揄狄讀爲搖翟。翬翟皆雉也。二衣皆刻繒爲雉形而五采畫之。屈讀爲闕。刻形而不畫。故云闕也。王后褘衣。夫人揄狄。皆本服也。君命屈狄。謂女君子男之妻。受王后之命。得服屈狄也。○褘音翬。揄音搖。屈音闕。再命褘衣。一命襢衣。士褖

衣。禒衣黃。襢衣白。褖衣黑。褘讀爲鞠。鞠衣黃桑服也。色如鞠塵。象桑葉始生之色。再命鞠衣者。子男之卿再命。其妻得服鞠衣也。一命襢衣者。子男之大夫一命。其妻得服襢衣也。士褖衣者。子男之士不命。其妻服褖衣也。○褘讀爲鞠。襢張戰切。褖音象。**唯世婦命於奠繭。其他則皆從男子。**世婦。天子二十七人。奠繭。獻繭也。凡獻物必先奠置于地。故謂獻爲奠。凡妻貴因夫。故得各服其命數之服。惟世婦必侯蠶畢獻繭。命之服乃服耳。他皆從夫之爵位也。**凡侍於君。紳垂。足如履齊。頤霤垂拱。視下而聽上。視帶以及袷。聽鄉任左。**立而磬折。則紳必垂。身折則裳下之緝委地。故足如踐之也。頤。頷也。霤。屋簷也。身俯故頭臨前。而頤之垂如屋霤然。垂拱亦謂身俯則手之拱者下垂也。視雖在下。而必側面向上以聽尊者之言。故云視下而聽上也。袷。交領也。視則自帶至袷。高下之則也。凡立者尊右。坐者尊左。侍而君坐。則臣在君之右。是以聽向皆任左以向君。○齊音咨。鄉去聲。**凡君召以三節。二節以走。一節以趨。在官不俟屨。在外不俟車。**疏曰。節以玉爲之。所以明信。輔於君命者也。君使使召臣。有二節時。有一節時。故合云三節也。隨事緩急。急則二節。故走。緩則一節。故趨。官謂朝廷治事處也。外謂其室及官府也。在官近。故云屨。在外遠。故云車。**士於大夫不敢拜迎而拜送。士於尊者先拜進面。答之拜則走。**士於大夫。尊卑有間。若大夫詣士。士不敢拜而迎之。恐其答拜也。去則拜送者。禮賓出則主人再拜送之。賓不答拜。禮有終止故也。士若見於大夫。則先拜於門外。然後進而見面。若大夫出迎而答其拜。則走避之。**士於君所言。大夫沒矣。則稱諡若字。名士。與大夫言。名士。字大夫。**名士者。士雖沒。猶稱其名。以在君之前也。與大夫言而名士。則謂士之生者也。大夫之生者。則字之。**於大夫所有公諱。無私諱。凡祭不諱。廟中不諱。教學臨文不諱。**公諱。本國先君之諱也。私諱。私家之諱也。凡祭。祭羣神也。餘見曲禮。**古之君子必佩玉。右徵角。左宮羽。**徵角宮羽。以玉聲所中言也。徵爲事。角爲民。故在右。右爲動作之方也。宮爲君。羽爲物。君道宜靜。物道宜積。故在左。左乃無事之方也。不言商者。或以西方肅殺之音。故遺之歟。○方氏曰。徵角爲陽。宮羽爲陰。陽主動。陰主靜。右佩陰也。而聲中徵角之動。左佩陽也。而聲中宮羽之靜。何哉。蓋佩所以爲行止之節。時止則止。時行則行。此設佩之意也。○徵音止。中去聲。**趨以采齊。行以肆夏。周還中規。折還中矩。進則揖之。退則揚之。然後玉鏘鳴也。故君子在車。則聞鸞和之聲。行則鳴佩玉。是以非辟之心無自入也。**路寢門外至應門。謂之趨。於此趨時。歌采齊之詩以爲節。路寢門內至堂。謂之行。於行之時。則歌肆夏之詩以爲節。中規。圜也。中矩。方也。進而前。則其身略俯。如揖然。退而後。則其身微仰。故曰揚之。進退俯仰皆得其節。故佩玉之鳴。鏘然可聽也。鸞和。鈴也。常所乘之車。鸞在衡。和在軾。若田獵之車。則和在軾。鸞在馬鑣也。○方氏曰。心。內也。而言入。何哉。蓋心雖在內。有物探之而出。及其久也。則與物俱入矣。故得以入言焉。○齊音慈。還音旋。中去聲。辟音僻。**君在不佩玉。左結佩。右設佩。居則設佩。朝則結佩。**君在。謂世子在君所也不佩玉非去之也但結屨其左佩之綬不使玉之有聲玉以比德示不敢表其有加玉之德耳右設佩者佩謂事佩觿燧之屬設之於右示有服役以奉事於上也居則設佩謂退而

燕居則佩玉如常也朝則結佩申言上意此皆謂世子也**齊則綪結佩而爵韠**凡佩玉者遇齊時則綪結其佩綪屈也謂結其綬而又屈上之也爵韠爵色之韋爲韠也

士之服但齊則雖諸侯大夫亦服之也○齊音齋綪音爭**凡帶必有佩玉唯喪否佩玉有衝牙君子無故玉不去身君子於**

玉比德焉疏曰凡佩玉必上繫於衡下垂三道穿以蠙珠下端前後以懸璜中央下端懸以衡牙動則衝牙前後觸璜而爲聲所觸之玉其形似牙故曰衝牙**天子佩白**

玉而玄組綬綬所以貫佩之珠玉而相承受者玄組綬謂以玄色之組爲綬也**公侯佩山玄玉而朱組綬大夫佩水蒼玉而純**

組綬世子佩瑜玉而綦組綬士佩瓀玟而縕組綬山玄水蒼如山之玄如水之蒼也瑜美玉也綦雜文也瓀玟石之次玉者縕赤黃色○純

音緇瓀乳兖切玟音民縕音溫**孔子佩象環五寸而綦組綬**象環象牙之環也其廣五寸孔子謙不佩玉故燕居佩之非謂禮服之正佩也**童子之節**

也緇布衣錦緣錦紳幷紐錦束髮皆朱錦也節禮節也錦緣以錦爲緇布衣之緣也紳紐見前○緣去聲**童子不裘不帛不**

屨絇無緦服聽事不麻無事則立主人之北南面見先生從人而入不屨絇未習行戒也無緦服謂父在時已雖有緦親

之喪不爲之著緦服但往聽主人使令之事不麻謂免而深衣不加経也問喪云童子不緦唯當室緦當室爲父後者也童子未能習禮且緦輕故父在不緦父沒則本服不可違矣從人而

見先生不敢以卑小煩長者爲禮也○絇音劬見音現不爲爲去聲著音勺免音問**侍食於先生異爵者後祭先飯客祭主人辭曰不足**

祭也客飱主人辭以疏主人自置其醬則客自徹之此言成人之禮先生齒尊於已者異爵爵貴於已者後祭示饌不爲已也先飯示爲

尊貴者嘗之也盛主人之饌故祭而主人辭之謙也既食而飱以爲美也而主人辭以麤疏亦謙也醬者食味之主故主人自設客亦自徹禮尚施報也○飯上聲飱音孫**一室之**

人非賓客一人徹壹食之人一人徹凡燕食婦人不徹一室之人同居共事者也壹食之人爲同事而相聚以食者也二者皆爲無賓

主之分故但推少者一人徹之而已婦人不徹弱不勝事也**食棗桃李弗致于核瓜祭上環食中棄所操**致謂委弃之也曲禮曰其有核者懷

其核上環橫切之圓如環也○操平聲**凡食果實者後君子火孰者先君子**古人嘗藥嘗食蓋恐其不善或爲尊者害耳果實生成之味當使尊者先

食火孰者先君子嘗食之禮也○先去聲孰熟通**有慶非君賜不賀**君賜如爵命士田車服之類皆是也言卿大夫士之家設有喜慶之事若是君命所賜則當賀非君

賜則不賀蓋以君賜爲榮也一說有慶而君亦慶之則餘人亦致賀君無所賜則餘人亦不必賀也**有憂者**此下缺文**孔子食於季氏不辭不食肉而**

飱。爲客之禮。將食。必興辭。食則先胾次殽至肩。乃飽而飱。孔子饋。不辭。又不食肉。乃獨澆飯而爲飱之禮。蓋以季氏之饋失禮故也。君賜車馬。乘以拜賜。句衣服。服以拜賜。君賜及門既拜受矣。明日又乘服詣君所而拜謝其賜。所謂再拜。敬之至也。二賜字句絕。本朱子說。君未有命。弗敢即乘服也。此謂諸侯之卿大夫爲使臣而受天子之賜。歸而獻諸其君。君命之乘服。乃得乘服。故君未有命。不敢即乘服也。左傳。杜洩將以路葬。南遺謂季孫曰。叔孫未乘路。葬焉用之。季孫使杜洩舍路。不可曰。夫子受命於朝而聘于王。王思舊勳而賜之路。復命而致之君。君不敢逆王命而復賜之。○使去聲。焉音煙。舍上聲。君賜。稽首據掌致諸地。據按也。覆左手以按於右手之上。致至也。頭及手俱至地也。酒肉之賜。弗再拜。已拜受於家。而明日又往拜。謂之再拜。酒肉之賜輕。故惟拜受於家而已。凡賜君子與小人不同日。君子小人以位言。君子日賜。小人日與。貴賤殊。故不可同日也。凡獻於君。大夫使宰。士親。皆再拜稽首送之。膳於君有葷桃茢。於大夫去茢。於士去葷。皆造於膳宰。大夫不親往而使宰者。恐勤君之降禮而受獻也。士賤。故得自往。皆再拜稽首送之者。言大夫初遣宰時已拜送矣。及至君門以授小臣。則或宰或士。亦皆再拜而送之也。膳美食也。葷薑及辛菜也。茢苕帚也。膳宰主飲食者。○方氏曰。膳必用葷桃茢者。防不祥之物或干之也。桃以其性。葷以其氣。茢以其形。形不如氣。氣不如性。故貴賤多少之數。去其一者茢。去其二者葷。惟桃不可去焉。皆造膳宰者。以不敢專達。必待主膳之人達之也。○葷音薰。茢音列。去上聲。造七到切。大夫不親拜。爲君之答已也。釋所以不親獻之義。○爲去聲。大夫拜賜而退。士待諾而退。又拜。弗答拜。大夫往君門而拜君昨日所賜。及門即告小臣。小臣入白。大夫即拜。拜竟即退。不待小臣出報。恐君名進之而答拜也。君不答士之拜。故士拜竟則待小臣傳君之諾報而後退也。又拜者。小臣傳諾報而出。士又拜君之諾也。弗答拜。謂君終不答士之拜也。大夫親賜士。士拜受。又拜於其室。衣服弗服以拜。敵者不在。拜於其室。其室。大夫之家也。衣服弗服以拜。下於君賜也。敵者尊卑相等也。其室獻者之家也。若當時主人在家而拜受。則不復往彼家拜謝。今主人不在。不得拜受。還家必往而拜之也。若朋友則非祭肉不拜。凡於尊者有獻而弗敢以聞。不敢以聞者。不敢直言獻於尊者。如云致馬資於有司及贈從者之類也。士於大夫不承賀。下大夫於上大夫承賀。士於大夫尊卑遠。若有慶事。不敢受大夫之親賀。下大夫於上大夫尊卑近。故可承受其親賀也。親在。行禮於人稱父。人或賜之則稱父拜之。方氏曰。不敢私交。不敢私受故也。禮不盛。服不充。故大裘不裼。乘路車不式。前章言不充其服。與此充字義殊。此謂禮之盛者。則以充美爲敬。大裘路車。皆祭天所用。不裼而襲。是欲掩塞其華美也。不式。敬天之心不可他用也。父命呼。唯而不諾。手執業則投之。食在口則吐之。走而不趨。應辭。唯速而恭。諾緩而慢。○唯上聲。親老。出不易方。復不過時。親癠。色容不盛。此孝子之疏節也。易方則恐名已而莫知所在。過時則恐失期而貽親之憂。癠病也。疏節謂常行疏略之禮而已。非大節也。○癠才細切。父沒而不能讀父之書。手澤存焉爾。母沒而杯圈不能飲焉。口澤之氣存焉爾。不能猶不忍也。手之所持。猶存其潤澤之迹。杯圈盛酒漿之器。屈木為之。若卮匜之屬也。口澤之氣。亦謂常用以飲。故口所潤澤猶有餘氣。此所以不忍讀不忍飲也。君入門。介拂闑。大夫中棖與闑之間。士介拂棖。此言兩君相見之時。入門入大門也。介副也。闑門中央所豎短木也。棖者門之兩旁長木。所謂楔也。君入當棖闑之中。主君在闑東。賓在闑西。主君上擯在君後稍近西而拂闑。賓之上介在賓後稍近東而拂闑。大夫之為擯為介者。各當君後而在棖闑二者之中。士之為擯為介者。則各拂東西之棖也。○棖音橙。楔音屑。賓入不中門。不履閾。公事自闑西。私事自闑東。此賓謂鄰國來聘之卿大夫也。入不中門。謂入門稍東而近闑也。閾門限也。聘享是奉君命而行。謂之公事。入自闑西。用賓禮也。若私覿私面。謂之私事。以其非君命故也。入自闑東。從臣禮也。君與尸行接武。大夫繼武。士中武。徐趨皆用是。君謂天子諸侯也。接武謂二足相躡。每蹈於半。不得各自成迹也。若大夫與其尸行。則兩足迹相接續。漸卑。故與尸行步稍廣而速。中猶間也。士與其尸行。每徙足間容一足地乃躡之。士極卑。故與尸行步極廣也。徐趨皆用是。謂君大夫士或徐或趨。皆用此與尸行步之節也。疾趨則欲發而手足毋移。此言若以他事行禮而當疾趨者。其履頭圈欲發起。不以接武繼武為拘。然而手容必恭。足容必重。不可或低或斜而變其常度。移猶變也。圈豚行不舉足。齊如流。席上亦然。舊說圈轉也。豚之言循。讀為上聲。謂徐趨之法。當曳轉其足。循地而行。故云不舉足也。方氏謂此言迴旋而行。羔性聚。豚性散。圈之則聚而回旋於其中矣。故取況如此。未知是否。齊裳下緝也。足既不舉。身又俯折。則裳下委於地。而曳足則齊如水之流。席上亦然。言未坐之時。行於席上亦當如此也。○圈舉遠切。豚上聲。齊音咨。端行頤霤如矢。弁行剡剡起屨。端直也。直身而行。身亦小折。故頭直臨前。而頭如屋霤之垂。其步之進則一如矢之直也。弁急也。剡剡身起之貌。急行則欲速。而身屨恒起也。一說端謂玄端素端。弁謂爵弁皮弁。行容各欲稱其服也。執龜玉。舉前曳踵。蹜蹜如也。踵足後跟也。舉足之前而曳其後跟。則行不離地。如有所循也。蹜蹜促狹之貌。龜玉皆重器。故敬謹如此。○離去聲。凡行容惕惕。惕惕直而且疾也。謂行於道路則然。蓋回枉則失容。舒緩則近惰也。○惕音傷。廟中齊齊。朝廷濟濟翔翔。齊齊收持嚴正之貌。濟濟威儀詳整也。翔翔張拱安舒也。君子之容舒遲。見所尊者齊遬。舒遲閑雅之貌。齊如夔夔齊慄之齊。遬者謹而不放之謂。見所尊者。故加敬。○齊音齋。遬音速。足容重。手容恭。重不輕舉移也。恭無慢弛也。目容端。口容止。無睇視。不妄動。聲容靜。頭容直。無或噦咳。欲其靜也。無或傾顧。欲其直也。○噦一決切。咳音孩。又音槩。氣容肅。似不息者。立容德。舊說以為如有所予於人。其義難通。應氏謂中立不倚。儼然有德之氣象。此說近之。色容莊。坐如尸。莊矜持之貌也。坐如尸見曲禮。燕居告溫溫。詩言溫溫恭人。燕居之時與告語於人之際。則皆欲其溫和。所謂居不容。寬柔以敎也。凡祭容貌顏色。如見所祭者。論語曰。祭如在。祭神如神在。喪容纍纍。色容顛顛。視容瞿瞿梅梅。言容繭繭。此皆居喪之容。纍纍羸憊失意之貌。顛顛憂思不舒之貌。瞿瞿驚遽之貌。梅梅猶昧昧。瞻視不審。故瞿瞿梅梅然也。繭繭猶綿綿。聲氣低微之貌也。○纍力追切。顛音田。瞿音屨。戎容暨暨。言容詻詻。色容厲肅。視容淸明。此皆軍旅之容。暨暨果毅之貌。詻詻敎令嚴飭之貌。顏色欲其嚴厲而莊肅。視瞻欲其瑩徹而明審。○詻五格切。立容辨。卑無讇。立之容貶卑者。不爲矜高之態也。雖貴貶損卑降。而必貴於正。若傾側其容。柔媚其色。則流於諂矣。故戒以毋諂也。○辨讀爲貶。讇音諂。頭頸必中。頭容欲直。山立。如山之嶷然不搖動也。時行。當行則行。盛氣顛實揚休。顛讀爲塡塞之塡。實滿也。揚讀爲陽。休與煦同。氣體之充也。言人當養氣使充盛塡實於內。故息之出也。若陽氣之煦物。其來無窮也。○顛音田。休吁句切。玉色。玉無變色。故以爲顏色無變動之喻。○石梁王氏曰。立容以下。不屬戎容。

凡自稱天子曰予一人。一者無對之稱。伯曰天子之力臣。天子三公。一相處內。二伯分主畿外諸侯。蓋股肱之臣。宣力四方者也。故曰力臣。諸侯之於天子曰某土之守臣某。某土猶云東土西土之類。○守去聲。其在邊邑曰某屛之臣某。邊邑遠諸之屛者。蕃屛之義。所以蔽內而捍外也。○屛音丙。其於敵以下曰寡人。小國之君曰孤。擯者亦曰孤。此章與曲禮小異者。此據自稱爲辭。彼則擯者之辭也。上大夫曰下臣。擯者曰寡君之老。下大夫自名。擯者曰寡大夫。世子自名。擯者曰寡君之適。此明自稱與擯者之辭不同也。○適音的。公子曰臣孽。適而傳世者。謂之世子。餘則但稱公子而已。讀孽爲枿者。蓋比之木生之餘也。故以臣孽自稱。士曰傳遽之臣。於大夫曰外私。驛傳之車馬。所以供急遽之令。士賤而給車馬之役使。故自稱傳遽之臣也。家臣稱私。此大夫非已所臣事者。故對之言。則自稱外私也。○傳張戀切。大夫私事使私人擯則稱名。私事。謂非行聘禮而以他事奉君命往使鄰國也。隨行之人當謂之介。曰擯者。擯是主人之副。今以在賓館而主國致禮。則已爲主人。故稱擯也。私人。已之屬臣也。私事使而私人擯。則無問上大夫下大夫。皆降而稱名。以非正聘故也。○使去聲。公士擯則曰寡大夫。寡君之老。公士。公家之士也。若正行聘禮。以公士爲擯。其下大夫往行小聘之禮。則擯辭稱寡大夫。其上大夫往行大聘之禮。則擯辭稱寡君之老。大夫有所往。必與公士爲賓也。賓讀爲擯。介也。謂大夫有正聘之往。必使公士作介也。○方氏讀賓如字。謂擯雖爲賓執事。其實亦與之同爲賓而已。故曰與公士爲賓也。○賓去聲。

明堂位第十四

昔者周公朝諸侯于明堂之位。天子負斧依南鄉而立。斧依。說見曲禮。○石梁王氏曰。註云。周公攝王位。又云。天子。卽周公。周公爲冢宰。雖成王年已十四，非攝位。但攝政。周公未嘗爲天子。豈可以天子爲周公。此記者之妄。註亦曲徇之。○朝音潮。依上聲。鄕去聲。

三公中階之前，北面東上。諸侯之位，阼階之東，西面北上。諸伯之國，西階之西，東面北上。諸子之國，門東，北面東上。諸男之國，門西，北面東上。疏曰。中階者，南面三階，故稱中。諸伯以下皆云國，此云位者，以三公不云位，諸侯在諸國之上，特舉位言之，明以下皆朝位也。九夷之國，東門之外，西面北上。八蠻之國，南門之外，北面東上。六戎之國，西門之外，東面南上。五狄之國，北門之外，南面東上。夷蠻戎狄各從其方之門，而以右爲尊。獨南面東上者不然。方氏以爲南面疑於君，故與北面者同其上也。九采之國，應門之外，北面東上。疏曰。此是九州之牧，謂之采者，以采取當州美物而貢天子，故王制云，千里之外曰采。明堂無重門，但有應門耳。○應去聲。當去聲。重平聲。四塞世告至。此周公明堂之位也。明堂也者，明諸侯之尊卑也。四塞，九州之外夷狄也。若天子新即位，或其國君易世，皆一來朝告至，故云世告至也。○塞如字。先代切。

昔殷紂亂天下，脯鬼侯以饗諸侯。是以周公相武王以伐紂。武王崩，成王幼弱，周公踐天子之位，以治天下。六年，朝諸侯於明堂，制禮作樂，頒度量，而天下大服。七年，致政於成王。鬼國名。易曰，高宗伐鬼方。殺人以爲薦羞，惡之極也。故伐之。六年五服一朝，蓋始於此。○石梁王氏曰。只以詩書證之，即知周公但居冢宰攝政，未嘗在天子位。周公相踐阼而治，文王世子此語爲是。詩小序之言亦不可據。註引魯頌，豈盡伯禽時事哉。○劉氏曰。此蓋因洛誥篇首有周公曰朕復子明辟之辭，篇中有周公誕保文武受命惟七年之語，遂生此論，謂周公踐天子位，七年而致政於成王也。殊不知復子明辟者，周公營洛遣使告卜之辭。受命惟七年者，史臣敘周公留後治洛，凡七年而薨也。書傳中九峯蔡氏之辨，可謂深切著明。○相量並去聲。辟音璧。

成王以周公爲有勳勞於天下，是以封周公於曲阜，地方七百里，革車千乘。命魯公世世祀周公以天子之禮樂。是以魯君孟春乘大路，載弧韣，旂十有二旒，日月之章，祀帝于郊，配以后稷，天子之禮也。論語稱伯禽爲魯公，閟宮稱僖公爲魯侯，又曰俾侯于魯，則魯本侯爵，過稱公也。孟子言公侯皆方百里，又言周公封于魯，地方百里。而此云七百里者，蓋以百里之田爲魯本國，如後世食實封也。并附庸爲七百里，所謂錫之山川土田附庸也。周禮封疆方五百里之制，當時設法未行，不可以據。革車，兵車也。千乘，田賦所出之數也。孟春，周正子月也。大路，殷祭天所乘之木路。弧，所以張旌旗之幅，其形如弓，以竹爲之。韣，則弧之衣也。旒屬於旂之正幅，而畫日月以爲章也。○王荊公謂周公能爲人臣所不能爲之功，故可用人臣所不得用之禮樂。程子曰。是不知人臣之道也。夫居周公之位，則爲周公之事，由其位而能爲者，皆所當爲也。周公乃盡其爲臣之職耳。豈得獨用天子之禮樂哉。成王之賜，伯禽之受，皆非也。○問孟子說齊魯皆封百里，而先生向說齊魯始封七百里者，何耶。朱子曰。此等處皆難考。云云見告千下篇。○千乘乘去聲。下如字。載音戴。觸音獨。

季夏六月以禘禮祀周公於大廟。牲用白牡。殷尚白。白牡殷牲也。○方氏曰。止用時王之禮者。諸侯之事。通用先王之禮者。天子之事。故郊特牲云。諸侯祭以白牡。乘大路。謂之僭禮也。○大音泰。

尊用犧象山罍。鬱尊用黃目。尊。酒器也。犧犧尊也。音莎者。釋云。刻畫鳳形。娑娑然也。讀如字者。釋云。畫爲牛形。又云。尊爲牛之形。象。象尊也。以象骨飾尊。一說尊爲象之形也。山罍。刻畫山雲之狀於罍也。鬱尊。盛鬱鬯酒之尊也。黃目。黃彝也。卣罍之類。以黃金鏤其外爲目。因名也。○犧音莎。

灌用玉瓚大圭。薦用玉豆雕篹。爵用玉琖仍雕。加以璧散璧角。俎用梡嶡。灌。酌鬱鬯以獻尸也。以玉飾瓚。故曰玉瓚。以大圭爲瓚柄。故言玉瓚大圭也。薦。祭時所薦菹醢之屬也。玉豆。以玉飾豆也。篹。籩也。雕飾其柄。故曰雕篹。爵。行酒之器。夏氏爵名琖。以玉飾之。仍。因也。因爵形而雕飾之。故曰仍雕也。加者。夫人亞獻於尸也。用璧角。即周禮內宰所謂瑤爵也。夫人獻後。則賓用璧散獻尸。散角皆以璧飾其口。此先言散後言角。便文也。虞俎名梡。夏俎名嶡。梡形四足如按。嶡則加橫木於足中央。爲橫距之形也。○瓚才旱切。篹損管切。琖側眼切。散去聲。梡音緩。嶡音蹶。

升歌清廟。下管象。朱干玉戚。冕而舞大武。皮弁素積。裼而舞大夏。昧。東夷之樂也。任。南蠻之樂也。納夷蠻之樂於大廟。言廣魯於天下也。清廟。周頌。升樂工於廟之堂上而歌此詩也。下。堂下也。管。匏竹也。象。象武詩也。堂下以管吹象武之詩。故云下管象也。朱干。赤盾也。玉戚。玉飾斧柄也。著袞冕而執此干戚以舞武王伐紂之樂。又服皮弁見裼衣而舞夏后氏大夏之樂。五冕皆周制。故用以舞周樂。皮弁三王之服。故用以舞夏樂也。昧任皆樂名。廣魯於天下。言周公動業之盛。廣及四夷。故廣大其國禮樂之事。以示天下也。○裼音析。任音壬。

君卷冕立于阼。夫人副褘立于房中。君肉袒迎牲于門。夫人薦豆籩。卿大夫贊君。命婦贊夫人。各揚其職。百官廢職服大刑。而天下大服。副。首飾也。副之言覆。以其覆被平首而爲名。詳見周禮追師。及詩副笄六珈註疏。褘。褘衣也。本王后之服。亦以尊周公而用天子禮樂。故得服之也。房。太廟之東南室也。贊。助也。命婦。內則世婦。外則卿大夫之妻也。揚。舉也。廢。不舉也。天下大服。謂敬服周公之德也。○卷。讀爲袞。覆去聲。

是故夏礿秋嘗冬烝春社秋省而遂大蜡。天子之祭也。魯在東方。或有朝于方岳之歲。則廢春祠。故此略之。秋省。省斂也。年不順成。則八蜡不通。必視年之上下以爲蜡之豐嗇。舊讀省爲彌者非。○礿音藥。省悉井切。蜡音乍。

大廟。天子明堂。庫門。天子皐門。雉門。天子應門。魯無明堂。而太廟如明堂之制。天子五門。路。應。雉。庫。皐。由內而外。路門亦曰畢門。今魯庫門之制如天子皐門。雉門之制如天子應門也。○大音泰。

振木鐸於朝。天子之政也。木鐸。金口木舌。發教令則振之。所以警動眾聽。

山節藻梲。說見前篇。

復廟重檐。復。廟上下重屋也。重檐者。檐下復有板檐。免風雨之壞壁。○復音福。重平聲。檐音簷。復有復去聲。

刮楹達鄉。以密石摩柱。使之精澤。故云刮楹。達。通也。鄉。牕牖也。每室四戶八牕。牕戶相對。故云達鄉。○刮古刹切。鄉去聲。

反坫

出尊兩君好會反爵之坫築土爲之在兩楹間而近南蓋獻酬畢則反爵于其上也凡物在內爲入在外爲出以坫在尊之外故云反坫出尊言坫出在尊之外也崇坫康圭
疏屏天子之廟飾也崇高也康安也凡物措之得所則無危墜之失圭禮器之重者不可不謹故爲此高坫以康圭也疏屏者刻鏤於屏使之文理疏通也鸞車
有虞氏之路也鉤車夏后氏之路也大路殷路也乘路周路也鸞車有鸞和之車也路與輅同鉤曲也車牀謂之輿輿之前闌
曲故名鉤車也大路殷之木路也乘路周之玉路也有虞氏之旂夏后氏之綏殷之大白周之大赤四者旌旗之屬周禮交龍爲旂綏讀爲緌
以旄牛尾注於杠首而垂之者也大白白色旗也大赤赤色旗也鄭云當言有虞氏之緌夏后氏之旂謂虞質於夏惟緌而已至夏世乃有旂之制也夏后氏駱馬黑鬣
殷人白馬黑首周人黃馬蕃鬣白黑相間謂之駱此馬白身而黑鬣也蕃鬣赤鬣也夏后氏牲尚黑殷白牡周騂剛騂赤色剛
壯色泰有虞氏之尊也山罍夏后氏之尊也著殷尊也犧象周尊也虞氏尚陶泰瓦尊也著者無足而底著於地也餘見前章
○著直略切犧音莎爵夏后氏以琖殷以斝周以爵夏爵名琖以玉飾之故其字從玉殷爵名斝稼也故畫爲禾稼周之爵則爵之形也其曰玉爵者則飾之
以玉也○斝音稼灌尊灌鬯酒之尊也夏后氏以雞夷殷以斝周以黃目夷讀爲彝法也與餘尊爲法故稱彝刻畫雞形於其上故名雞彝餘見上
章其勺夏后氏以龍勺殷以疏勺周以蒲勺周禮梓人爲飲器勺一升龍勺刻畫爲龍頭疏勺刻鏤疏通也蒲勺者合蒲爲鳧頭之形其口微開
如蒲草本合而末微開也三者皆謂勺之柄頭耳○勺是若切土鼓蕢桴葦籥伊耆氏之樂也方氏曰以土爲鼓未有韗革之聲故也以凷爲桴未有斲木之
利故也以葦爲籥未有截竹之精故也○蕢音塊桴音浮韗音運又音絢拊搏玉磬揩擊大琴大瑟中琴小瑟四代之樂器也拊搏舊說
以韋爲之充之以糠形如小鼓揩擊謂柷敔皆所以節樂者方氏以爲或拊或搏或揩或擊皆言作樂之事又按書傳云戛擊考擊也搏至拊循也皆與此文理有礙當從鄭註○拊音撫搏
音博揩居八切魯公之廟文世室也武公之廟武世室也魯公伯禽也武公伯禽之玄孫其室世世不毀故言世室○方氏曰周以祖文王爲不毀
之廟而魯以伯禽之廟比之故曰文世室宗武王爲不毀之廟而魯以武公之廟比之故曰武世室米廩有虞氏之庠也序夏后氏之序也瞽宗殷
學也頖宮周學也此言魯立四代之學魯所藏粢盛米之廩即虞氏之庠謂藏此米於學宮也亦教孝之義序者射也射以觀德有先後之次焉樂師瞽矇之所宗故謂之瞽宗
頖半也諸侯曰頖宮以其半辟雍之制也孟子言夏曰校殷曰序○頖音判盛平聲崇鼎貫鼎大璜封父龜天子之器也越棘大弓天子之
戎器也崇貫封父越皆國名棘戟也○方氏曰凡此即周官天府所藏大寶鎭寶之類是也夏后氏之鼓足殷楹鼓周縣鼓垂之和鍾叔之

離磬。女媧之笙簧。足謂四足也。楹貫之以柱也。縣懸於簨簴也。垂見舜典。○方氏曰。郊特牲曰。以鍾次之。以和居參之也。故謂之和。鍾。樂記曰。石聲磬。磬以立辨。辨者。離之音也。故謂之離磬。笙以象物生之形。簧則美在其中。故謂之笙簧。世本曰。無句作磬。皇氏云。無句叔之別名。○縣音玄。**夏后氏之龍簨虡。殷之崇牙。周之璧翣。**周官梓人爲簨虡。橫曰筍。植曰虡。所以懸樂器也。以龍形飾之。故曰龍簨虡。崇牙者。刻木爲之。飾以采色。其狀隆然。殷人於簨之上。施崇牙以挂鍾磬也。周人則又於簨上畫繒爲翣。戴之以璧。下懸五采之羽。而挂於簨之角焉。○簨音筍。虡音距。**有虞氏之兩敦。夏后氏之四璉。殷之六瑚。周之八簋。**少牢禮曰。執敦黍有蓋。又曰。設四敦皆南首。敦之爲器。有蓋有首也。四者皆盛黍稷之器。禮之有器。時王各有制作。故歷代寶而用之。但時代漸遠。則古器之存者漸寡。此魯所有之數耳。○敦音對。璉音輦。**俎。有虞氏以梡。夏后氏以嶡。殷以椇。周以房俎。**梡嶡見前章。椇者。俎之足間橫木。爲曲橈之形。如椇枳之樹枝也。房者。俎足下之跗。謂俎之上下兩間。有似於堂房也。○疏曰。古制不可委知。今依註略爲此意。未知是否。○椇音矩。**夏后氏以楬豆。殷玉豆。周獻豆。**楬不飾也。木質而已。獻讀爲娑。獻尊刻畫鳳羽。則此豆亦必刻畫鳳羽。故名也。○楬苦瞎切。獻古莎。**有虞氏服韍。夏后氏山。殷火。周龍章。**韍者。祭服之蔽膝。卽韠也。虞氏直以韋爲之。無文飾。夏世則畫之以山。殷人增之以火。周人又加龍以爲文章。○韍音黻。**有虞氏祭首。夏后氏祭心。殷祭肝。周祭肺。**方氏曰。三代各祭其所勝。蓋夏尚黑。爲勝赤。故祭心。殷尚白。爲勝青。故祭肝。周尚赤。爲勝白。故祭肺。**夏后氏尚明水。殷尚醴。周尚酒。**疏曰。儀禮設尊尚玄酒。是周亦尚明水也。禮運云。澄酒在下。則周不尚酒。故註云言尚非也。○方氏曰。明水者。取於月之水。故謂之明水。則淡而無味。醴則漸致其味。酒則味之成者。**有虞氏官五十。夏后氏官百。殷二百。周三百。**書言唐虞建官惟百。夏商官倍。先儒信此記而不信書。固爲不可。且謂魯得用四代禮樂。故惟通用其官之名號。不必盡用其數。皆臆說也。**有虞氏之綏。夏后氏之綢練。殷之崇牙。周之璧翣。**此皆喪葬之飾。綢練見檀弓。餘見上章。又翣制詳見喪大記。○綏音緌。綢音叨。**凡四代之服器官。魯兼用之。是故魯王禮也。天下傳之久矣。君臣未嘗相弒也。禮樂刑法政俗。未嘗相變也。天下以爲有道之國。是故天下資禮樂焉。**君臣未嘗相弒。禮樂刑法政俗未嘗相變。先儒以爲近誣。或以爲諱國惡。論之詳矣。大抵此篇主於誇大魯國。故歷舉四代之服器官。以見魯之禮樂。其盛如此。不知魯之郊禘非禮也。周公其衰矣。知此則此記所陳。適足以彰其僭而已。奚盛大之有哉。○朱氏曰。羽父弒隱公。慶父弒二君。則君臣相弒矣。夏父躋僖公。禮之變也。季氏舞八佾。樂之變也。僖公欲焚巫尪。刑之變也。宣公初稅畝。法之變也。政逮於大夫。政之變也。婦人髽而弔。俗之變也。○石梁王氏曰。此見春秋經而不見傳者。故謂未嘗相弒。未嘗變法。大抵此篇多誣。

喪服小記第十五

朱子曰：小記是解喪服傳。

斬衰括髮以麻。爲母括髮以麻。免而以布。斬衰，主人爲父之服也。親始死，子服布深衣，去吉冠，而猶有笄縰，徒跣，扱深衣前衽於帶。將小斂，乃去笄縰，著素冠。斂訖，去素冠，而以麻自項而前交於額上，卻而繞於紒，如著幓頭然。幓頭，今人名掠髮。此謂括髮以麻也。母死亦然，故云爲母括髮以麻。言此禮與喪父同也。免而以布，專言爲母也。蓋父喪小斂後，拜賓竟，子即堂下之位，猶括髮而踊。母喪則此時不復括髮，而著布免以踊，故云免而以布也。笄縰，說見內則。免，見檀弓。○爲，去聲。免，音問。縰纚同。紒髻同。幓，七遙切。

齊衰惡笄以終喪。婦人居齊衰之喪，以榛木爲笄，以卷髮，謂之惡笄。以終喪者，謂中閒更無變易，至服竟則一幷除之也。

男子冠而婦人笄，男子免而婦人髽。其義爲男子則免，爲婦人則髽。吉時男子首有吉冠，婦人首有吉笄。若親始死，男去冠，女則去笄。父喪成服也，男以六升布爲冠，女則箭篠爲笄。若喪母，男則七升布爲冠，女則榛木爲笄，故云男子冠而婦人笄也。男子免而婦人髽者，言今遭齊衰之喪，當男子著免之時，婦人則髽其首也。髽有二：斬衰則麻髽，齊衰則布髽，皆名露紒。其義爲男子則免，爲婦人則髽者，言其義不過以此免與髽分別男女而已。○冠，如字。髽，莊加切。爲，如字。去，上聲。別，必列切。

苴杖，竹也。削杖，桐也。竹杖圓以象天，削杖方以象地，父母之別也。○疏曰：苴者，黯也。必用竹者，以其體圓性貞，四時不改，明子爲父禮伸痛極，自然圓足，有終身之痛也。削者，殺也。桐隨時凋落，謂母喪外雖削殺，服從時除，而終身之心當與父同也。○苴，音雎。

祖父卒，而后爲祖母後者三年。適孫無父，既爲祖三年矣，今祖母又死，亦終三年之制。蓋祖在而喪祖母，則如父在而爲母期也。子死則孫爲後，故以爲後者言之。○爲，如字。

爲父母、長子稽顙。大夫弔之，雖緦必稽顙。服重者先稽顙而後拜賓，服輕者先拜賓而後稽顙。父母尊也，長子正體也，故從重。大夫弔於士，是以尊臨卑，雖是緦服之喪，亦必稽顙而後拜。蓋尊大夫，不敢以輕待之也。

婦人爲夫與長子稽顙，其餘則否。婦人受重於他族，故夫與長子之喪則稽顙。其餘，謂父母也。降服發天，其禮殺矣。

男主必使同姓，婦主必使異姓。喪必有男主以接男賓，必有女主以接女賓。若父母之喪，則適子爲男主，適婦爲女主。今無男主而使人攝主，則必使喪家同姓之男。無女主而使人攝主，則必使喪家異姓之女，謂同宗之婦也。

爲父後者，爲出母無服。出母，爲父所遣者也。適子爲父後者不服之，蓋尊祖敬宗，家無二主之義也。非爲後者服期。○上爲，如字。下爲，去聲。

親親以三爲五，以五爲九。上殺，下殺，旁殺，而親畢矣。由己身言之，上有父，下有子，宜言以一爲三。而不言者，父子一體，無可分之義，故惟言以三爲五。謂因此三者，而由父以親祖，由子以親孫，是以三爲五也。又不言以五爲七者，蓋由祖以親曾高二祖，由孫而親曾孫玄孫，其恩皆已疏略，故惟言以五爲九也。由父而上殺之至高祖，由子而下殺之至玄孫，是上殺下殺也。同父則期，同祖則大功，同曾祖則小功，同高祖則緦麻，是旁殺也。高祖外無服，故曰畢矣。○殺，色介切。

王者禘其祖之所自出，以其祖配之，而立四廟。庶子王亦如之。四廟，謂高曾祖禰四親廟也。始祖居中爲五，幷高祖之父祖爲七。或世子有廢疾不可立。而庶子立爲王者。其禮制亦然。○趙氏曰。禘王者之大祭也。王者既立始祖之廟。又推始祖所自出之帝。祀之於始祖之廟。而以始祖配之也。**別子爲祖。繼別爲宗。繼禰者爲小宗。有五世而遷之宗。其繼高祖者也。是故祖遷於上。宗易於下。尊祖故敬宗。敬宗所以尊祖禰也。**別子有三。一是諸侯適子之弟。別於正適。二是異姓公子來自他國。別於本國不來者。三是庶姓之起於是邦爲卿大夫。而別於不仕者。皆稱別子也。爲祖者。別與後世爲始祖也。繼別爲宗者。別子之後。世世以適長子繼別子。與族人爲百世不遷之大宗也。繼禰者爲小宗。謂別子之庶子。以其長子繼己爲小宗。而其同父之兄弟宗之也。五世者高祖至玄孫之子。此子於父之高祖無服。不可統其父同高祖之兄弟。故遷易而各從其近者爲宗矣。故曰有五世而遷之宗。其繼高祖者也。四世之時。尚事高祖。五世則於高祖之父無服。是祖遷於上也。四世之時。猶宗三從族人。至五世則不復宗四從族人矣。是宗易於下也。宗是先祖正體。惟其尊祖。是以敬宗也。○疏曰。族人一身事四宗。事親兄弟之適。是繼禰小宗也。事同堂兄弟之適。是繼祖小宗也。事再從兄弟之適。是繼曾祖小宗也。事三從兄弟之適。是繼高祖小宗也。小宗凡四。獨云繼禰者。初皆繼禰爲始。據初而言之也。○別。必列切。從。去聲。**庶子不祭祖者。明其宗也。**此繼適士立二廟。祭禰及祖。今兄弟二人。一適一庶。而俱爲適士。其適子之爲適士者。固祭祖及禰矣。其庶子雖適士。止得立禰廟。不得立祖廟而祭祖者。明其宗有所在也。**庶子不爲長子斬。不繼祖與禰故也。**庶子不得爲長子服斬衰三年者。以己非繼祖之宗。又非繼禰之宗。則長子非正統故也。○爲。去聲。長。上聲。**庶子不祭殤與無後者。殤與無後者從祖祔食。**長中下殤。見前篇。蓋未成人而死者也。無後者謂成人未昏。或已娶而無子而死者也。庶子所以不得祭此二者。以己是父之庶子。不得立父廟。故不得自祭其殤子也。若己是祖之庶孫。不得立祖廟。故無後之兄弟。己亦不得祭之也。祖廟在宗子之家。此殤與此無後者。當祭祖之時亦與祭於祖廟也。故曰從祖祔食。○與祭與。去聲。**庶子不祭禰者。明其宗也。**庶子不得立禰廟。故不得祭禰。所以然者明主祭在宗子。廟必在宗子之家也。庶子雖貴。止得供具牲物。而宗子主其禮也。上文言庶子不祭祖。是猶得立禰廟。以其爲適士也。此言不祭禰。以此庶子非適士。或未仕。故不得立廟以祭禰也。**親親。尊尊。長長。男女之有別。人道之大者也。**疏曰。此論服之降殺。親親。謂父母也。尊尊。謂祖及曾祖高祖也。長長。謂兄及旁親也。不言卑幼。舉尊長則卑幼可知也。男女之有別者。若爲父斬。爲母齊衰。姊妹在室期。出嫁大功。爲夫斬。爲妻期之屬是也。此四者。於人之道爲最大。○長。上聲。別。必列切。**從服者。所從亡則已。屬從者。所從雖沒也服。**疏曰。服術有六。其一是徒從。徒。空也。與彼非親屬。空從此而服彼。有四者。一是妾爲女君之黨。二是子從母服於母之君母。三是妾子爲君母之黨。四是臣從君而服君之黨。此四徒之中。惟女君雖沒。妾猶服女君之黨。餘三徒。所從既亡。則止而不服。已。止也。屬者。骨血連續以爲親也。亦有三。一是子從母服母之黨。二是妻從夫服夫之黨。三是夫從妻服妻之黨。此三從雖沒。猶從之服其親也。**妾從女君而出。則不爲女君之子服。**妾。謂女君之姪娣也。其來也。與女君同入。故服女君之子。與女君同。若女君犯七出而出。則此姪娣亦從之出。子死。則母自服其子。姪娣不服。義絕故也。○爲去聲。禮不王不禘。禘王者之大祭。諸侯不得行之。故云不王不禘。○石梁王氏曰。此句合在王者禘其祖之所自出。錯亂在此。世子不降妻之父母。其爲妻也。與大夫之適子同。世子。天子諸侯之適子傳世者也。不降殺其妻父母之服者。以妻故親之也。大夫適子死。服齊衰不杖。今世子既不降其妻之父母。則其爲妻服。與大夫服適子之服同也。○爲去聲。父爲士。子爲天子諸侯。則祭以天子諸侯。其尸服以士服。祭用生者之禮。盡子道也。尸以象神。自用本服。父爲天子諸侯。子爲士。祭以士。其尸服以士服。以天子諸侯之禮祭其父之爲士者。其禮伸。故尸服死者之服。爲禮之正。以士之禮祭其父之爲天子諸侯者。其禮屈。故尸服生者之服。爲禮之變。禮有曲而殺者。此類是也。婦當喪而出則除之。婦當舅姑之喪。而爲夫所出。則卽除其服。恩義絕故也。○爲去聲。爲父母喪。未練而出則三年。既練而出則已。若當父母之喪。未期而爲夫所出。則終父母三年之制。爲已與夫族絕。故其情復隆於父母也。若在父母小祥後被出。則是已之期服已除。不可更同兄弟爲三年服矣。故已也。已者止也。○爲去聲。爲三爲如字。未練而反則期。既練而反則遂之。若被出後遇父母之喪。未及期而夫命之反。則但終期服。反在期後。則遂終三年。蓋緣已隨兄弟小祥服三年之喪不可中廢也。再期之喪三年也。期之喪二年也。九月七月之喪三時也。五月之喪二時也。三月之喪一時也。故期而祭。禮也。期而除喪。道也。祭不爲除喪也。儀禮。大功章有中殤七月之文。卽此七月之喪也。期而祭。謂再期之喪致小祥之祭也。期而除喪。謂除衰絰易練服也。小祥之祭。乃孝子因時以伸其思親之禮也。練時男子除首絰。婦人除要帶。乃生者隨時降殺之道也。祭與練雖同時並舉。然祭非爲練而設也。三年而后葬者必再祭。其祭之閒不同時而除喪。孝子以事故不得及時治葬。中閒練祥時月。以尸柩尚存。不可除服。今葬畢必舉練祥兩祭。故云必再祭也。但此二祭仍作兩次舉行。不可同在一時。如此月練祭。則男子除首絰。婦人除要帶。次月祥祭。乃除衰服。故云其祭之閒不同時而除喪也。大功者主人之喪有三年者。則必爲之再祭。朋友虞祔而已。大功者主人之喪。謂從父兄弟。來主此死者之喪也。三年者。謂死者之妻與子也。妻既不可爲主。而子又幼小。別無近親。故從父兄弟主之。必爲之主行練祥二祭。朋友但可爲之虞祭祔祭而已。○爲。去聲。從。去聲。爲主。爲如字。士妾有子而爲之緦。無子則已。喪服云。大夫爲貴妾緦。士卑。故妾之有子者爲之緦。無子則不服也。○爲去聲。生不及祖父母諸父昆弟。而父稅喪。已則否。稅者日月已過。始聞其死。追而爲之服也。此言生於他國。而祖父母諸父昆弟皆在本國。已皆不及識之人。聞其死而日月已過。父則追而服之。已則不服也。○稅。吐外切。爲君之父母妻長子。君已除喪而后聞喪則不稅。卿大夫爲君之父母妻長子皆有服。今以出使他國。或以事久留。君除喪之後。已始聞喪。不追服也。降而在緦小功者則稅之。此句承父稅喪已則否之下。誤在此。降者殺其正服也。如叔父及適孫正服。皆不杖期。死在下殤。則皆降服小功。如庶孫之中殤。以大功降而爲緦也。從祖昆弟之長殤以小功降而爲緦也。如此者皆追服之。檀弓曾子所言小功不稅。是正服小功。非謂降也。凡降服重於正服。詳見儀禮。近臣君服斯服矣。其餘從而服。不從而稅。近臣卑賤之臣也。此言小臣有從君往他國既返。而君之親喪已過服之月日。君稅之。此臣亦從君而服其餘。謂卿大夫之從君出爲介爲行人宰史者。返而君服限未滿。亦從君而服。若在限外而君稅。則不從君而稅也。君雖未知喪臣服已。此言君在他國。而本國有喪。君雖未知。而諸臣之留國者。自依禮成服。不待君知。返也。虞杖不入於室。祔杖不升於堂。虞祭在寢。祭後不以杖入室。祔祭在祖廟。祭後不以杖升堂。皆殺哀之節也。

則不爲君母之黨服。此言無適子而庶子爲後者。即上章從服者所從亡則已之義也。經殺五分而去一。杖大如經。喪服傳曰。苴經大搹。左本在下。去五分一以爲帶經。大搹者。謂首經也。五分減一分。則要經之大也。遞減之。則齊衰之經大如斬衰之帶。去五分一以爲齊衰之帶。大功之經大如齊衰之帶。去五分一以爲大功之帶。小功之經大如大功之帶。去五分一以爲小功之帶。緦麻之經大如小功之帶。去五分一以爲緦麻之帶。麻在首在要。皆曰經。分言之。則首曰經。要曰帶。所以五分者。象五服之數也。杖大如經。如要經也。搹者搤也。○朱子曰。首經大一搤。只是拇指與第二指一圍。○殺去聲。去上聲。一分分音問。搹搤同音厄。妾爲君之長子與女君同。女君爲長子三年。妾亦同服。三年。以正統故重也。

除喪者先重者。易服者易輕者。男子重在首。婦人重在要。凡所重者有除無變。故雖卒哭不受輕服。直至小祥而男子除首經。婦人除要經。此之謂除喪者先重者也。易服者。謂先遭重喪。後遭輕喪。而變易其服也。輕謂男子要婦人首也。此言先是斬衰虞而卒哭。已變葛經。葛經之大小如齊衰之麻經。今忽又遭齊衰之喪。齊衰要首經皆牡麻。牡麻重於葛也。服宜從重。故男不變首。女不變要。以其所重也。但以麻易男要女首而已。故云易服者易輕者也。若未虞卒哭則後喪不能變。無事不辟廟門。哭皆於其次。辟開也。廟門。殯宮之門也。鬼神尚幽闇。故有事則辟。無事不辟也。次倚廬也。朝夕之哭與受弔之哭。皆即門內之位。若或晝或夜無時之哭則皆於倚廬。也。○辟音闢。

復與書銘。自天子達於士。其辭一也。男子稱名。婦人書姓與伯仲。如不知姓則書氏。復。招魂以復魄也。書銘。書死者名字於明旌也。檀弓疏云。士喪禮爲銘各以其物。士長三尺。大夫五尺。諸侯七尺。天子九尺。若不命之士。以緇長半幅。長一尺。赬末長終幅。長二尺。總長三尺。周禮。天子之復曰皐天子復。諸侯則曰皐某甫復。此言天子達於士。其辭一者。殷以上質不諱名。故臣可以名君歟。男子稱名。謂復與銘皆名之也。婦人銘則書姓及伯仲。此或亦以是殷以上之制。如周則必稱夫人也。姓。如魯是姬姓。後三家各自稱氏。所謂氏也。殷以前。六世之外則相與爲昏。故婦人有不知姓者。周不然矣。

斬衰之葛與齊衰之麻同。齊衰之葛與大功之麻同。麻同皆兼服之。上章言經殺皆是五分去一。此言斬衰卒哭後所受葛經。與齊衰初死之麻經大小同。齊衰變服之葛絰。與大功初死之麻絰大小同。麻同皆兼服之者。謂居重喪而遭輕喪。服麻又服葛也。上章言男子易要絰。不易首絰。故首仍重喪之葛。要乃輕喪之麻也。婦人卒哭後無變。上下皆麻。此言麻葛兼服者。止謂男子耳。

報葬者報虞。三月而後卒哭。報。讀爲赴。急疾之義。謂家貧或以他故不得待三月。死而即葬者。既疾葬。亦疾虞。虞以安神。不可後也。惟卒哭則必俟三月耳。

父母之喪偕。句 先葬者不虞祔。待後事。其葬服斬衰。父母之喪偕。即曾子問並有喪。言父母同時死也。葬先輕而後重。先葬。葬母也。不虞祔。不爲母設虞祭祔祭也。蓋葬母之明日。即治父葬。葬父畢虞祔。然後爲母虞祔。故云待後事。祭則先重而後輕也。其葬母亦服斬衰者。從重也。以父未葬。不敢變服也。

大夫降其庶子。其孫不降其父。大夫爲庶子服大功。而庶子之子。則爲父三年也。大夫不服其妾。故妾子爲其母大功。

大夫不主士之喪。謂士死無主後。其親屬有爲大夫者。不得主其喪。尊故也。

爲慈母之父母無服。恩所不及故也。○爲。去聲。

夫爲人後者。其妻爲舅姑大功。此舅姑。謂夫之所生父母。○上爲。如字。下爲。去聲。

士祔於大夫則易牲。祖爲大夫。孫爲士。孫死祔祖。則用大夫牲。士牲卑。不可祭於尊者也。此與葬以大夫。祭以士者不同。如妾無妾祖姑可祔。則易牲而祔於女君也。

繼父不同居也者。必嘗同居。皆無主後。同財而祭其祖禰。爲同居。有主後者爲異居。母再嫁而子不隨往。則此子與母之繼夫猶路人也。故自無服矣。今此子無大功之親。隨母以往。其人亦無大功之親。故云同居皆無主後也。於是以其貨財爲此子同築宮廟。使之祭祀其先。如此則是繼父同居。其服期也。異居有三。一是昔同今異。二是今雖同居。却不同財。三是繼父自有子。即爲異居。異居者。服齊衰三月而已。此云有主後者爲異居。則此子有子。亦爲異居也。

哭朋友者於門外之右南面。檀弓曰。朋友吾哭諸寢門之外。南向者。爲主以待弔賓也。

祔葬者不筮宅。宅。謂塋壙也。前人之葬已筮而吉。故祔葬則不必再筮也。

士大夫不得祔於諸侯。祔於諸祖父之爲士大夫者。其妻祔於諸祖姑。妾祔於妾祖姑。亡則中一以上而祔。祔必以其昭穆。公子公孫之爲士爲大夫者。不得祔於先君之廟也。諸祖父。其祖爲國君者之兄弟也。諸祖姑。諸祖父之妻也。若祖爲國君。而無兄弟可祔。亦祔宗族之疏者。上言士易牲而祔於大夫。而大夫不得易牲而祔諸侯者。諸侯之貴絕宗。故大夫士不得親之也。妾祔於妾祖姑。言妾死則祔於祖之妾也。亡。無也。中。間也。若祖無妾。則又間曾祖一位而祔高祖之妾。故云亡則中一以上而祔也。所以間曾祖者。以昭穆之次不同列。祔必以昭穆也。○亡。音無。○間。去聲。

諸侯不得祔於天子。天子諸侯大夫可以祔於士。卑孫不可祔於尊祖。孫貴而不祔其祖之爲士者。是自尊而卑其祖。不可也。故可以祔於士。

爲母之君母。母卒則不服。母之君母者。母之適母也。非母所生之母。故母在而爲之服。則已亦從而服。是徒從也。徒從者。所從亡則已。故母卒則不服。○爲。去聲。下節同。

宗子母在爲妻禫。父在。則適子爲妻不杖。不杖則不禫。父沒母存。則杖且禫矣。此宗子百世不遷者也。恐疑於宗子之尊厭其妻。故明言雖母在亦當爲妻禫也。然則非宗子而母在者不禫矣。爲慈母後者。爲庶母可也。爲祖庶母可也。傳曰。妾之無子者。妾子之無母者。父命之爲子母。此妾謂子爲之慈母後者也。若庶母嘗有子。而子已死。命他妾之子爲其後。故云爲庶母可也。若父之妾有子。而子死。已命已之妾子後之亦可。故云爲祖庶母可也。○石梁王氏曰。爲慈母。爲庶母。爲祖庶母後皆可。謂既是妾子。此三母皆妾。皆可以妾生之子爲後。爲父母妻長子禫。此言當禫之喪。有此四者。然妻爲夫亦禫。又慈母之喪無父在亦禫。記者略耳。○爲去聲。長。上聲。○慈母與妾母不世祭也。不世祭者。謂子祭之。而孫不祭也。上章言妾祔於妾祖姑者。疏云。妾無廟。今乃云祔及高祖。當是爲壇以祔之耳。丈夫冠而不爲殤。婦人笄而不爲殤。爲殤後者。以其服服之。男子死在殤年。則無爲父之道。然亦有不俟二十而冠者。冠則成人也。此章舉不爲殤者言之。則此當立後者。乃是已冠之子。不可以殤禮處之。其族人爲之後者。即爲之子也。以其服服之者。子爲父之服也。舊說。爲殤者父之子。而依兄弟之服服此殤。非也。其女子已笄而死。則亦依在室之服服之。不降而從殤服也。○冠去聲。久而不葬者。唯主喪者不除。其餘以麻終月數者。除喪則已。主喪者不除。謂子於父。妻於夫。孤孫於祖父母。臣於君。未葬不得除衰絰也。麻終月數者。期以下至緦之親。以主人未葬。不得變葛。故服麻以至月數足而除。不待主人葬後之除也。然其服必收藏之以俟送葬也。箭笄終喪三年。齊衰三月與大功同者繩屨。前章言齊衰惡笄以終喪。爲母也。此言箭笄三年。女子在室爲父也。箭。篠也。齊衰爲尊。大功爲卑。然三月者恩之輕。九月者恩稍重。故可以同用繩屨。此制禮者淺深之宜也。繩屨。麻繩爲屨也。練。筮日。筮尸。視濯。皆要絰杖繩屨。有司告具而后去杖。筮日筮尸。有司告事畢而后杖。拜送賓。大祥吉服而筮尸。練。小祥也。筮日。筮祭之日也。筮尸。筮爲尸之人也。視濯。視祭器之滌濯也。小祥除首絰。而要之葛絰未除。將欲小祥。則預著此服以臨此三事。不言衰與冠者。則亦必同小祥之制矣。有司。謂執事者。向者變服猶杖。今執事者告三事辦具。將欲臨事。故孝子即去杖而致敬。此三事者。惟筮日筮尸有賓。筮占之事畢。則孝子復執杖以拜送於賓。視濯無賓。故不言。至大祥時則吉服行事矣。吉服。朝服也。不言筮日視濯與小祥同可知也。○要平聲。去上聲。庶子在父之室。則爲其母不禫。此言不命之士。父子同室者。○爲去聲。庶子不以杖即位。此言適庶俱有父母之喪者。適子得執杖進阼階哭位。庶子至中門外則去之矣。父不主庶子之喪。則孫以杖即位可也。父主適子喪而有杖。故適子之子不得以杖即位。避祖之尊故然。非厭之也。今父既不主庶子之喪。故庶子之子得以杖即位。祖不厭孫。孫得伸也。父皆厭子。故舅主適婦喪。而適子不杖。大夫不服賤妾。故妾子亦以厭而降服以服其母。祖雖尊貴。不厭其孫。故大夫降庶子。而孫不降其父也。○厭音壓。父在。庶子爲妻以杖即位可也。舅主適婦。故適子不得杖。舅不主庶婦。故庶子爲妻可以杖即位。此以即位言者。蓋庶子厭於父母。雖有杖不得持以即位。故明言之也。○爲去聲。諸侯弔於異國之臣。則其君爲主。

君無弔外臣之禮。若來在此國而適遇其卿大夫之喪，則弔之，以主君之故耳。故主君代其臣之子爲主。

諸侯弔必皮弁錫衰。所弔雖已葬，主人必免。主人未喪服，則君亦不錫衰。錫者，治其布使之滑易也。國君自弔其臣，則素弁環絰錫衰。弔異國臣，則皮弁錫衰也。凡免之節，大功以上爲重服，自始死至葬卒哭後，乃不復免。小功以下爲輕服，自始死至殯，殯後不復免，至葬啓殯之後而免，以至卒哭，如始死。今人君來弔，雖非服免之時，必爲之免，以尊重人君故也。禮，既殯而成服。此言未喪服，謂未成服也。免音問。易去聲。

養有疾者不喪服，遂以主其喪。非養者入主人之喪，則不易已之喪服。養尊者必易服，養卑者否。親屬無近親而遇疾者，已往養之，而身有喪服，則釋去其服，惡其凶也。故云養有疾者不喪服。若此疾者遂死，既無主後，已既養之，當遂主其喪，蓋養者於死者有親也。然亦不著已之喪服，故云遂以主其喪。非養者入主人之喪，謂疾時不曾釋服來致其養，今死乃入來主其喪，則亦不易去已之喪服也。尊謂父兄，卑謂子弟。○養去聲。著音勺。

妾無妾祖姑者，易牲而祔於女君可也。妾當祔於妾祖姑。上章言亡則中一以上而祔，是祔高祖之妾。今又無高祖妾，則當易妾之牲而祔於適祖姑。女君謂適祖姑也。

婦之喪，虞卒哭，其夫若子主之。祔，則舅主之。虞卒哭在寢，祭婦也。祔於廟，祭舅之母也。尊卑異，故所主不同。

士不攝大夫。士攝大夫唯宗子。士喪無主，不敢使大夫兼攝爲主。若士是宗子，則主喪之任可使大夫攝之，以宗子尊故也。一說，大夫之喪無主，士不敢攝而主之。若士是宗子則可。

主人未除喪，有兄弟自他國至，則主人不免而爲主。葬後而君弔之，則非時亦免，以敬君，故新其事也。兄弟，親屬也。親則尚質，故不免而爲主也。

陳器之道，多陳之而省納之可也。省陳之而盡納之可也。陳器，陳列從葬之明器也。凡朋友賓客所贈遺之明器，皆當陳列，所謂多陳之也。而所納於壙者有定數，故云省納之可也。省，減殺也。若主人所作者，依禮有限，故云省陳之而盡納之可也。

奔兄弟之喪，先之墓而後之家，爲位而哭。所知之喪，則哭於宮而後之墓。兄弟，天倫也。所知，人情也。係於天者，情急於禮。由於人者，禮勝於情。宮故殯宮也。

父不爲衆子次於外。適長子死，父爲之居喪次於中門外。庶子否。○爲去聲。

與諸侯爲兄弟者服斬。卿大夫於君自應服斬。若不爲卿大夫而有五屬之親者，亦皆服斬衰。此記者恐疑服本親兄弟之服，故特明之。蓋謂國君之兄弟，先爲本國卿大夫，今居他國未仕，而本國君卒，以有兄弟之親，又是舊君，必當反而服斬也。不言與君爲兄弟，而言與諸侯爲兄弟，明在異國也。

下殤小功，帶澡麻不絕本，詘而反以報之。本是期服之親，以死在下殤，降爲小功，故云下殤小功也。其帶以澡麻爲之，謂戛治其麻使之潔白也。不絕本，不斷去其根也。報猶合也。垂麻向下，又屈之而反向上，以合而糾之，故云詘而反以報之也。凡殤服之麻皆散垂，此則不散。首絰麻無根，而要帶猶有根，皆示其重也。○詘音屈。斷音短。散上聲。

婦祔於祖姑。祖姑有三人，則祔於親者。此言祔廟之禮。三人，或有二繼也。親者，謂舅所生母也。

其妻爲大夫而卒，而后其夫不爲

大夫而祔於其妻則不易牲妻卒而后夫爲大夫而祔於其妻則以大夫牲妻卒時夫爲大夫卒後夫黜退遂死以無祖廟故祔於妻之禮止得依夫今所得用之牲不得易用昔大夫之牲也若妻死時夫未爲大夫死後夫乃爲大夫而死今祔祭其妻則得用大夫牲矣○疏曰此謂始來仕而無廟者若有廟則死者當祔於祖不得祔於妻也惟宗子去他國以廟從爲父後者爲出母無服無服也者喪者不祭故也出母父所棄絕爲他姓之母以死則有他姓之子服之蓋居喪者不祭若喪他姓之母而廢巳宗廟之祭豈禮也哉故爲父後者不喪出母重宗祀也然雖不服猶以心喪自居爲恩也非爲後者期而不禫○朱子曰出母爲父後者無服此尊祖敬宗家無二主之意先王制作精微不苟蓋如此婦人不爲主而杖者姑在爲夫杖母爲長子削杖女子子在室爲父母其主喪者不杖則子一人杖此明婦與女當杖之禮女子在室而爲父母杖者以無男昆弟而使同姓爲攝主也○上爲如字下三爲並去聲長上聲而爲爲去聲緦小功虞卒哭則免緦與小功服之輕者也殯之後啓之前雖有事不免及虞與卒哭則必免不以恩輕而略於後也既葬而不報虞則雖主人皆冠及虞則皆免前章言赴葬者赴虞今言不赴虞謂以事故阻之也既未得虞故且冠以飾首及虞則主人至緦小功者皆免也○報讀爲赴爲兄弟既除喪已及其葬也反服其服報虞卒哭則免如不報虞則除之此言爲兄弟除服及當免之節○爲去聲遠葬者比反哭者皆冠及郊而後免反哭遠葬謂葬地在四郊之外也葬訖而反主人以下皆冠道路不可無飾也及至郊乃去冠著免而反哭于廟焉○比音畀去上聲著音勺君弔雖不當免時也主人必免不散麻雖異國之君免也親者皆免君弔本國之君來弔也不散麻謂糾其要絰不使散垂也親者皆免謂大功以上之親皆從主人而免所以敬異國之君也餘見前章諸侯弔下○散上聲除殤之喪者其祭也必玄除成喪者其祭也朝服縞冠玄謂玄冠玄端也殤無虞卒哭及練之變服其除服之祭用玄冠玄端黃裳此於成人爲釋禫之服所以異於成人之喪也若除成人之喪則祥祭用朝服縞冠朝服玄冠緇衣素裳今不用玄冠而用縞冠是未純吉之祭服也又按玄端黃裳者若素裳則與朝服純吉同若玄裳又與上士吉服玄端同故知此爲黃裳也奔父之喪括髮於堂上袒降踊襲絰于東方奔母之喪不括髮袒於堂上降踊襲免于東方絰即位成踊出門哭止三日而五哭三袒不言笄纚者異於始死時也至即以麻括髮于殯宮之堂上袒去上衣降阼階之東而踊踊畢而升堂襲掩所袒之衣而著要絰于東方東方者東序之東也此奔父喪之禮如此若奔母喪初時括髮至又哭以後至於成服皆不括髮其袒於堂上降踊者與父同父則括髮而加絰母則不括髮而加免此所異也著免加要絰而即位於阼階之東而更踊故云絰即位成踊也其即位成踊父母皆然出門出殯宮之門而就廬次也啟哭者止初至一哭明日朝夕哭又明日朝夕哭所謂三日而五哭也三袒者初至袒明日朝

祖。又明日朝祖也。適婦不爲舅姑後者則姑爲之小功。禮。舅姑爲適婦大功。爲庶婦小功。今此言不爲後者。以其夫有廢疾或他故不可傳重。或死而無子不受重者。故舅姑以庶服之服服之也。○適音的。姑爲爲去聲。

大傳第十六

鄭氏曰。記祖宗人親之大義。

禮不王不禘。王者禘其祖之所自出。以其祖配之。方氏曰。此禘也。以其非四時之常祀。故謂之間祀。以其及祖之所自出。故謂之追享。以其比常祭爲特大。故謂之大祭。以其猶事生之有享焉。故謂之肆獻祼。名雖不同。通謂之禘也。諸侯及其太祖。大夫士有大事。省於其君。干祫及其高祖。上文言諸侯不得行禘禮。此言諸侯以下有祫祭之禮。二昭二穆與太祖而五者。諸侯之廟也。諸侯之祫。固及其太祖矣。大事。謂祫祭也。大夫三廟。士二廟。一廟不敢私自舉行。必省問於君。而君賜之。乃得行焉。而其祫也。亦上及於高祖。干者。自下干上之義。以卑者而行尊者之禮。故謂之干。祫禮說見王制。○省。悉井切。牧之野。武王之大事也。既事而退。柴於上帝。祈於社。設奠於牧室。遂率天下諸侯執豆籩。逡奔走。追王大王亶父。王季歷。文王昌。不以卑臨尊也。既事。殺紂之後也。燔柴以告天。陳祭以告社。奠告行主於牧野之館室。然後率諸侯以祭告祖廟。逡。疾也。追加先公以天子之號者。蓋爲不可以諸侯之卑號臨天子之尊也。○石梁王氏曰。周頌作駿。以此章參之書武成及中庸有不同者。先儒言文王已備禮。亶父季歷。克商後但尊稱其號。若王者禮制。至周公相成王而後備也。○追王。王去聲。大王。大音泰。父音甫。上治祖禰。尊尊也。下治子孫。親親也。旁治昆弟。合族以食。序以昭繆。別之以禮義。人道竭矣。治。理而正之也。謂以禮義理正其恩之隆殺。屬之戚疏也。合會族人以飲食之禮。次序族人以昭穆之位。上治下治旁治之道。皆有禮義之別。則人倫之道竭盡於此矣。○繆音穆。別。必列切。聖人南面而聽天下。所且先者五。民不與焉。一曰治親。二曰報功。三曰舉賢。四曰使能。五曰存愛。五者一得於天下。民無不足無不贍者。五者一物紕繆。民莫得其死。聖人南面而治天下。必自人道始矣。民不與焉。謂未及治民也。治親。即上治下治旁治也。君使臣以禮。故功曰報。行成而上。故賢曰舉。藝成而下。故能曰使。存。察也。人於其所親愛而辟焉。有以察之。則所愛者一出於公。而四者皆無私意之累矣。一得。猶皆得也。贍。瞻也。物。事也。紕繆。舛戾也。民莫得其死。言此五事之得失。關國家之治亂也。人道。申言上文之意。○與。去聲。紕。篇夷切。立權度量。考文章。改正朔。易服色。殊徽號。異器械。別衣服。此其所得與民變革者也。權。稱錘。度。丈尺。量。斗斛也。

文章典籍也。正者年之始。朔者月之初。服之色。隨所尚而變易。徽旌旗之屬。徽之號。亦隨所尚而殊異。加殷之大白。周之大赤之類也。器者禮樂之器。械者軍旅之器。衣服各有章釆。時王因革不同。此七者以立考。攷音考。殊異別爲言。是與民變革者也。○長上聲。別必列切。**其不可得變革者則有矣。親親也。尊尊也。長長也。男女有別。此其不可得與民變革者也。**此天地之常經。故不可變革。○長並上聲。別必列切。**同姓從宗合族屬。異姓主名治際會。名著而男女有別。**同姓父族也。從宗從大宗小宗也。合聚其族之親屬。則無離散陵犯之事。異姓他姓之女來歸者也。禮莫大於分。分莫大於名。卑者爲婦。尊者爲母。以婦與母之名治昏姻交際會合之事。名分顯著。尊卑有等。然後男女有別。而無淫亂賊逆之禍也。**其夫屬乎父道者。妻皆母道也。其夫屬乎子道者。妻皆婦道也。謂弟之妻婦者。是嫂亦可謂之母乎。名者人治之大者也。可無慎乎。**屬聯也。父之兄弟爲伯叔父。則其妻謂之伯叔母。兄弟之子爲從子。則其妻謂之婦。此於昭穆爲宜。弟之妻不可謂之爲婦。猶兄之妻不可謂之爲母。以紊昭穆也。故云謂弟之妻婦者。是嫂亦可謂之母乎。言皆不可也。舊說。弟妻可婦。嫂不可母。失其指矣。○屬音燭。**四世而緦。服之窮也。五世袒免。殺同姓也。六世親屬竭矣。其庶姓別於上。而戚單於下。昏姻可以通乎。**四世高祖也。同高祖者服緦麻。服盡於此矣。故云服之窮也。五世袒免。謂共承高祖之父者。相爲袒免而已。是減殺同姓也。六世則共承高祖之祖者。并袒免亦無矣。故曰親屬竭也。上指高祖以上也。姓爲正姓。氏爲庶姓。故魯姬姓而三家各自爲氏。春秋諸國皆然。是庶姓別異於上世也。戚親也。單盡也。四從兄弟恩親已盡。各自爲宗。是戚單於下也。殷人五世以後。則相與通昏。故記者設問云。今雖周世。昏姻可以通乎。○殺色介切。別必列切。單音丹。**繫之以姓而弗別。綴之以食而弗殊。雖百世而昏姻不通者。周道然也。**周禮。大宗百世不遷。庶姓雖別。而有本姓世繫以聯繫之。不可分別也。又連綴族人以飲食之禮。不殊異也。雖百世之遠。無通昏之事。此周道所以爲至。而人始異於禽獸者也。此是荅上文設問之辭。○繫音計。別必列切。綴株衛切。食音嗣。世繫繫如字。**服術有六。一曰親親。二曰尊尊。三曰名。四曰出入。五曰長幼。六曰從服。**疏曰。親親者。父母爲首。次妻子伯叔。尊尊者。君爲首。次公卿大夫。名者。若伯叔母及子婦弟婦兄嫂之屬。出入者。女在室爲入。適人爲出。及爲人後者。長幼者。長謂成人。幼謂諸殤。從服者。下文六等是也。**從服有六。有屬從。有徒從。有從有服而無服。有從無服而有服。有從重而輕。有從輕而重。**屬親屬也。子從母而服母黨。妻從夫而服夫黨。夫從妻而服妻黨。是屬從也。徒空也。非親屬而空從之服其黨。如臣從君而服君之黨。妻從夫而服夫之君。妾服女君之黨。庶子服君母之父母。子服母之君母。是徒從也。如公子之妻爲父母期。而公子爲君所厭。不得服外舅外姑。是妻有服而公子無服。如兄有服而嫂無服。是從有服而無服也。公子爲君所厭。不得爲外兄弟服。而公子之妻則服之。妻爲夫之昆弟無服。而服娣姒。是從無服而有服也。妻爲其父母期。重也。夫從妻而服之三月。則爲輕。母爲其兄弟之子大功。

重也。子從母而服之三月則爲輕。此從重而輕也。公子爲君所厭。自爲其母練冠。輕矣。而公子之妻爲之服期。此從輕而重也。○爲父爲外爲夫爲其爲之爲去聲。自仁率親。等而上之至于祖。名曰輕。自義率祖。順而下之至于禰。名曰重。一輕一重。其義然也。疏曰。自。用也。仁。恩也。率。循也。親。父母也。等差也。子孫若用恩愛依循於親。節級而上至於祖。遠者恩愛漸輕。故名曰輕也。義主斷割用義循祖。順而下之至於禰。其義漸輕。祖則義重。故名曰重也。義則祖重而父母輕。仁則父母重而祖輕。一輕一重。宜合如是。故云其義然也。按喪服條例。衰服表恩。若高曾之服。本應緦麻小功。而進以齊衰。豈非爲尊重而然邪。至親以期斷。而父母三年。寧不爲恩深乎。○差楚宜切。君有合族之道。族人不得以其戚戚君。句位也。君恩可以下施。故於族人有合聚燕飲之禮。而族人則皆臣也。不敢以族屬父兄子弟之親而上親於君者。一則君有絕宗之道。二則以嚴上下之辨。而杜篡代之萌也。○石梁王氏曰。詳註下文以十一字爲句。然位也當自爲句。蓋族人不敢戚君者。限於位也。庶子不祭。明其宗也。庶子不得爲長子三年。不繼祖也。說見前篇。○爲去聲。別子爲祖。繼別爲宗。繼禰者爲小宗。有百世不遷之宗。有五世則遷之宗。百世不遷者。別子之後也。宗其繼別子之所自出者。百世不遷者也。宗其繼高祖者。五世則遷者也。尊祖故敬宗。敬宗。尊祖之義也。宗其繼別子者。百世不遷者也。之所自出四字。朱子曰衍文也。凡大宗。族人與之爲絕族者。五世外皆爲之齊衰三月。母妻亦然。爲小宗者。則以本親之服服之。餘並說見前篇。有小宗而無大宗者。有大宗而無小宗者。有無宗亦莫之宗者。公子是也。君無適昆弟。使庶兄弟一人爲宗。以領公子。其禮亦如小宗。此之謂有小宗而無大宗也。君有適昆弟。使之爲宗。以領公子。更不得立庶昆弟爲宗。此之謂有大宗而無小宗也。若公子止一人。無他公子可爲宗。是無宗也。則亦無他公子宗於己矣。此之謂無宗亦莫之宗也。前所論宗法。是通言卿大夫大小宗之制。此則專言國君之子。上不得宗君。下未爲後世之宗。有此三事也。公子有宗道。公子之公。爲其士大夫之庶者。宗其士大夫之適者。公子之宗道也。此又申言公子之宗道。公子之公。謂公子之適兄弟爲君者。爲其庶兄弟之爲士爲大夫者立適公子之爲士大夫者爲宗。使此庶者宗之。故云宗其士大夫之適者。此適是君之同母弟。適夫人所生之子也。○爲其爲去聲。適音的。絕族無移服。親者屬也。三從兄弟同高祖。故服緦麻。至四從則族屬絕。無延及之服矣。移讀爲施。在旁而反之曰施。服之相爲以有親而各以其屬爲之服耳。故云親者屬也。○移去聲。施音異。自仁率親。等而上之至于祖。自義率祖。順而下之至于禰。是故人道親親也。親親故尊祖。尊祖故敬宗。敬宗故收族。收族故宗廟嚴。宗廟嚴故重社稷。重社稷故愛百姓。愛百姓故刑罰中。刑罰中故庶民安。庶民安故財用足。財用足故百志成。百志成故禮俗刑。禮俗刑然後樂。詩云。不顯不承。無斁於人斯。此之謂也。祖之遷者逾遠。宗之繼者無窮。必知尊祖。乃能敬宗。收不離散也。宗道既尊。故族無離散。而祭祀之禮嚴肅。內嚴宗廟之事。故外重社稷之禮。知社稷之不可輕。則知百官族姓之當愛。官得其人。則刑不濫。而民安其生。安生樂業。而食貨所資。上下俱足。有恒產者有恒心。倉廩實而知禮節。故非心邪念不萌。而百志以成。乖爭陵犯不作。而禮俗一致。刑猶成也。如此則協氣嘉生。薰為大和矣。豈不可樂乎。詩周頌清廟之篇。言文王之德。豈不光顯乎。豈不見尊奉於人乎。無厭斁於人矣。引此以喻人君自親親之道。推之而家而國而天下。至於禮俗大成。其可樂者。亦無有厭斁也。○中去聲。樂音洛。斁音亦。

少儀第十七

朱子曰。小學之支流餘裔。○石梁王氏曰。非幼少之少。此篇曲禮之類。

聞始見君子者辭。句絕。○見音現。曰某固願聞名於將命者。不得階主。適者曰。某固願見。罕見曰聞名。亟見曰朝夕。瞽曰聞名。記者謙言我嘗聞之於人云。初見有德有位之君子者。其辭云。某固願通聞己名於將命之人。固。如固辭之固。不曰願而曰固願。慮主人不即見。已而假此薦請之辭也。將命者。通客主言語出入之人也。階者升進之喻。主。主人也。言賓請見之辭。不得徑指主人也。適者。賓主敵體之人也。則曰某固願見於將命者。罕見。謂久不相見也。亦曰願聞名於將命者。蓋疑踈闊之久。未必主人肯見也。亟見。數見也。於君子。則曰某願朝夕聞名於將命者。於敵者。則曰某願朝夕見於將命者。若瞽者來見。無問貴賤。惟曰某願聞名於將命者。以無目。故不言願見也。○適音敵。亟音器。數入聲。適有喪者曰比。童子曰聽事。適。往也。其辭云。某願比於將命者。喪不主相見。來欲比方於執事之人也。童子未成人。其辭則云。某願聽事於將命者。謂來聽主人以事見使令也。○比。如字。令。平聲。適公卿之喪。則曰聽役於司徒。孟獻子之喪。司徒旅歸四布。則公卿之喪。司徒掌其事也。故云某願聽役於司徒。君將適他。臣如致金玉貨貝於君。則曰致馬資於有司。敵者曰贈從者。適他。謂以朝會之事而出也。馬資。謂資給道路車馬之費也。○從。去聲。臣致襚於君。則曰致廢衣於賈人。敵者曰襚。親者兄弟不以襚進。以衣送死者謂之襚。稱廢衣者。不敢必用之以斂。將廢棄之也。賈人識物價貴賤。而主君之衣物者也。敵者則直以襚言矣。凡致襚。若非親者。則須擯者傳辭將進以為禮。若親者兄弟之類。但直將進而陳之。不須執以將命。故云不以襚進也。士喪禮。大功以上同財之親。襚不將命。即陳於房中。小功以下及同姓等皆將命。○賈音架。臣為君喪。納貨貝於君。則曰納甸於有司。賵馬入廟門。賻馬與其幣。大白兵車。不入廟門。納。入也。甸。田也。臣受君之田邑。此納者。田野所出。故云納甸也。賵馬以送死者。故可入廟門。賻馬與幣。所以助主人喪事之用。故不入廟門。大白之旗與兵車。雖並為送喪之用。以其本戰伐之具。故亦不可入於廟門。此謂國君之喪。鄰國有以此為賵者。亦或本國自有之也。○爲。去聲。註如字。賻者既致命。坐委之。擯者舉之。主人無親受也。來賻者既致其主之命。即跪而委置其物於地。擯者乃舉而取之。主人不親受。異於吉事也。受立授立不坐。性之直者則有之矣。受人之物而立。與以物授人之立者。皆不跪。此皆委曲以盡禮之當然耳。然直情徑行之人亦或有跪者。故曰性之直者則有之矣。始入而辭。曰辭矣。賓始入門。主人當辭讓令賓先入。故擯者告主人曰辭矣。謂當致辭以讓賓也。至階亦然。此不言者。禮可知也。即席。曰可矣。及賓主升堂各就席。擯者恐賓主再辭。故告之曰可矣。言可即席。不須再辭也。排闔說屨於戶內者。一人而已矣。有尊長在則否。闔。門扇也。推排門扇而脫屨於戶內者一人而已。言止許最長者一人如此。餘人不可也。若先有尊長在堂或在室。則後入之人皆不得脫屨於戶內。故云有尊長在則否也。○說。他括切。長。上聲。推。吐回切。

問品味曰。子亟食於某乎。問道藝曰。子習於某乎。子善於某乎。方氏曰。人之情。品味有偏嗜。道藝有異尚。問品味。不可斥之以好惡而聕其癖。故曰子亟食於某乎。問道藝。不可斥之以能否而暴其短。故曰子習於某乎。子善於某乎。不疑在躬。不度民械。不願於大家。不訾重器。一言一行。皆其在躬者也。口無擇言。身無擇行。是不疑在躬也。器械之備。所以防患。不可度其利鈍。恐人以非心議己。大家之富。爵位所致。不可願望於己。以其有僭竊之萌。訾。鄙毀之也。重器之傳。寶之久矣。乃從而毀之。豈不起人之怒乎。○度。入聲。訾。音咨。

氾埽曰埽。埽席前曰拚。拚席不以鬣。執箕膺擖。氾埽。廣埽也。拚。除穢也。鬣。帚也。席上不可用帚。膺。胷也。擖。箕舌也。執箕而拚。則以箕舌向己胷前。不可持向尊者也。○氾。音泛。埽。去聲。拚。音糞。鬣。音獵。擖。音葉。

不貳問。問卜筮。曰義與志與。義則可問。志則否。不貳問。謂謀之龜筮。事雖正而兆不吉。則不可以不正者再問之也。見人卜筮。欲問其所卜何事。則曰義與志與。義者。事之宜爲。志。則心之隱謀也。故義者則可問其事。志則不可問其事也。一說。卜者問求卜之人。義則爲卜之。志則不爲之卜。亦通。○與。平聲。

尊長於己踰等。不敢問其年。燕見不將命。遇於道見則面。不請所之。喪俟事不犆弔。踰等。祖與父之行也。不敢問年。嫌若序齒也。燕見不將命。謂卑幼者燕私來見。不使擯者傳命。非賓主之禮也。若遇尊長於道路。尊者見己則面見之。不見則隱避。不欲煩動之也。不請所之。不問其所往也。若於尊長之喪。則待主人哭之時而往。不非時特弔。○長。上聲。見。音現。犆。音特。行。音杭。燕見。來見。面見。見。音現。

侍坐弗使不執琴瑟。侍坐於尊者。不使之執琴瑟。則不得擅執而鼓之。不畫地。手無容。不翣也。寢則坐而將命。無故而畫地。亦爲不敬。手容恭。若舉手以爲容。亦爲不恭。時雖暑熱。不得揮扇。若當尊者寢臥之時而傳命。必跪而言之。不可直立以臨之也。

侍射則約矢。凡射必二人爲耦。楅在中庭。箭倚於楅。上耦前取一矢。次下耦又進取一矢。如是更進。各得四矢。若卑者侍射。則不敢更迭取之。但一時幷取四矢。故謂之約矢也。○楅。音逼。侍投則擁矢。投壺之禮。亦賓主各四矢。尊者則委四矢於地。一一[illegible]而投之。卑者不敢委於地。故悉擁抱之也。勝則洗而以請。客亦如之。

不角。不擢馬。射與投壺之禮。勝者之弟子酌酒置于豊上。其不勝者跪而飲之。若卑者得勝。則不敢徑酌。當前洗爵而請行觴也。客若不勝。則主入亦洗而請。所以優賓也。角兕觥也。今飲尊者及客不敢用角。但如常獻酬之爵也。擢。進而取之也。馬者投壺之勝筭。每一勝則立一馬。至三馬而成勝。若一朋得二馬。一朋得一馬。則二馬者取彼之一馬。足成巳之三馬。今卑者雖得二馬。不敢取尊者之一馬以成巳勝也。○洗。蘇典切。**執君之乘車則坐。僕者右帶劍。負良綏。申之面。拖諸幦。以散綏升。執轡然後步。**方氏曰。執謂執轡也。凡御必立。今坐者。君未升車而車未行也。劍在左。以便右抽。僕則右帶者。以君在左。嫌妨君也。良綏。正綏也。猶良車良材之良。散綏貳綏也。猶散材之散。正綏。君所執。貳綏則僕執之。僕在車前。而君自後升。故曰負良綏。申之面者。言垂綏之末於前也。拖諸幦者。引之於車闌覆茶之上也。以散綏升者。復言僕初升時也。執轡然後步者。防馬之逸也。○今按茶郎軾也。○乘。去聲。拖。徒我切。幦音覓。**請見不請退。朝廷曰退。燕遊曰歸。師役曰罷。**方氏曰。跋慕則來。厭數則去。八之情也。請見不請退。嫌有厭斁之心也。朝廷人之所趨。故於其還曰退。退則為出故也。燕遊不可以久。故於其還曰歸。歸有所止故也。師役勞苦為甚。故於其還曰罷。以其疲故也。○愚按罷當讀如欲罷不能之罷。**侍坐於君子。君子欠伸。運笏。澤劍首。還屨。問日之蚤莫。雖請退可也。**運。轉動之也。澤。玩弄而生光澤也。還屨。謂轉而正之。示欲著也。餘見曲禮。○還音旋。莫音暮。**事君者量而后入。不入而后量。凡乞假於人。為人從事者亦然。然故上無怨而下遠罪也。**先度其君之可事而后事之。則道可行而身不辱。入而后量。則有不勝其輕進之悔者矣。或乞。或假。或任人之事。亦必量其可而后行。上無怨。下遠罪。為事君者言之。○馬氏曰。古之人有能盡臣道量而后入者。莫如伊周。不入而后量者。莫如孔孟。○量。為。遠。並去聲。度。入聲。勝。平聲。**不窺密。不旁狎。不道舊故。不戲色。**窺覘隱密之處。論說故舊之非。非重厚者所為也。○應氏曰。旁狎。非必正為玩狎。旁近循習而流於狎也。戲色。非必見諸笑言。外貌斯須不敬。則色不莊矣。**為人臣下者。有諫而無訕。有亡而無疾。頌而無諂。諫而無驕。怠則張而相之。廢則埽而更之。謂之社稷之役。**疏曰。諫而無驕者。謂君若從巳之諫。巳不得恃巳言行謀用而生驕慢也。○方氏曰。君有過。諫之使止可也。訕之則不恭。諫不從。逃而去之可也。疾之則太傷。頌而無諂。則所頌為公。諫而無驕。則所諫為正。事弛而不力為怠。事弊而無用為廢。相之。更之。則君豈有失德。國豈有廢事哉。謂之社稷之役。以其有勞於社稷也。○謟音諂。相。去聲。更。平聲。**毋拔來。毋報往。**朱子曰。拔是急走倒從這邊來。赴是又急再還倒向那邊去。來往只是向背之意。此兩句文義。猶云其就義若熱。則其去義若渴。言人見有箇好事。火急歡喜去做。這樣人不耐久。少間心懶意闌。則速去之矣。所謂其進銳者。其退速也。○拔。蒲末切。報讀作赴。**毋瀆神。毋循枉。毋測未至。**神不可瀆。必敬而遠之。言行過而邪枉。當改以從直。後復循襲。是貳過矣。君子以誠自處。亦以誠待人。不逆料其將然也。未至而測之。雖中亦僞。○遠。行。中。去聲。處。上聲。**士依於德。游於藝。工依於法。游於說。**依者據以為常。游則出入無定。工之法。規矩尺寸之制也。諛則講論變通之道焉。毋訾衣服成器。毋身質言語。訾毀其不善也。曲禮。疑事毋質。與此質字義同。謂言語之際。疑則闕之。不可自我質正。恐有失誤也。

言語之美。穆穆皇皇。朝廷之美。濟濟翔翔。祭祀之美。齊齊皇皇。車馬之美。匪匪翼翼。鸞和之美。肅肅雍雍。方氏曰。穆穆者。敬以和。皇皇者。正而美。濟濟者。出入之齊。翔翔者。翕張之善。齊齊。致齊而能定也。皇皇。有求而不得也。匪匪。言行而有文。翼翼。言載而有輔。肅肅。唱者之敬。雍雍。應者之和。此即保氏所教六儀也。○五美字。皆讀爲儀。然皆如本字亦可通。濟。上聲。皇。舊音往。方讀如字。匪。音非。

問國君之子長幼。長則曰能從社稷之事矣。幼則曰能御。未能御。問大夫之子長幼。長則曰能正於樂人。未能正於樂人。問士之子長幼。長則曰能耕矣。幼則曰能負薪。未能負薪。社稷之事。如祭祀軍旅之類。皆是也。御者。六藝之一。國君尊。故以社稷言。樂人之事。如周禮樂德樂語樂舞之類。大司樂以教國子者。正者。正其善否。大夫下於君。故以教子言。士賤。則以耕與負薪言。此與曲禮所記不同。蓋記者之辭異耳。

執玉執龜筴不趨。堂上不趨。城上不趨。武車不式。介者不拜。說見曲禮。

婦人吉事。雖有君賜。肅拜。爲尸坐。則不手拜。肅拜。爲喪主。則不手拜。肅拜。如今婦人拜也。左傳。三肅使者。亦此拜。手拜。則手至地而頭在手上。如今男子拜也。婦人以肅拜爲正。故雖君賜之重。亦肅拜而受。爲尸。虞祭爲祖姑之尸也。爲喪主。夫與長子之喪也。爲喪主則稽顙。故不手拜。若有喪而不爲主。則手拜矣。或曰。爲喪主不手拜。則亦肅拜也。

葛絰而麻帶。婦人遭喪。卒哭後。以葛易首之麻絰。而要之麻絰不變。故云葛絰而麻帶也。

取俎進俎不坐。取俎。就俎上取肉也。進俎。進肉於俎也。俎有足。立而取進爲便。故不跪。

執虛如執盈。入虛如有人。皆敬心之所寓。

凡祭於室中。堂上無跣。燕則有之。凡祭。通言君臣上下之祭也。跣。脫屨也。祭禮主敬。凡祭在室中者。非惟室中不脫屨。堂上亦不敢脫屨。燕則有之者。謂行燕禮。則堂上可跣也。又按下大夫及士陰陽二厭及燕尸皆於室中。上大夫陰厭及祭在室。若儐尸則於堂。

未嘗不食新。嘗者。薦新物於寢廟也。未薦則孝子不忍先食。一云。嘗。秋祭也。

僕於君子。君子升下則授綏。始乘則式。君子下行。然後還立。乘貳車則式。佐車則否。君子或升或下。僕者皆授之綏。始乘之時。君子猶未至。則式以待君子之升。凡僕之禮。升在君子之先。下在君子之後。故君子下車而步。僕者乃得下而還車以立。以待君子之去也。貳車。朝祀之副車也。佐車。戎獵之副車也。朝祀尚敬。故式。戎獵尚武。故不式。

貳車者。諸侯七乘。上大夫五乘。下大夫三乘。有貳車者之乘馬服車不齒。觀君子之衣服服劍乘馬弗賈。周禮。貳車公九乘。侯伯七乘。子男五乘。又典命云。卿六命。大夫四命。車服各如命數。與此不同者。或周禮成而未行。亦或異代之制也。服車。所乘之車也。馬有老少。車有新舊。皆不可齒次其年歲。服劍。所佩之劍也。弗賈。不可許論其所直多少之價。曲禮云。齒路馬有誅。此皆貴貴之道。以廣敬也。○乘去聲。賈音嫁。其以乘壺酒束脩一犬賜人。若獻人。則陳酒執脩以將命。亦曰乘壺酒束脩一犬。乘壺。四壺也。束脩。十脡脯也。卑者曰賜。尊者曰獻。○乘去聲。其以鼎肉則執以將命。鼎肉。謂肉之已解剔而可升鼎者。故可執也。其禽加於一雙。則執一雙以將命。委其餘。加於一雙。不止一雙也。委其餘。陳列于門外也。犬則執緤。守犬田犬則授擯者。既受乃問犬名。緤。牽犬繩也。犬有三種。守禦宅舍曰守犬。田獵所用曰田犬。充庖廚所烹曰食犬。牛則執紖。馬則執靮。皆右之。紖。靮。皆執之以牽者。右之者。以右手牽。由便也。○紖直軫切。靮音的。臣則左之。臣。征伐所獲民虜也。曲禮云。獻民虜者操右袂。左之。以左手操其右袂。而右手得以制其非常也。○操平聲。車則說綏。執以將命。甲若有以前之。則執以將命。無以前之。則袒櫜奉冑。前之。謂以他物先之也。古人獻物必有先之者。如左傳所云。乘韋先牛十二之類是也。袒。開也。櫜。弢甲之衣也。冑。兜鍪也。謂開櫜出甲。而奉冑以將命也。○說音脫。櫜音羔。奉上聲。器則執蓋。弓則以左手屈韣執拊。執蓋。蓋輕便於執也。韣。弓衣。拊。弓把。左手屈弓衣并於把而執之。而右手執簫以將命。曲禮云。右手執簫。左手承弣是也。○韣音獨。拊音撫。劍則啓櫝蓋襲之。加夫襓與劍焉。啓。開也。櫝。劍匣也。蓋者。匣之蓋也。襲。卻合也。夫襓。劍衣也。開匣以其蓋卻合於匣之底下。乃加襓於匣中。而以劍置襓上也。○夫音扶。襓音饒。笏。書。脩。苞苴。弓。茵。席。枕。几。穎。杖。琴。瑟。句戈有刃者櫝。句筴籥。其執之皆尚左手。刃卻刃授穎。削授拊。凡有刺刃者以授人。則辟刃。笏也。書也。脯。脩也。苞。苴也。苴。藉而苞裹之。非特魚肉。他物亦可苞苴以遺人也。弓也。茵。褥也。席也。枕也。几也。穎。警枕也。杖也。琴也。瑟也。戈有刃者櫝而致之也。筴。著也。籥。如笛而三孔也。凡十六物。左手執上。右手捧下。陰陽之義也。穎。刃鐶也。削。曲刀也。拊。刀把也。辟。偏也。謂不以刃正向人也。○穎京領切。削音笑。刺音次。辟音僻。乘兵車出先刃。入後刃。軍尚左。卒尚右。先刃。刃向前也。入後刃。不以刃向國也。左。陽。生道也。右。陰。死道也。左將軍爲尊。其行伍皆尊尚左方。欲其無覆敗也。士卒之行伍尊尚右方。示有必死之志也。○行音杭。賓客主恭。祭祀主敬。喪事主哀。會同主詡。軍旅思險。隱情以虞。恭。以容言。敬。以心言。詡者。辭氣明盛之貌。前篇德發揚詡萬物。義亦相近。軍行舍止經由之處。必思爲險阻之防。又當隱密己情。以虞度彼之情詐也。○詡音許。度入聲。燕侍食於君子。則先飯而後已。毋放飯。毋流歠。小飯而亟之。數噍。毋爲口容。客自徹。辭焉則止。先飯。亦嘗食之禮也。後已。猶勸食之意也。放飯流歠。見曲禮。小飯則無噦噎之患。亟之。謂速咽下。備或有見問之言也。數噍。毋爲口容。言數數嚼之。不得弄口以爲容也。若食訖而客欲自徹食器。主人辭之則止也。○飯上聲。亟音棘。數音朔。噍音醮。客爵居左。其飲居右。介爵。酢爵。僎爵。皆居右。疏曰。鄉飲酒禮主人酬賓之爵。賓受奠觶于薦東。是客爵居左也。旅酬之時。一人舉觶于賓。賓奠觶于薦西。至旅酬。賓取薦西之觶以酬主人。是其飲居右也。介。賓副也。酢。客酌還答主人也。僎。鄉人來觀禮副主人者也。鄉飲禮。介爵及主人受酢之爵。幷僎爵。皆不明奠置之所。故記者於此明之。○今按賓坐南向。故以東西分左右也。○僎音遵。**羞濡魚者進尾。冬右腴。夏右鰭。祭膴。**擘濕魚從後起。則脇肉易離。故以尾向食者。若乾魚則進首也。腴。腹下肥處。鰭在脊。冬時陽氣在下。夏則陽在上。凡陽氣所在之處肥美。右之者。便於食也。祭膴者。刳魚腹下大臠以祭也。此言尋常燕食進魚者如此。祭祀及饗食正禮者不然。○鰭音奇。膴音許。**凡齊。執之以右。居之於左。**凡調和鹽梅者。以右手執之而居羹器於左。則以右手所執者調之爲便也。○齊去聲。**贊幣自左。詔辭自右。**此言相禮者爲君受幣。則由君之左。傳君之辭命於人。則由君之右也。**酌尸之僕如君之僕。其在車則左執轡。右受爵。祭左右軌范。乃飲。**尸之僕。御尸車者。軌。轂末也。范。軾前也。尸僕君僕之在車。以左手執轡。右手受爵。祭軌之左右及范。乃飲之也。**凡羞有俎者。則於俎內祭。**羞在豆。則祭之豆閒之地。俎長而橫於人之前。則祭之俎內也。**君子不食圂腴。**圂與豢同。謂犬豕也。腴。腸也。犬豕亦食米穀。其腹與人相似。故不食其腸也。**小子走而不趨。舉爵則坐祭立飲。**小子不敢與尊者並禮。故行步舉爵皆異於成人也。**凡洗必盥。**洗。洗爵也。盥。洗手也。凡洗爵必先洗手。示潔也。**牛羊之肺。離而不提心。**提。猶絕也。心。中央也。牛羊之肺。雖割離之。而不絕中央少許。使可手絕之以祭也。不言豕。事同可知。○提。丁禮切。**凡羞有湆者。不以齊。**湆。大羹也。大羹不和。故不用鹽梅之齊也。○湆音泣。齊去聲。大音泰。和去聲。**爲君子擇葱薤。則絕其本末。羞首者。進喙祭耳。**喙。口也。以口向尊者。而尊者先取耳以祭也。○爲去聲。喙充芮切。**尊者以酌者之左爲上尊。**尊者。謂設尊之人也。酌者。酌酒之人也。人君陳尊在東楹之西。南北列之。設尊者在尊西而向東。以右爲上。酌人在尊東而向西。以左爲上。二人俱以南爲上也。上尊在南。故云以酌者之左爲上尊。**尊壺者面其鼻。**尊與壺皆有面。面有鼻。鼻宜向尊者。故云尊壺者面其鼻。言設尊設壺。皆面其鼻也。**飲酒者。禨者。醮者。有折俎不坐。未步爵不嘗羞。**禨。沐而飲酒也。醮。冠而飲酒也。折俎。折骨體於俎也。禨醮小事爲卑。折俎禮盛。故禨醮而有折俎則不坐。無俎則可坐也。步。行也。無算爵之禮。行爵之後。乃得嘗羞。謂庶羞也。若正羞脯醢。則飲酒之前得嘗之。○禨音譏。**牛與羊魚之腥。聶而切之爲膾。麋鹿爲菹。野豕爲軒。皆聶而不切。麕爲辟雞。兔爲宛脾。皆聶而切之。切葱若薤。實之醯以柔之。**聶而切之者。謂先聶爲大臠。而後報切之爲膾也。餘見內則。○軒去聲。麕俱倫切。**其有折俎者。取祭反之。不坐。燔亦如之。尸則坐。**有折骨體之俎者。若就俎取肺而祭之。及祭竟而反此所祭之物於俎。皆立而爲之。燔。燒肉也。此肉亦在俎。其取祭與反。亦皆不坐。故云燔亦如之。尸則坐者。言不坐者賓客之禮耳。尸尊。祭反皆坐也。**衣服在躬而不知其名爲罔。**衣裳之制。取諸乾坤。有其名。則有其義。服之而不審名義。是無知之人矣。○石梁王氏曰。學而不思則罔。當如此罔字。其未有燭而後至者。則以在者告。道瞽亦然。凡飲酒爲獻主者。執燭抱燋。客作而辭。然後以授人。執燭不讓。不辭不歌。獻主。主人也。人君則使宰夫。燋。未爇之炬也。飲酒之禮。賓主有讓。及更相辭謝。又各歌詩以見意。今以暮夜。略此三事。一說。執燭在手。故不得兼爲之。○爇。側角切。洗盥執食飲者。勿氣。有問焉。則辟咡而對。奉進洗盥之水於尊長。及執食飲以進之時。皆不可使口氣直衝尊者。若此時尊者有問。則偏其口之所向而對。咡。口旁也。○辟。匹亦切。咡。音二。爲人祭曰致福。爲己祭而致膳於君子曰膳。爲人祭。攝主也。其歸胙將命之辭言致福。謂致其祭祀之福也。曰膳。則善味而已。○爲。去聲。祔練曰告。言告其事也。顏淵之喪。亦饋孔子祥肉。凡膳告於君子。主人展之以授使者于阼階之南。南面再拜稽首送。反命。主人又再拜稽首。其禮大牢則以牛左肩臂臑折九箇。少牢則以羊左肩七箇。犆豕則以豕左肩五箇。膳告。承上文而言。臂臑。肩脚也。九箇。自肩上至蹄。折爲九段也。周人牲體尚右。右邊已祭。故獻其左。○使。去聲。大。音泰。臑。奴道切。少。去聲。犆。音特。國家靡敝。則車不雕幾。甲不組縢。食器不刻鏤。君子不履絲屨。馬不常秣。靡敝。謂師旅饑饉之餘。財力靡散。民庶彫敝也。○靡。平聲。雕。刻鏤之也。幾。漆飾之畿限也。縢者縛約之名。不用組以連甲。及爲紟帶也。以穀食馬曰秣。○幾。音祈。食馬。食音嗣。

學記第十八

石梁王氏曰。六經言學字。莫先於說命。此篇不詳言先王學制。與教者學者之法。多是泛論。不如大學篇教是箇甚。學是學箇甚。○說。音悅。論。去聲。

發慮憲。求善良。足以謏聞。不足以動衆。發慮憲。謂致其思慮以求合乎法則也。求善良。親賢也。此二者可以小致聲譽。不能感動衆人。○謏。讀爲小。聞。去聲。就賢體遠。足以動衆。未足以化民。就賢。禮下賢德之士也。如王就見孟子之就。體。如中庸體羣臣之體。謂設以身處其地而察其心也。遠。疏遠之臣也。此二者可以感動衆人。未能化民也。○處。上聲。君子如欲化民成俗。其必由學乎。化民成俗。必如唐虞之於變時雍。乃爲至耳。然則舍學何以哉。此學乃大學之道。明德新民之事也。○於。音烏。舍。上聲。

玉不琢。不成器。人不學。不知道。是故古之王者建國君民。教學爲先。兌命曰。念終始典于學。其此之謂乎。建國。謂建立邦國。君民。謂以君長其民也。教學爲先。以立教立學爲先務也。兌命。商書。典。常也。○兌。讀作說。音悅。長。上聲。雖有嘉肴。弗食不知其旨也。雖有至道。弗學不知其善也。是故學然後知不足。教然後知困。知不足。然後能自反也。知困。然後能自强也。故曰教學相長也。兑命曰。學學半。其此之謂乎。學然後知不足。謂師資於人。方知己所未至也。教然後知困。謂無以應人之求。則自知困辱也。自反。知反求而已。自强。則有黽勉倍進之意。教學相長。謂我之教人與資人。皆相爲長益也。引說命斆學半者。劉氏曰。教人之功。居吾身學問之半。蓋始之脩己所以立其體。是一半。終之教人所以致其用。又是一半。此所以終始典于學。成己成物。合內外之道。然後爲學問之全功也。○强上聲。長上聲。學斆上學讀爲斆音效。應。去聲。

古之教者。家有塾。黨有庠。術有序。國有學。比年入學。中年考校。一年視離經辨志。三年視敬業樂羣。五年視博習親師。七年視論學取友。謂之小成。九年知類通達。强立而不反。謂之大成。古者二十五家爲閭。同在一巷。巷首有門。門側有塾。民在家者。朝夕受教於塾也。五百家爲黨。黨之學曰庠。教閭塾所升之人也。術當爲州。萬二千五百家爲州。州之學曰序。周禮鄉大夫春秋以禮會民而射于州序。是也。序則教黨學所升之人。天子所都及諸侯國中之學謂之國學。以教元子衆子及卿大夫士之子。與所升俊選之士焉。比年。每歲也。每歲皆有入學之人。中年。間一年也。與小記中一以上之中同。每間一年而考校其藝之進否也。離經。離絕經書之句讀也。辨志。辨別其趨向之邪正也。敬業。則於所習無怠忽。樂羣。則於朋徒無睽貳。博習。則不以程度爲限制。親師。則於訓誨知嗜好。論學。講求學問之縕奧也。取友。擇取益者而友之也。能如此。是學之小成也。至於九年。則理明義精。觸類而長。無所不通。有卓然自立之行。而外物不得以奪之矣。是大成也。○朱子曰。這幾句。都是上兩字說學。下兩字說所得處。如離經便是學。辨志是所得處。他倣此。○術當爲州。比毗至切。中平聲。樂五教切。論去聲。間去聲。以上上上聲。讀音豆。別必列切。行去聲。夫然後足以化民易俗。近者說服而遠者懷之。此大學之道也。記曰。蛾子時術之。其此之謂乎。前言成俗。成其美俗也。此言易俗。變其汙俗也。以此大成之士而官使之。其功效如此。是所謂大學教人之道也。蛾子。蟲之微者。亦時時述學銜土之事而成大垤。以驗學者由積學而成大道也。此古記之言。故引以證其說。○蛾魚起切。古蟻字。

大學始教。皮弁祭菜。示敬道也。始教。學者入學之初也。有司衣皮弁之服。祭先師以蘋藻之菜。示之以尊敬道藝也。宵雅肄三。官其始也。當祭菜之時。使歌小雅中鹿鳴四牡皇皇者華之三篇而肄習之。此三詩皆君臣燕樂相勞苦之辭。蓋以居官受任之美。誘諭其初志。故曰官其始也。○朱子曰。聖人教人。合下便要他用。便要用賢以治不賢。舉能以教不能。所以公卿大夫在下思各舉其職。○宵小。通肄音異。樂音洛。勞去聲。入學鼓篋。孫其業也。入學時。大胥之官擊鼓以召學士。學士至。則發篋以出其書籍等物。警之以鼓聲。使以遜順之心進其業也。書言惟學遜志。○孫去聲。夏楚二物。收其威也。夏。榎也。楚。荊也。榎形圓。楚形方。以二物爲扑。以警其怠忽者。使之收斂威儀也。○夏。榎。古雅切。未卜禘不視學。游其志也。時觀而弗語。存其心也。幼者聽而弗問。學不躐等也。此七者。教之大倫也。記曰。凡學。官先事。士先志。

其此之謂乎。禘五年之大祭也。不五年不視學。所以優游學者之心志也。此又非仲春仲秋視學之禮。使觀而感於心。不言以盡其禮。欲其自得之也。故曰存其心。幼者未必能問。問亦未必知要。故但聽受師說而無所請。亦長幼之等當如是。不可踰躐也。○劉氏曰。自皮弁祭菜至聽而弗問。凡七事。皆大學爲教之大倫。大倫猶言大節耳。官先事。士先志。竊意官是已仕者。士是未仕者。謂已仕而爲學。則先其職事之所急。未仕而爲學。則未得見諸行事。故先其志之所尚也。子夏曰。仕而優則學。是已居官而爲學也。王子墊問士何事。孟子曰尚志。是未仕而學。則先尚志也。然大學之道。明德新民而已。先志者。所以明德。先事者。所以新民。七事。上句皆教者之事。下句皆學者之志。○語去聲。

大學之教也。時教必有正業。退息必有居學。句不學操縵。不能安弦。不學博依。不能安詩。不學雜服。不能安禮。不興其藝。不能樂學。故君子之於學也。藏焉。脩焉。息焉。遊焉。舊說。大學之教也時。句絕。退息必有居。句絕。今讀時字連下句。學字連上句。謂四時之教。各有正業。如春秋教以禮樂。冬夏教以詩書。春誦夏絃之類是也。退而燕息。必有燕居之學。如退而省其私。亦足以發是也。弦也。詩也。禮也。此時教之正業也。操縵博依雜服。此退息之居學也。凡爲學之道。貴於能安。安則心與理融而成熟矣。然未至於安。則在乎爲之不厭。而不可有作輟也。操縵。操弄琴瑟之絃也。初學者手與絃未相得。故雖退息時。亦必操弄之不廢。乃能習熟而安於絃也。詩人比興之辭。多依託於物理。而物理至博也。故學詩者但講之於學校。而不能於退息之際。廣求物理之所依附者。則無以驗其實。而於詩之辭。必有疑殆而不能安者矣。雜服。冕弁衣裳之類。先王制作。禮各有服。極爲繁雜。學者但講之於學。而不於退息時。游觀行禮者之雜服。則無以盡識其制。而於禮之文。必有彷彿而不能安者矣。興者。意之興起而不能自已者。藝。即三者之學是也。言退息時。若不興此三者之藝。則謂之不能好學矣。故君子之於學也。藏焉。脩焉之時。必有正業。則所習者專而志不外。息焉遊焉之際。必有居學。則所養者純而藝愈熟。故其學易成也。○朱子曰。古人服各有等降。若理會得雜服。則於禮思過半矣。○縵。莫半切。依。上聲。興。樂。並去聲。

夫然。故安其學而親其師。樂其友而信其道。是以雖離師輔而不反也。兌命曰。敬孫務時敏。厥脩乃來。其此之謂乎。承上文而言。藏脩遊息。無不在於學。是以安親樂信。雖離師友。亦不畔於道也。時敏。無時而不敏也。厥脩乃來。言其進脩之益。如水之源源而來也。○樂。離。孫。並去聲。

今之教者。呻其佔畢。多其訊言。及于數。進而不顧其安。使人不由其誠。教人不盡其材。其施之也悖。其求之也佛。夫然故隱其學而疾其師。苦其難而不知其益也。雖終其業。其去之必速。教之不刑。其此之由乎。呻。吟諷之聲也。佔。視也。畢。簡也。訊。問也。言今之教人者。但吟諷其所佔視之簡牘。不能通其縕奧。乃多發問辭以訊問學者。而所言又不止一端。故云言及于數也。不顧其安。不恤學者之安否也。不由其誠。不肯實用其力也。不盡其材。不能盡其材之所長也。夫多其訊而言及于數。則與時教必有正業者異矣。使人不由其誠。教人不盡其材。則與退息必有居學者異矣。惟其如此。是以師之所施者。常至於悖逆。學者之所求。每見其拂戾也。隱其學。不以所學自表見。

也終業而又速去之以其用工間斷鹵莽滅裂而不安不樂故也刑成也○朱子曰橫渠作篇與人有其子日來誦書不熟且教他熟誦以盡其誠與材他解此兩句只作一意解言人之材足以有為但以不由於誠則不盡其材○呻音申佔音覘佛音弗

大學之法禁於未發之謂豫當其可之謂時不陵節而施之謂孫相觀而善之謂摩此四者教之所由興也豫者先事之謂時者不先不後之期也陵踰犯也節如節候之節禮有禮節樂有樂節人有長幼之節皆言分限所在不陵節而施謂不教幼者以長者之業也相觀而善如稱甲之善則乙者觀而效之乙有善可稱甲亦如之孫以順言摩以相厲而進為言也○方氏曰若七年男女不同席不共食幼子常視毋誑則可謂之豫矣若十年學書計十三年舞勺成童舞象可謂之時矣○石梁王氏曰註專以時為年二十之時非也○當孫並去聲

發然後禁則扞格而不勝時過然後學則勤苦而難成雜施而不孫則壞亂而不脩獨學而無友則孤陋而寡聞燕朋逆其師燕辟廢其學此六者教之所由廢也扞拒扞也格讀如凍洛之洛謂如地之凍堅強難入也不勝不能承當其教也一讀為去聲謂教不能勝其為非之心亦通雜施謂躐等陵節也燕私之朋必不責善或相與以慢其師燕遊邪僻必或外誘得不廢其業乎此燕朋燕辟之害皆由於發然後禁以下四者之失皆與上文四者相反也○鄭氏曰燕猶褻也褻其朋友褻師之譬喻○格胡客切勝音升孫去聲壞音怪辟音僻

君子既知教之所由興又知教之所由廢然後可以為人師也故君子之教喻也道而弗牽強而弗抑開而弗達道而弗牽則和強而弗抑則易開而弗達則思和易以思可謂善喻矣示之以入道之所由而不牽率其必進作興其志氣之所尚而不沮抑之使退開其從入之端而不竟其所遍之地如此則不扞格而和不勤苦而易不雜施以亂其心有相觀以輔其志而思則得之矣○強上聲易音異

學者有四失教者必知之人之學也或失則多或失則寡或失則易或失則止此四者心之莫同也知其心然後能救其失也教也者長善而救其失者也方氏曰或失則多者知之所以過或失則寡者愚之所以不及或失則易賢者之所以過或失則止不肖者之所以不及多聞見而適乎邪道多之失也寡聞見而無約無卓寡之失也子路好勇過我無所取材易之失也冉求之今女畫止之失也約我以禮所以救其失之多博我以文所以救其失之寡兼人則退之所以救其失之易退則進之所以救其失之止也○易去聲長上聲

善歌者使人繼其聲善教者使人繼其志其言也約而達微而臧罕譬而喻可謂繼志矣約而達辭簡而意明也微而臧言不峻而善則明也罕譬而喻比方之辭少而感動之意深也繼志謂能使學者之志與師無閒也

君子知至學之難易而知其美惡然後能博喻能博喻然後能為師能為師然後能為長能

為長。然後能為君。故師也者。所以學為君也。是故擇師不可不慎也。記曰。三王四代唯其師。其此之謂乎。至學。至於學也。鈍者至之難。敏者至之易。質美者向道。不美者叛道。知乎此。然後能博喻。謂循循善誘。不拘一途也。周官太宰。長以貴得民。師以賢得民。長者一官之長。君則一國之君也。言為君之道。皆自務學充之。三王四代之所以治。以能作之君。作之師爾。周子曰。師道立則善人多。善人多。則朝廷正而天下治矣。

凡學之道。嚴師為難。師嚴然後道尊。道尊然後民知敬學。是故君之所不臣於其臣者二。當其為尸則弗臣也。當其為師則弗臣也。大學之禮。雖詔於天子無北面。所以尊師也。嚴師。如孝經嚴父之義。謂尊禮嚴重之也。無北面。不處之以臣位也。○石梁王氏曰。詔於天子無北面。註引武王踐祚。出大戴禮。

善學者。師逸而功倍。又從而庸之。不善學者。師勤而功半。又從而怨之。善問者如攻堅木。先其易者。後其節目。及其久也。相說以解。不善問者反此。善待問者如撞鐘。叩之以小者則小鳴。叩之以大者則大鳴。待其從容。然後盡其聲。不善答問者反此。此皆進學之道也。庸。功也。感師之有功於己也。相說以解。舊讀說為悅。今從朱子說。讀如字。○疏曰。從讀為舂。舂者舂。謂擊也。以為聲之形容。言鐘之為體。必待其擊。每一舂而為一容。然後盡其聲。善答者亦待其一問。然後一答。乃盡說義理也。愚謂從容。言優游不迫之意。不急疾擊之。則鐘聲之小大長短得以自盡。故以為善答之喻。○朱子曰。說字人以為悅。恐只是說字。先其易者。難處且放下。少間見多了。自然相證而解。解物為解。自解釋為解。恐是相證而曉解也。○說如字。解。下介切。解物為解。自解三解字如字。

記問之學。不足以為人師。必也其聽語乎。力不能問。然後語之。語之而不知。雖舍之可也。記問。謂記誦古書以待學者之問也。以此為學。無得於心。而所知有限。故不足以為人師。聽語。聽學者所問之語也。不能問則告之。不知而舍之。以其終不可入德也。不以三隅反則不復。亦此意。○上語。如字。下二語去聲。舍上聲。復扶又切。

良冶之子。必學為裘。良弓之子。必學為箕。始駕馬者反之。車在馬前。君子察於此三者。可以有志於學矣。疏曰。善冶之家。其子弟見其父兄陶鎔金鐵。使之柔合以補治破器。故此子弟能學為袍裘。補續獸皮。片片相合。以至完全也。箕。柳箕也。善為弓之家。使幹角撓屈。調和成弓。故其子弟亦觀其父兄世業。學取柳條和軟撓之成箕也。馬子始學駕車之時。大馬駕在車前。將馬子繫隨車後而行。故示反之。所以然者。此駒未曾駕車。若忽駕之。必驚奔。今以大馬牽車於前。而繫駒於後。使日日見車之行。慣習而後駕之。不復驚矣。言學者亦須先教小事操縵之屬。然後乃示其業。則易成也。○應氏曰。冶鑛難精。而裘軟易紉。弓勁難調。而箕曲易製。車重難駕。而馬反則易馴。皆自易而至於難。自粗而至於精。習之有漸。而不可驟進。學之以類。而不可泛求。是之謂有志矣。○復。扶又切。紉。尼鄰切。

古之學者。比物醜類。鼓無當於五聲。五聲弗得不和。水無當於五色。五色弗得不章。學無當於五官。五官弗得不治。師無當於五服。五服弗得不親。此物醜類謂以同類之事相比方也。當猶主也。鼓聲不宮不商。於五聲本無所主。然而五聲不得鼓。則無諧和之節。水無色。不在五色之列。而繢畫者不得水。則不章明。五官。身口耳目心之所職。卽洪範之五事也。學於吾身五者之官。本無所當。而五官不得學則不能治。師於弟子不當五服之一。而弟子若無師之教誨。則五服之屬不相和親。○陳氏曰。類者。物之所同。醜之爲言衆也。理有所不顯。則比物以明之。物有所不一。則醜類以盡之。然後因理以明道。而善乎學矣。總而論之。鼓非與乎五聲。而五聲待之而和。水非與乎五色。而五色待之而章。學非與乎五官。而五官待之而治。師非與乎五服。而五服待之而親。是五聲五色五官五服雖不同。而同於有之以爲利。鼓也六也學也師也雖不一。而一於無之以爲用。然則古之學者比物醜類。而精微之意有寓於是。非窮理之至者孰能與此。○比音紕。當去聲。與去聲。

君子曰。大德不官。大道不器。大信不約。大時不齊。察於此四者。可以有志於本矣。大德。大道。大信。皆指聖人而言。大時。天時也。不官。不拘一職之任也。不器。無施而不可也。不約。不在期約之末也。元化周流。一氣屈伸。不可以截然分限求之。故方榮之時而有枯者焉。寂之時而有專者焉。惟其不齊。是以不可窮。凡此四者。皆以本原盛大而體無不具。故變通不拘而用無不周也。君子察於此可以有志於學而洪其本矣。○專音敷。

三王之祭川也。皆先河而後海。或源也。或委也。此之謂務本。河爲海之源。海乃河之委。承上文志於本而言。水之爲物。盈科而後進。放乎四海。有本者如是也。君子之於學。不成章不達。故先務本。○委去聲。放上聲。

禮記卷之七

樂記第十九

凡音之起由人心生也人心之動物使之然也感於物而動故形於聲聲相應故生變變成方謂之音比音而樂之及干戚羽旄謂之樂凡樂音之初起皆由人心之感於物而生人心虛靈不昧感而遂通情動於中故形於言而爲聲聲之辭意相應自然生清濁高下之變變而成歌詩之方法則謂之音矣成方猶言成曲調也比合其音而播之樂器及舞之干戚羽旄則謂之樂焉干戚武舞也羽旄文舞也○比毗至反樂如字調去聲樂者音之所由生也其本在人心之感於物也是故其哀心感者其聲噍以殺其樂心感者其聲嘽以緩其喜心感者其聲發以散其怒心感者其聲粗以厲其敬心感者其聲直以廉其愛心感者其聲和以柔六者非性也感於物而后動方氏曰人之情得所欲則樂喪所欲則哀順其心則喜逆其心則怒於所畏則敬於所悅則愛噍則竭而無澤殺則減而不隆蓋心喪其所欲故形於聲者如此嘽則闡而無餘緩則紓而不迫蓋心得其所欲故形於聲者如此發則生而不窮散則施而無積蓋順其心故形於聲者如此直則無委曲廉則有分際蓋心有所畏故形於聲者如此和則不乖柔則致順蓋心有所悅故形於聲者如此○愚謂粗以厲者高急而近於猛暴也六者心感物而動乃情也非性也性則喜怒哀樂未發者也○噍音焦殺色介反樂音洛嘽昌展反是故先王愼所以感之者故禮以道其志樂以和其聲政以一其行刑以防其姦禮樂刑政其極一也所以同民心而出治道也劉氏曰愼其政之所以感人心者故以禮而道其志之所行使必中節以樂而和其聲之所言使無乖戾政以敎不能而一其行刑以罰不率而防其姦禮樂刑政四者之事雖殊而其致則一歸於愼其所以感之者所以同民心而出治道也○行去聲中去聲凡音者生人心者也情動於中故形於聲聲成文謂之音是故治世之音安以樂其政和亂世之音怨以怒其政乖亡國之音哀以思其民困聲音之道與政通矣此言音生於人心之感而人心哀樂之感由於政治之得失此所以愼其所以感之者也治世政事和諧故形於聲音者安以樂亂世政事乖戾故形於聲音者怨以怒將亡之國其民困苦故形於聲音者哀以思此聲音所以與政通也○詩疏曰雜比曰音單出曰聲哀樂之情發見於言語之聲於時雖言哀樂之事未有宮商之調惟是聲耳至於作詩之時則次序清濁節奏高下使五聲爲曲似五色成文即是爲音此音被諸絃管乃名爲樂宮爲君商爲臣角爲民徵爲事羽爲物五者不亂則無怗懘之音矣劉氏曰五聲之本生於黃鍾之律其長九寸每寸九分九九八十一是爲宮聲之數三分

損一以下生徵。則去二十七得五十四也。徵三分益一以上生商。則加十八得七十二也。商三分損一以下生羽。則去二十四得四十八也。羽三分益一以上生角。則加十六得六十四也。角聲之數。三分之不盡一算。其數不行。故聲止於五。此其相生之次也。宮屬土。絃用八十一絲。爲最多。而聲至濁。於五聲獨尊。故爲君象。商屬金。絃用七十二絲。聲次濁。故次於君而爲臣象。角屬木。絃用六十四絲。聲半清半濁。居五聲之中。故次於臣而爲民象。徵屬火。絃用五十四絲。其聲清。有民而後有事。故爲事象。羽屬水。絃用四十八絲。爲最少。而聲至清。有事而後用物。故爲物象。此其大小之次也。五聲固本於黃鐘爲宮。然還相爲宮。則其餘十一律皆可爲宮。宮必爲君而不可下於臣。商必爲臣而不可上於君。角民徵事羽物。皆以次降殺。其有臣過君。民過臣。事過民。物過事者。則不用正聲而以半聲應之。此八音所以克諧而無相奪倫也。然聲音之道與政相通。必君臣民事物五者各得其理而不亂。則聲音和諧而無怗懘也。怗懘者。敝敗也。○怗音覘。懘昌制切。徵上聲。去上聲。還音旋。殺去聲。

宮亂則荒。其君驕。商亂則陂。其臣壞。角亂則憂。其民怨。徵亂則哀。其事勤。羽亂則危。其財匱。五者皆亂。迭相陵。謂之慢。如此則國之滅亡無日矣。此言審樂以知政。若宮亂則樂聲荒散。是知由其君之驕恣使然也。餘四者例推。○陳氏曰。五聲合君臣民事物之象。必得其理。方調得律呂。否則有臣陵君。民過臣。而謂之奪倫矣。此却不比漢儒附會故法之言。具有此事。毫髮不可差。設或樂聲奪倫。卽其國君臣民物必有不盡分之事。如州鳩師曠皆能以此知彼。正是樂與政通。○陂音畀。

鄭衛之音。亂世之音也。比於慢矣。桑間濮上之音。亡國之音也。其政散。其民流。誣上行私而不可止也。此慢字。承上文謂之慢而言。比。近也。桑間濮上。衛地濮水之上。桑林之間也。史記言衛靈公適晉。舍濮上。夜聞琴聲。召師涓聽而寫之。至晉。命涓爲平公奏之。師曠曰。此師延靡靡之樂。武王伐紂。師延投濮水死。故聞此聲必於濮水之上也。政散故民罔其上。民流故行其淫蕩之私也。○張子曰。鄭衛地濱大河。沙地土薄。故其人氣輕浮。其地平下。故其質柔弱。其地肥饒。不費耕耨。故其人心怠惰。其人情性如此。其聲音亦然。故聞其樂使人如此懈慢也。○朱子曰。鄭聲之淫甚於衛。夫子論爲邦獨以鄭聲爲戒。蓋舉重而言也。○比毗至切。濮音卜。

凡音者。生於人心者也。樂者。通倫理者也。是故知聲而不知音者。禽獸是也。知音而不知樂者。衆庶是也。唯君子爲能知樂。是故審聲以知音。審音以知樂。審樂以知政。而治道備矣。是故不知聲者。不可與言音。不知音者。不可與言樂。知樂則幾於禮矣。禮樂皆得謂之有德。德者得也。倫理。事物之倫類各有其理也。○方氏曰。凡耳有所聞者皆能知聲。心有所識者則能知音。道有所通者乃能知樂。若瓠巴鼓瑟。流魚出聽。伯牙鼓琴。六馬仰秣。此禽獸之知聲者也。魏文侯好鄭衛之音。齊宣王好世俗之樂。此衆庶之知音者也。若孔子在齊之所聞。季札聘魯之所觀。此君子之知樂者也。○應氏曰。倫理之中。皆禮之所寓。知樂則通於禮矣。不曰通而曰幾者。辨析精微之極也。○幾平聲。好去聲。

是故樂之隆。非極音也。食饗之禮。非致味也。清廟之瑟。朱絃而

疏越。壹倡而三歎。有遺音者矣。大饗之禮。尚玄酒而俎腥魚。大羹不和。有遺味者矣。是故先王之制禮樂也。非以極口腹耳目之欲也。將以教民平好惡而反人道之正也。樂之隆盛。不是爲極聲音之美。食饗禘祫之重禮。不是爲極滋味之美。蓋樂主於移風易俗。而祭主於報本反始也。鼓清廟之詩之瑟。練朱絲以爲絃。絲不練則聲清。練之則聲濁。疏。通也。越。瑟底之孔也。疏而通之。使其聲遲緩。瑟聲濁而遲。是質素之聲。非要妙之音也。此聲初發。一倡之時。僅有三人從而和之。言和者少也。以其非極聲音之美。故好者少。然而其中則有不盡之餘音存焉。故曰有遺音者矣。尊以玄酒爲尚。俎以生魚爲薦。太羹無滋味之調和。是質素之食。非人所嗜悅之味也。然而其中則有不盡之餘味存焉。故曰有遺味者矣。由此觀之。是非以極口腹耳目之欲也。教民平好惡。謂不欲其好惡之偏私也。人道不正。必自好惡不平始。好惡得其平則可以復乎人道之正。而風移俗易矣。○朱子曰。一倡而三歎。謂一人倡而三人和。今解者以爲三歎息。非也。○食音嗣。越如字。太音泰。和。好惡爲並去聲。

人生而靜。天之性也。感於物而動。性之欲也。物至知知。朱子曰。上知字是體。下知字是用。然後好惡形焉。好惡無節於內。知誘於外。不能反躬。天理滅矣。夫物之感人無窮。而人之好惡無節。則是物至而人化物也。人化物也者。滅天理而窮人欲者也。於是有悖逆詐僞之心。有淫泆作亂之事。是故強者脅弱。衆者暴寡。知者詐愚。勇者苦怯。疾病不養。老幼孤獨不得其所。此大亂之道也。劉氏曰。人生而靜者。喜怒哀樂未發之中。天命之性也。感於物而動。則性發而爲情也。人心虛靈知覺事至物來。則必知之而好惡形焉。好善惡惡。則道心之知覺原於義理者也。好妍惡醜。則人心之知覺發於形氣者也。好惡無節於內。而知誘於外。則是道心昧而不能爲主宰。人心危而物交物。則引之矣。不能反躬以思其理之是非。則人欲熾而天理滅矣。況以無節之好惡。而接乎無窮之物感。則心爲物役。而違禽獸不遠矣。違禽獸不遠。則爪剛者決。力強者奪。此所以爲大亂之道也。○好惡。知者之知。並去聲。樂音洛。

是故先王之制禮樂。人爲之節。衰麻哭泣。所以節喪紀也。鐘鼓干戚。所以和安樂也。昏姻冠笄。所以別男女也。射鄉食饗。所以正交接也。禮節民心。樂和民聲。政以行之。刑以防之。禮樂刑政。四達而不悖。則王道備矣。劉氏曰。先王之制禮樂。因人情而爲之節文。因其哀死而喪期無數。故爲衰麻哭泣之數以節之。因其好逸樂而不能和順於義理。故爲鐘鼓干戚之樂以和之。因其有男女之欲而不知其別。故爲昏姻冠笄之禮以別之。因其有交接之事而或失其正。故爲射鄉食饗之禮以正之。節其心。所以使之行而無過不及。和其聲。所以使之言而無所乖戾。爲之政以率其怠倦。而使禮樂之敎無不行。爲之刑以防其恣肆。而使禮樂之道無敢廢。禮樂刑政四者通行於天下。而民無悖違之者。則王者之治道備矣。○衰音催。安樂樂音洛。食音嗣。逸樂樂音洛。別必列切。惡去聲。

樂者爲同。禮者爲異。同則相親。異則相敬。樂勝則流。禮勝則離。合情飾貌者。禮樂之事也。禮義立。則貴賤等矣。樂文同。則上下和矣。好惡著。則賢不肖別矣。刑禁暴。爵舉賢。則政均矣。仁以愛之。義以正之。如此則民治行矣。

和以統同。序以辨異。樂勝則流。過於同也。禮勝則離。過於異也。合情者。樂之和於內。所以救其離之失。飾貌者。禮之檢於外。所以救其流之失。此禮之義。樂之文。所以相資爲用者也。仁以愛之。則相敬而不至於離。義以正之。則相親而不至於流。此又以仁義爲禮樂之輔者也。等貴賤。和上下。別賢不肖。均政。此四者皆所以行民之治。故曰民治行矣。○應氏曰。上言王道備。言其爲治之具也。此言民治行。言其爲治之效。○別。必列切。

樂由中出。禮自外作。樂由中出故靜。禮自外作故文。大樂必易。大禮必簡。樂至則無怨。禮至則不爭。揖讓而治天下者。禮樂之謂也。暴民不作。諸侯賓服。兵革不試。五刑不用。百姓無患。天子不怒。如此則樂達矣。合父子之親。明長幼之序。以敬四海之內。天子如此。則禮行矣。

應氏謂四海之內四字。恐在合字上。如此則文理爲順。○劉氏曰。欣喜歡愛之和出於中。進退周旋之序著於外。和則情意安舒。故靜。序則威儀交錯。故文。大樂與天地同和。如乾以易知而不勞。大禮與天地同節。如坤以簡能而不煩。樂至則人皆得其所而無怨。禮至則人各安其分而不爭。如帝世揖讓而天下治者。禮樂之至也。達者。徹於彼之謂。行者。出於此之謂。行者達之本。達者行之效。天子自能合其父子之親。明其長幼之序。則家齊族睦矣。又能親吾親以及人之親。長吾長以及人之長。是謂以敬四海之內。則禮之本立而用行矣。禮之用行。而後樂之效達。故於樂但言天子無可怒者。而於禮則言天子如此。是樂之達。乃天子行禮之效也。周子曰。萬物各得其理而後和。故禮先而樂後是也。

大樂與天地同和。大禮與天地同節。和故百物不失。節故祀天祭地。明則有禮樂。幽則有鬼神。如此則四海之內合敬同愛矣。禮者殊事合敬者也。樂者異文合愛者也。禮樂之情同。故明王以相沿也。故事與時並。名與功偕。

百物不失。言各遂其性也。○朱子曰。禮主減。樂主盈。鬼神亦止是屈伸之義。禮樂鬼神一理。又曰。在聖人制作處便是禮樂。在造化功用處便是鬼神。禮有經禮曲禮之事殊。而敬一。樂有五聲六律之文異。而愛一。所以能使四海之內合敬同愛者。皆大樂大禮之所感化也。禮樂之制。在明王雖有損益。而情之同者。則相因述也。惟其如此。是以王者作興。事與時並。如唐虞之時。則有揖讓之事。夏殷之時。則有放伐之事。名與功偕者。功成作樂。故歷代樂名皆因所立之功而名之也。○蔡氏曰。禮樂本非判然二物也。人徒見樂由陽來。禮由陰作。即以爲禮屬陰。樂屬陽。判然爲二。殊不知陰陽一氣也。陰氣流行即爲陽。陽氣凝聚即爲陰。非眞有二物也。禮樂亦止是一理。禮之和即是樂。樂之節即是禮。亦非二物也。善觀者。既知陰陽禮樂之所以爲二。又知陰陽禮樂之所以爲一。則達禮樂之體用矣。

故鐘鼓管磬。羽籥干

戚樂之器也。屈伸俯仰，綴兆舒疾，樂之文也。簠簋俎豆，制度文章，禮之器也。升降上下，周還裼襲，禮之文也。故知禮樂之情者能作，識禮樂之文者能述。作者之謂聖，述者之謂明。明聖者，述作之謂也。綴，舞者行位相連綴也。兆，位外之營兆也。裼襲，說見曲禮。情，謂理趣之深奥者。知之悉，故能作。文，謂節奏之宣著者。識之詳，故能述。若黃帝堯舜之造律呂垂衣裳，禹湯文武之不相沿襲，皆聖者之作也。周公經制，盡取先代之禮樂而參用之，兼聖明之作述也。季札觀樂而各有所論，此明者之述也。夫子之聖，乃述而不作者，有其德無其位故耳。○綴音拙。還音旋。行音杭。論去聲。

樂者天地之和也，禮者天地之序也。和，故百物皆化；序，故羣物皆別。樂由天作，禮以地制。過制則亂，過作則暴。明於天地，然後能與禮樂也。朱子曰：樂由天作屬陽，故有運動底意。禮以地制，如由地出，不可移易。○劉氏曰：前言大樂與天地同和，大禮與天地同節，以成功之所合而言也。此言樂者天地之和，禮者天地之序，以效法之所本而言也。蓋聖人之禮樂與天地之陰陽相爲流通，故始也法陰陽以爲禮樂，終也以禮樂而贊陰陽。天地之和，陽之動而生物者也。氣行而不乖，故百物皆化。天地之序，陰之靜而成物者也。質具而有秩，故羣物皆別。樂由天作者，法乎氣之行於天者而作，故動而屬陽，聲音氣之爲也。禮以地制者，法乎質之具於地者而制，故靜而屬陰，儀則質之爲也。過制則失其序，如陰過而肅，則物之成者復壞矣，故亂。過作則失其和，如陽過而亢，則物之生者反傷矣，故暴。明乎天地之和與序，然後能與禮樂以贊化育也。

論倫無患，樂之情也；欣喜歡愛，樂之官也。中正無邪，禮之質也；莊敬恭順，禮之制也。若夫禮樂之施於金石，越於聲音，用於宗廟社稷，事乎山川鬼神，則此所與民同也。方氏曰：金石聲音，特樂而已，亦統以禮爲言者，凡行禮然後用樂，用樂以成禮，未有用樂而不爲行禮者也。情、官、質、制者，禮樂之義也。金石聲音者，禮樂之數也。其數可陳，則民之所同；其義難知，則君之所獨。故於金石聲音曰此所與民同也。○劉氏曰：論者，雅頌之辭。倫者，律呂之音。惟其辭足論而音有倫，故極其和而無患害，此樂之本情也。而在人者，則以欣喜歡愛爲作樂之主焉。中者，行之無過不及。正者，立之不偏不倚。惟其立之正而行之中，故得其序而無邪僻，此禮之本質也。而在人者，則以莊敬恭順爲行禮之制焉。此聖賢君子之所獨知也。若夫施之器而播之聲，以事乎鬼神者，則衆之所共知者也。○論去聲。

王者功成作樂，治定制禮。其功大者其樂備，其治辯者其禮具。干戚之舞，非備樂也；孰亨而祀，非達禮也。五帝殊時，不相沿樂；三王異世，不相襲禮。樂極則憂，禮粗則偏矣。及夫敦樂而無憂，禮備而不偏者，其唯大聖乎。干戚之舞，武舞也，不如韶樂之盡善盡美，故云非備樂也。孰亨牲體而薦，不如古者血腥之祭爲得禮意，故云非達禮也。若奏樂而欲極其聲音之娛樂，則樂極悲來，故云樂極則憂。行禮粗略而不能詳審，則節文之儀必有偏失而不舉者，故云禮粗則偏矣。惟大聖人則道全德備，雖敦厚於樂而無樂極悲來之憂，其禮儀備具而無偏粗之失也。○辯音偏。亨音烹。

天高地下。萬物散殊。而禮制行矣。流而不息。合同而化。而樂興焉。春作夏長。仁也。秋斂冬藏。義也。仁近於樂。義近於禮。樂者敦和。率神而從天。禮者別宜。居鬼而從地。故聖人作樂以應天。制禮以配地。禮樂明備。天地官矣。

物各賦物而不可以強同。此造化示人以自然之禮制也。絪縕化醇而不容以獨異。此造化示人以自然之樂情也。合同者春夏之仁。故曰仁近於樂。散殊者秋冬之義。故曰義近於禮。敦和。厚其氣之同者。別宜。辨其物之異者。率神所以循其氣之伸。居鬼所以斂其氣之屈。伸陽而從天。屈陰而從地也。由是言之。則聖人禮樂之精微。寓於制作者。既明且備。可得而知矣。官。猶主也。言天之生物。地之成物。各得其職也。○劉氏曰。此申明禮者天地之序。樂者天地之和。高下散殊者。質之具。天地自然之序也。而聖人法之。則禮制行矣。周流同化者。氣之行。天地自然之和也。而聖人法之。則樂興焉。春作夏長。天地生物之仁也。氣行而同和。故近於樂。秋斂冬藏。天地成物之義也。質具而異序。故近於禮。此言效法之所本也。敦和者。厚其氣之同。別宜者。辨其質之異。神者。陽之靈。鬼者。陰之靈。率神以從天者。達其氣之伸而行於天。居鬼而從地者。斂其氣之屈而具於地。蓋樂可以敦厚天地之和。而發達乎陽之所生。禮可以辨別天地之宜。而安定乎陰之所成。故聖人作樂以應助天之生物。制禮以配合地之成物。禮樂之制作既明且備。則足以裁成其道。輔相其宜。而天之生。地之成。各得其職矣。此言成功之所合也。○長。上聲。別。必列切。應。去聲。

天尊地卑。君臣定矣。卑高以陳。貴賤位矣。動靜有常。小大殊矣。方以類聚。物以羣分。則性命不同矣。在天成象。在地成形。如此。則禮者天地之別也。

此與易繫辭略同。記者引之。言聖人制禮。其本於天地自然之理者如此。定君臣之禮者。取於天地尊卑之勢也。列貴賤之位者。取於山澤卑高之勢也。小者不可爲大。大者不可爲小。故小大之殊。取於陰陽動靜之常也。此小大如論語小大由之之義。謂小事大事也。方。猶道也。聚。猶處也。君臣父子夫婦長幼朋友各有其道。則各以其類而處之。所謂方以類聚也。物。事也。行禮之事。即謂天理之節文。人事之儀則。行之不止一端。分之必各從其事。所謂物以羣分也。所以然者。以天所賦之命。人所受之性。自然有此三綱五常之倫。其間尊卑厚薄之等。不容混而一之也。故曰性命不同矣。在天成象。如衣與旗常之章。著爲日月星辰之象也。在地成形。如宮室器具各有高卑大小之制。是取法於地也。由此言之。禮之有別。非天地自然之理乎。○應氏曰。此即所謂天高地下。萬物散殊。而禮制行矣。○劉氏曰。此又申言禮者天地之序也。天地萬物各有動靜之常。大者有大動靜。小者有小動靜。則小大之事法之。而久近之期殊矣。方以類聚。言中國蠻夷戎狄之民。各以類而聚。物以羣分。言飛潛動植之物。各以羣而分。則以其各正性命之不同也。故聖人亦因之而異其禮矣。在天成象。則日月星辰之歷數。各有其序。在地成形。則山川人物之等倫。各有其儀。由此言之。則禮者豈非天地之別乎。○別。必列切。處。上聲。

地氣上齊。天氣下降。陰陽相摩。天地相蕩。鼓之以雷霆。奮之以風雨。動之以四時。煖之以日月。而百化興焉。如此。則樂者天地之和也。應氏曰。此卽所謂流而不息。合同而化。而樂興焉。○劉氏曰。此申言樂者天地之和也。齊讀爲躋。天地相蕩。亦言其氣之播蕩也。百化興焉。所謂天地絪縕而萬物化醇也。以上言效法之所本。○上上聲。齊音躋。煖音暄。化不時則不生。男女無辨則亂升。天地之情也。此言禮樂之得失與天地相關。所謂和氣致祥。乖氣致異也。總結上文兩節之意。及夫禮樂之極乎天而蟠乎地。行乎陰陽而通乎鬼神。窮高極遠而測深厚。樂著太始而禮居成物。著不息者天也。著不動者地也。一動一靜者天地之間也。故聖人曰禮樂云。朱子曰。乾知太始。坤作成物。知者管也。乾管却太始。太始卽物生之始。乾始物而坤成之也。○應氏曰。及至也。言樂出於自然之和。禮出於自然之序。二者之用。充塞流行。無顯不至。無幽不格。無高不屆。無深不入。則樂著乎乾知太始之初。禮居乎坤作成物之位。而昭著不息者。天之所以爲天。昭著不動者。地之所以爲地。著不動者。藏諸用也。著不息者。顯諸仁也。天地之間。不過一動一靜而已。故聖人昭揭以示人。而名之曰禮樂也。或曰不息不動。分著於天地。而一動一靜。循環無端者。天地之間也。動靜不可相離。則禮樂不容或分。故聖人言禮樂必合而言之。未嘗析而言之也。以上言成功之所合。○劉氏曰。自一陽生於子。至六陽極於巳而爲乾。此乾知太始也。自一陰生於午。至六陰極於亥而爲坤。此坤作成物也。又乾坤交於否泰。一歲則正月泰。二壯。三夬。四乾。五姤。六遯。皆有乾以統陰。是乾主春夏也。七月否。八觀。九剝。十坤。子復。丑臨。皆有坤以統陽。是坤主秋冬也。○夫音扶。上著直略切。下著如字。否備鄙切。觀去聲。

昔者舜作五絃之琴以歌南風。夔始制樂以賞諸侯。故天子之爲樂也。以賞諸侯之有德者也。德盛而教尊。五穀時熟。然後賞之以樂。故其治民勞者。其舞行綴遠。其治民逸者。其舞行綴短。故觀其舞。知其德。聞其謚。知其行也。應氏曰。勤於治民則德盛而樂隆。故舞列遠而長。怠於治民則德薄而樂殺。故舞列近而短。○石梁王氏曰。夔制樂豈專爲賞諸侯。此處皆無義理。○行上二音杭。下去聲。綴音拙。殺爲。並去聲。大章。章之也。咸池。備矣。韶。繼也。夏。大也。殷周之樂。盡矣。疏曰。堯樂謂之大章者。言堯德章明於天下也。咸。皆也。池。施也。黃帝樂名咸池。言德皆施被於天下。無不周徧。是爲備具矣。韶。繼也者。言舜之道德繼紹於堯也。夏。大也。禹樂名夏者。言能光大堯舜之德也。殷周之樂。謂湯之大濩。武王之大武也。盡矣。言於人事盡極矣。天地之道。寒暑不時則疾。風雨不節則饑。教者民之寒暑也。教不時則傷世。事者民之風雨也。事不節則無功。然則先王之爲樂也。以法治也。善則行象德矣。寒暑者。一歲之分劑。風雨者。一旦之氣候。教重而事輕。故以寒暑喻教。而以風雨喻事也。然則先王之制禮樂。事皆有教。是法天地之道以爲治於天下也。施於政治而無不善。則民之行象君之德矣。○行去聲。分去聲。夫豢豕爲酒。非以爲禍也。而獄訟益繁。則酒之流生禍也。是故先王因爲酒禮。壹獻之禮。賓主百拜。終日飲酒而不得醉焉。此先王之所以備酒禍也。故酒食者所以合歡也。樂者所以象德也。禮者。所以綴淫也。是故先王有大事。必有禮以哀之。有大福。必有禮以樂之。哀樂之分。皆以禮終。樂也者。聖人之所樂也。而可以善民心。其感人深。其移風易俗。故先王著其教焉。一獻之禮。士之饗禮惟一獻也。綴。止也。大事。死喪之事也。大福。吉慶之事也。以大福對大事而言。則大事爲禍矣。哀樂皆以禮終。則不至於過哀過樂矣。此章言禮處多。而末亦云樂者。明禮樂非二用也。應氏本漢志俗下增易字。音以豉反。○疏曰。按今鄉飲酒之禮。是一獻無百拜。此云百拜。踰多也。○綴音拙。以樂音洛。分去聲。

夫民有血氣心知之性。而無哀樂喜怒之常。應感起物而動。然後心術形焉。是故志微噍殺之音作。而民思憂。劉氏曰。此申言篇首音之生本在人心之感於物也一條之義。民心無常。而喜怒哀樂之情。應其感起於物者而動。然後其心術形於聲音矣。故采詩可以觀民風。審樂可以知國政也。志。疑當作急。急。促。微。細。噍。枯。殺。減也。其哀心感者。其聲噍以殺。故作樂而有急微噍殺之音。則其民心之哀思憂愁可知矣。○應去聲。噍音焦。殺。思。並去聲。嘽諧慢易繁文簡節之音作。而民康樂。嘽。寬。諧。和。慢。緩。易。平也。繁文簡節。多文理而略節奏也。其樂心感者。其聲嘽以緩。故此等音作。則其民心之安樂可知矣。○嘽昌展切。易去聲。樂音洛。粗厲猛起奮末廣賁之音作。而民剛毅。粗。粗疏。厲。嚴厲也。猛。威盛貌。奮。振迅貌。起。初。末。終也。猛起奮末者。猛盛於初起。而奮振於終末也。廣。大。賁。憤也。廣憤言中間絲竹匏土革木之音皆怒也。其怒心感者。其聲粗以厲。故此等音作。則可知其民之剛毅。○賁扶粉切。廉直勁正莊誠之音作。而民肅敬。廉。有稜隅也。勁。堅強也。其敬心感者。其聲直以廉。故此等音作。則可知其民之肅敬。寬裕肉好順成和動之音作。而民慈愛。考工記註云。好。璧孔也。肉倍好曰璧。好倍肉曰瑗。肉好均曰環。如此。則肉乃璧之肉地也。此言肉好。則以璧喩樂音之圓瑩通滑耳。其愛心感者。其聲和以柔。故此等音作。則知其民之慈愛。○肉。而救切。好去聲。流辟邪散狄成滌濫之音作。而民淫亂。狄與逖同。遠也。成者。樂之一終。狄成。言其一終甚長。淫泆之意也。滌。洗也。濫。侵僭也。言其音之泛濫侵僭。如以水洗物。而浸漬侵濫無分際也。此是其喜心感者。而其聲然也。故聞此音之作。則其民之淫亂可知矣。○辟音僻。狄音逖。分去聲。

是故先王本之情性。稽之度數。制之禮義。合生氣之和。道五常之行。使之陽而不散。陰而不密。剛氣不怒。柔氣不懾。四暢交於中。而發作於外。皆安其位而不相奪也。然後立之學等。廣其節奏。省其文采。以繩德厚。律小大之稱。比終始之序。以象事行。使親疏貴賤長幼男女之理。皆形見於樂。故曰樂觀其深矣。此承上文聲音之應感而言。本之情性。卽民有血氣心知之性。喜怒哀樂之情也度數十二律上生下生損益之數也禮義貴賤隆殺清濁高下各有其義也生氣之和造化發育之妙也五常之行仁義禮知信之德也言聖人之作樂本於人心七情所感之音而稽考於五聲十二律之度數而制之以清濁高下尊卑隆殺之節而各得其宜然後用之以合天地生氣之和而使其陽之動而不至於散陰之靜而不至於密道人心五常之行而使剛者之氣不至於怒柔者之氣不至於懾天地之陰陽人心之剛柔四者各得其中而和暢焉則交暢於中而發形於外於是宮君商臣角民徵事羽物皆安其位而不相奪倫也此言聖人始因人情而作樂有度數禮義之詳而以之和天地之氣平天下之情及天氣人情感而太和焉則樂無怗懘之音矣然後推樂之教以化民成俗也立之學若樂師掌國學之政大胥掌學士之版是也立之等若十三舞勺成童舞象之類是也廣其節奏增益學者之所習也省其文采省察其音曲之辭使五聲之相和相應若五色之雜以成文采也厚如書惟民生厚之厚以繩德厚謂檢約其固有之善而使之成德也律以法度整齊之也比以次序聯合之也宮音至大羽音至小律之使各得其稱始於黃鍾之初九終於仲呂之上六比之使各得其序以此法象而寓其事之所行如宮爲君宮亂則荒之類故曰以象事行也人倫之理其得失皆可於樂而見之是樂之所觀其義深奧矣此古有是言記者引以爲證○道去聲之行行去聲省悉井切稱去聲比毗至切事行行如字見音現樂音洛殺去聲

土敝則草木不長水煩則魚鼈不大氣衰則生物不遂世亂則禮慝而樂淫是故其聲哀而不莊樂而不安慢易以犯節流湎以忘本廣則容姦狹則思欲感條暢之氣滅平和之德是以君子賤之也土敝地力竭也故草木不長水煩謂澤梁之入無時水煩擾而魚鼈不得自如故不大也物類之生必資陰陽之氣氣衰耗故生物不得成遂也此三句皆以喻世道衰亂上下無常故禮慝男女無節故樂淫也樂淫故哀而不莊樂而不安若關雎則樂而不淫哀而不傷禮慝故慢易以犯節流湎以忘本若正禮則莊敬而有節知反而報本也廣猶大也狹猶小也言淫樂慝禮大則使人容爲姦宄小則使人思爲貪欲感傷天地條暢之氣滅敗人心和平之德是以君子賤之而不用也感或作蹙蹙條暢之氣則與合生氣之和者反矣滅平和之德則與道五常之行者異矣○長上聲樂而樂音洛

凡姦聲感人而逆氣應之逆氣成象而淫樂興焉正聲感人而順氣應之順氣成象而和樂興焉倡和有應回邪曲直各歸其分而萬物之理各以類相動也疏曰倡和有應者姦聲正聲感人是倡也而逆氣順氣應之是和也回謂乖違邪謂邪僻及曲之與直各歸其善惡之分限善歸善分惡歸惡分而萬物之情理亦各以善惡之類自相感動也○應氏曰聲感於微而氣之所應者甚速氣應於微而象之所成者甚著成象則有形而可見見乃謂之象也各歸其分者所謂樂之道歸焉耳○分去聲

是故君子反情以和其志比類以成其行姦聲亂色不畱聰明淫樂慝禮不接心術惰慢邪僻之氣不設於身體使耳目鼻口心知百體皆由順正以行其義反情復其情性之正也情不失其正則志無不和比類分次善惡之類也不入於惡類則行無不成日不畱不接不設如論語四勿之謂

皆反情比類之事。如此則百體從令。而義之與比矣。此一節。乃學者修身之要法。○行去聲。比毗至反。**然後發以聲音。而文以琴瑟。動以干戚。飾以羽旄。從以簫管。奮至德之光。動四氣之和。以著萬物之理。是故清明象天。廣大象地。終始象四時。周還象風雨。五色成文而不亂。八風從律而不姦。百度得數而有常。小大相成。終始相生。倡和清濁。迭相爲經。故樂行而倫清。耳目聰明。血氣和平。移風易俗。天下皆寧。**大章之章。咸池之備。韶之繼。皆聖人極至之德發於樂者。其輝光猶若可見也。書言光被四表。光天之下。皆所謂至德之光也。四氣之和。四時之和氣也。小大終始。卽前章小大之稱。終始之序也。迭相爲經。卽前篇還相爲宮之說也。○疏曰。八風。八方之風也。律。十二月之律也。距冬至四十五日條風至。條者生也。四十五日明庶風至。明庶者迎衆也。四十五日清明風至。清明者芒也。四十五日景風至。景者大也。言陽氣長養也。四十五日凉風至。凉寒也。陰氣行也。四十五日閶闔風至。閶闔者咸收藏也。四十五日不周風至。不周者不交也。言陰氣未合化也。四十五日廣莫風至。廣莫者大莫也。開陽氣也。○方氏曰。清明者樂之聲。故象天。廣大者樂之體。故象地。終始者樂之序。故象四時。周還者樂之節。故象風雨。○應氏曰。五聲配乎五行之色。故各成文而不亂。八音配乎八卦之風。故各從律而不姦。自一度衍之而至於百。則百度各得其數。猶八卦至於六十四。而其變無窮也。大而日月星辰之度。小而百工器物之度。各有數焉。不止晝夜之百刻也。曰不亂不姦。以至有常。言其常而不紊也。曰相成相生。以至迭相爲經。言其變而不窮也。順其常。則能極其變矣。○還音旋。倡和和去聲。**故曰。樂者樂也。君子樂得其道。小人樂得其欲。以道制欲。則樂而不亂。以欲忘道。則惑而不樂。**君子之樂道。猶小人之樂欲。君子以道制欲。故坦蕩蕩。小人徇欲忘道。故長戚戚。○樂者之樂如字。餘並音洛。**是故君子反情以和其志。廣樂以成其敎。樂行而民鄕方。可以觀德矣。**承上文而言。所以君子復情和志以修其身。廣樂成敎以治乎民。及樂之敎行而民知向道。則可以觀君子之德矣。○鄕去聲。**德者性之端也。樂者德之華也。金石絲竹樂之器也。詩言其志也。歌詠其聲也。舞動其容也。三者本於心。然後樂器從之。是故情深而文明。氣盛而化神。和順積中而英華發外。惟樂不可以爲僞。**石梁王氏曰。詩以志聲容三者爲本。非也。德有心爲本。性又德之本。然後詩歌舞三者出焉。○劉氏曰。性之端。和順積中者也。德之華。英華發外者也。三者。謂志也。聲也。容也。志則端之初發者。聲容。則華之既見者。志動而形於詩。詩成而咏歌其聲。咏歌之不足。則不知手舞足蹈而動其容焉。三者皆本於心之感物而動。然後被之八音之器。以及干戚羽旄也。情之感於中者深。則文之著於外者明。如天地之氣盛於內。則化之及於物者。神妙不測也。故曰和順積中而英華發外也。由是觀之。則樂之爲樂。可以矯僞爲之乎。**樂者心之動也。聲者樂之象也。文采節奏聲之飾也。君子動其本。樂**

其象。然後治其飾。是故先鼓以警戒。三步以見方。再始以著往。復亂以飭歸。奮疾而不拔。極幽而不隱。獨樂其志。不厭其道。備舉其道。不私其欲。是故情見而義立。樂終而德尊。君子以好善。小人以聽過。故曰生民之道。樂為大焉。動其本。心之動也。心動而有聲。聲出而有文采節奏。則樂飾矣。樂之將作。必先擊鼓以聳動眾聽。故曰先鼓以警戒。舞之將作。必先三舉足以示其舞之方法。故曰三步以見方。再始謂一節終而再作也。往進也。亂終也。如云關雎之亂。歸舞畢而退就位也。再始以著往者。再擊鼓以明其進也。復亂以飭歸者。復擊鐃以謹其退也。此兩句言舞者周旋進退之事。拔如拔來赴往之拔。言舞之容。雖若奮迅疾速。而不過於疾也。樂之道雖曰幽微難知。而不隱於人也。是故君子以之為已。則和而平。故獨樂其志。不厭其道。言學而不厭也。以之為人。則愛而公。故備舉其道。不私其欲。言誨人不倦也。情見於樂之初。而見其義之立。化成於樂之終。而知其德之尊。君子聽之而好善。感發其良心也。小人聽之而知過。蕩滌其邪穢也。故曰以下。亦引古語結之。此章諸家皆以為論大武之樂。以明伐紂之事。且以再始為十一年觀兵。十三年伐紂。此誤久矣。愚謂此特通論樂與舞之理如此耳。故曰生民之道。樂為大焉。豈可以生民之道。莫大於戰伐哉。○見音現。拔蒲末切。好去聲。

樂也者施也。禮也者報也。樂樂其所自生。禮反其所自始。樂章德。禮報情。反始也。文蔚問如何是章德。朱子曰。和順積諸中。英華發於外。便是章著其內之德。○馬氏曰。樂由陽來。陽散其文而以生育為功。故樂主於施。禮由陰作。陰斂其質而以反朴為事。故禮主於報。舜生於紹堯而施及於天下。故作大韶。武王生於武功而施及於天下。故作大武。此樂其所自生也。萬物本乎天。人本乎祖。故先王以郊明天之道。故王者禘其祖之所自出。此反其所自始也。○應氏曰。樂有發達動盪之和。宣播而出於外。一出而不可反。故曰施。禮有交際酬答之文。反復而還於內。故曰報。韶濩夏武。皆章德而導和。祭享朝聘。皆報情而反始。所謂反者。有收斂之節也。○施去聲。樂其樂音洛。

所謂大輅者。天子之車也。龍旂九旒。天子之旌也。青黑緣者。天子之寶龜也。從之以牛羊之羣。則所以贈諸侯也。天子賜車。則上公及同姓侯伯金輅。異姓則象輅。四衛則革輅。蕃國則木輅。受於天子。則總謂之大輅也。龍旂九旒。亦上公。侯伯則七旒。子男則五旒也。寶龜則以青黑為之緣飾。牛羊非一。故稱羣。此明報禮之事。○石梁王氏曰。此八句專言禮。與上下文不相承。當是他篇之錯簡。○緣去聲。

樂也者情之不可變者也。禮也者理之不可易者也。樂統同。禮辨異。禮樂之說。管乎人情矣。劉氏曰。人情感物無常。固多變。然既發於聲音而為樂。則其哀樂一定而不可變矣。事理隨時有異。固多易也。然既著之節文而為禮。則其威儀一定而不可易矣。惟其不可變。故使人佚能思初。安能惟始。和順道德而純然周間。所謂統同也。惟其不可易。故使人親疏有序。貴賤有等。謹審節文而截然不亂。所謂辨異也。此禮樂之說。所以管攝乎人情也。

窮本知變。樂之情也。著誠去偽。禮之經也。禮樂偩天地之情。達神明之德。降興上下之神。而凝是精粗之體。領父子君臣之節。朱子曰。偩。依象也。○劉氏曰。人情理同而氣異。同則本一。異則變多。樂以統同。故可使人窮其本之同而知其變之異。人情理微而欲危。微則誠隱。危則僞生。禮以辨異。故可使人去其欲之僞。而著其理之誠也。窮本知變者。感通之自然。故曰情。著誠去僞者。修爲之當然。故曰經。○愚謂禮樂之作。道與器未始相離。故曰疑是精粗之禮也。○去上聲。偩音負。離去聲。是故大人舉禮樂。則天地將爲昭焉。天地訢合。陰陽相得。煦嫗覆育萬物。然後草木茂。區萌達。羽翼奮。角觡生。蟄蟲昭蘇。羽者嫗伏。毛者孕鬻。胎生者不殰。而卵生者不殈。則樂之道歸焉耳。大人舉禮樂。言聖人在天子之位而制禮作樂也。天地將爲昭焉。言將以禮樂而昭宣天地化育之道也。訢與欣同。訢合。和氣之交感。卽陰陽相得之妙也。天以氣煦之。地以形嫗之。天煦覆而地嫗育。是煦嫗覆育萬物也。屈生曰句。謂句曲而生者也。角之無䚡者曰觡。䚡謂角外皮之滑澤者。蟄藏之蟲初出。如暗而得明。如死而更生。故曰昭蘇也。嫗伏。體伏而生子也。孕鬻。妊孕而育子也。殰。未及生而胎敗也。殈。裂也。凡物皆得自生自育而無所害者。是皆歸於聖人禮樂參贊之道耳。○訢音欣。煦。吁句切。嫗。於句切。覆。去聲。區。音勾。觡。音格。伏。扶又切。鬻。音育。殰。音讀。殈。吁闃切。樂者。非謂黃鍾大呂弦歌干揚也。樂之末節也。故童者舞之。鋪筵席。陳尊俎。列籩豆。以升降爲禮者。禮之末節也。故有司掌之。樂師辨乎聲詩。故北面而弦。宗祝辨乎宗廟之禮。故後尸。商祝辨乎喪禮。故後主人。是故德成而上。藝成而下。行成而先。事成而後。是故先王有上有下。有先有後。然後可以有制於天下也。禮樂之事。有道有器。前經皆言禮樂之道。此以器言。謂道之精者。非習藝習事者所能知也。干。揚。皆舞者所執。商祝。習知殷禮者。殷尚質。喪禮以質爲主。故兼用殷禮也。北面。位之卑也。宗廟之敬在尸。喪禮之哀在主人。在尸與主人之後。其輕可知也。德行在君尸主人。童子有司習於藝。宗祝商祝習於事。故上下先後之序如此。○石梁王氏曰。德成而上。註云。德。三德也。漢儒訓解。每以三德爲德。○行。去聲。

魏文侯問於子夏曰。吾端冕而聽古樂。則唯恐臥。聽鄭衛之音。則不知倦。敢問古樂之如彼何也。新樂之如此何也。子夏對曰。今夫古樂。進旅退旅。和正以廣。弦匏笙簧。會守拊鼓。始奏以文。復亂以武。治亂以相。訊疾以雅。君子於是語。於是道古。脩身及家。平均天下。此古樂之發也。厭之。故惟恐臥。好之。故不知倦。如彼。外之也。如此。內之也。旅。衆也。或進或退。衆皆齊一。無參差也。和正以廣。無姦聲也。弦匏笙簧之器雖多。必會合相守。待擊拊鼓。然後作也。文。謂鼓也。武。謂金鐃也。樂之始奏先擊鼓。故云始奏以文。亂者。卒章之節。欲退之時。擊金鐃而終。故云復亂以武。相。卽拊也。所以輔相於樂。治亂而使之理。故云治亂以相也。訊亦治也。雅亦樂器也。過而失節謂之疾。奏此雅器以治舞者之疾。故云訊疾以雅也。於此而語樂。是道古樂之正也。知古樂而明脩身之道。則家齊國治而天下平矣。○方氏曰。鼓聲爲陽。故謂之文。鐃聲爲陰。故謂之武。平言無上下之偏。均言無遠近之異。○相。去聲。

今夫新樂。進俯退俯。姦聲以濫。溺而不止。及優侏儒獶雜子女。不知父子。樂終不可以語。不可以道古。此新樂之發也。進俯退俯。謂俯僂曲折。行列雜亂也。姦聲以濫。即前章所謂滌濫之音。謂姦邪之聲。侵濫不正也。溺而不止。即前章所謂狄成之音。謂其聲沉淫之久也。及俳優雜戲。侏儒短小之人。如獮猴之狀。間雜於男子婦人之中。不復知有父子尊卑之等。作樂雖終。無可言者。況可與之言古道乎。獶與猱同。○侏儒同。獶。乃刀切。行。音杭。間。去聲。復。扶又切。

今君之所問者樂也。所好者音也。夫樂者與音相近而不同。文侯曰。敢問何如。子夏對曰。夫古者天地順而四時當。民有德而五穀昌。疾疢不作而無妖祥。此之謂大當。然後聖人作爲父子君臣以爲紀綱。紀綱既正。天下大定。天下大定。然後正六律。和五聲。弦歌詩頌。此之謂德音。德音之謂樂。詩云。莫其德音。其德克明。克明克類。克長克君。王此大邦。克順克俾。俾于文王。其德靡悔。既受帝祉。施于孫子。此之謂也。四時當。謂不失其序也。妖祥。祥亦妖也。書言亳有祥。大當。大化之均調也。作爲父子君臣以爲紀綱是一句讀。言聖人立父子君臣之禮。爲三綱六紀之目也。綱。維綱大繩。紀。附綱小繩。綱目則附於紀也。三綱謂君爲臣綱。父爲子綱。夫爲妻綱也。六紀謂諸父有善。諸舅有義。族人有敘。昆弟有親。師長有尊。朋友有舊也。先啓之以禮。乃可和之以樂。故然後有正六律以下之事。周子曰。古者聖王制禮法。脩教化。三綱正。九疇敘。百姓大和。萬物咸若。乃作樂以宣八風之氣。以平天下之情。意蓋本此。詩大雅皇矣之篇。莫。靜也。德音。名譽也。俾當依詩作比。子夏引詩以證德音之說。○嚴氏曰。王季雖無心於干譽。然其德明而類。長而君。順而比。自不可掩。類者明之克。君者長之推。比者順之積。克明謂知此理。克類謂觸類而通。一理混融。徹上徹下也。君又尊於長。學記言能爲長。然後能爲君是也。以之君臨大邦。則克順而能和其民。克比而能親其民。順言不擾。比則驩然相愛矣。此及文王。其德無有可悔。從容中道。無毫髮之慊也。言王季之德傳于文王而益盛。故能受天之福而延于子孫也。○當。去聲。疢。丑刃切。莫。音默。王。去聲。俾。讀爲比。皮又切。祉。音恥。施。音異。長。上聲。比。去聲。從。七容切。中。去聲。

今君之所好者。其溺音乎。文侯曰。敢問溺音何從出也。子夏對曰。鄭音好濫淫志。宋音燕女溺志。衛音趨數煩志。齊音敖辟喬志。此四者皆淫於色而害於德。是以祭祀弗用也。溺音。淫溺之音也。濫者。泛濫之義。謂泛及非己之色也。燕者。晏安之意。謂耽於娛樂而不反也。趨數。迫促而疾速也。敖辟。倨肆而偏邪也。四者皆以志言。淫溺較深。煩驕較淺。然皆以害德。故不可用之宗廟。○趨。音促。數。音速。敖。去聲。辟。音僻。喬。音驕。

詩云。肅雝和鳴。先祖是聽。夫肅肅。敬也。雝雝。和也。夫敬以和。何事不行。詩周頌有瞽之篇。因上文言溺音害德。祭祀弗用。故引之。

爲人君者。謹其所好惡而已矣。君好之則

臣爲之。上行之。則民從之。詩云。誘民孔易。此之謂也。德音之正。溺音之邪。皆易以感人。故人君不可不謹所好惡也。詩大雅板之篇。誘詩作牖。○好惡。易。並去聲。然後聖人作爲鞉鼓椌楬壎篪。此六者。德音之音也。然後鐘磬竽瑟以和之。干戚旄狄以舞之。此所以祭先王之廟也。所以獻酬酳酢也。所以官序貴賤各得其宜也。所以示後世有尊卑長幼之序也。鞉。如鼓而小。持柄搖之。旁耳自擊。椌。楬。柷敔也。壎。土六孔。燒土爲之。篪。大者長尺四寸。小者尺二寸。竹也。六者皆質素之聲。故云德音。既用質素爲本。然後用鐘磬竽瑟四者華美之音以贊其和。干。楯也。戚。斧也。武舞所執。旄。旄牛尾也。狄。翟雉羽也。文舞所執。此則宗廟之樂也。酳。說見前篇。有事於宗廟。則有獻酬酳酢之禮也。宗廟朝廷無非禮樂之用。所以貴賤之官序。長幼之尊卑。自今日而垂之後世也。○椌音腔。坊本音控。又音空。楬。丘八切。壎。音喧。坊本音宣。篪。音池。長。上聲。

鐘聲鏗。鏗以立號。號以立橫。橫以立武。君子聽鐘聲。則思武臣。鏗然有聲。號令之象也。號令欲其威嚴。橫則盛氣之充滿也。令嚴氣壯。立武之道。故君子聽之而思武臣。○橫。古曠切。石聲磬。磬以立辨。辨以致死。君子聽磬聲。則思死封疆之臣。舊說。磬。讀爲罄。上聲。謂其音罄罄然所以爲辨別之意。死生之際。非明辨於義而剛介如石者不能決。封疆之臣。致守於彼此之限。而能致死於患難之中。故君子聞聲而知所思也。○磬。上聲。別。必列切。難。去聲。絲聲哀。哀以立廉。廉以立志。君子聽琴瑟之聲。則思志義之臣。人之處心雖當放逸之時。而忽聞哀怨之聲。亦必爲之惻然而收斂。是哀能立廉也。絲聲淒切。有廉劌裁割之義。人有廉隅。則志不誘於欲。士無故不去琴瑟。有以也夫。竹聲濫。濫以立會。會以聚眾。君子聽竽笙簫管之聲。則思畜聚之臣。舊說。濫爲擥聚之義。故可以會。可以眾。畜聚之臣。謂節用愛人。容民畜眾者。非謂聚斂之臣也。○劉氏曰。竹聲汎濫。汎則廣及於眾而眾必歸之。故以立會聚。而君子聞竹聲。則思容民畜眾之臣也。○濫。上聲。畜。敕六切。擥。覽同。斂。去聲。鼓鼙之聲讙。讙以立動。動以進眾。君子聽鼓鼙之聲。則思將帥之臣。君子之聽音。非聽其鏗鏘而已也。彼亦有所合之也。讙。謂讙囂也。其聲諠雜。使人心意動作。故能進發其眾。前言武臣。泛言之也。此專指將帥而言。蓋師以鼓進。而進之權在主將也。彼謂樂聲也。合之。契合於心也。○應氏曰。八音舉其五。而不言匏土木者。匏聲短滯。土聲重濁。木聲樸質。而無輕清悠颺之韻。然木以擊鼓。而匏亦在竽笙之中矣。

賓牟賈侍坐於孔子。孔子與之言及樂。曰。夫武之備戒之已久。何也。對曰。病不得其眾也。賓牟。姓。賈。名。孔子問大武之樂。先擊鼓備戒已久。乃始作舞。何也。賈答言武王伐紂之時。憂病不得士眾之心。故先鳴鼓以戒眾。久乃出戰。今欲象此。故令舞者久而後出也。詠歎之。淫液之。何也。對曰。恐不逮事也。此亦孔子問而賈答也。聲歎。長咏而歎也。淫液。聲音之連延流液不絕之貌。逮。及也。言武王恐諸侯後至者不及戰事。故長歌以致其望慕之情也。發揚蹈厲之已蚤。何也。對曰。及時事也。問初舞時。卽手足發揚蹈地而猛厲。何其太蚤乎。賈言象武王
及時伐紂之事。故不可緩。然下文孔子言是太公之志。則此答非也。武坐致右憲左。何也。對曰。非武坐也。坐。跪也。問舞武樂之人。何故忽有時而跪以右
膝至地。而左足仰之。何也。憲讀爲軒輕之軒。賈言非武人坐。舞法無坐也。然下文孔子言武亂皆坐。是周召之治。則武舞有坐。此答亦非也。○憲音軒。召音邵。聲淫及商。何也。
對曰。非武音也。子曰。若非武音。則何音也。對曰。有司失其傳也。若非有司失其傳。則武王之志
荒矣。子曰。唯。丘之聞諸萇弘。亦若吾子之言。句是也。淫。貪欲之意也。武樂之中有貪商之聲。則是武王貪欲紂之天下。故取之也。賈言非
武樂之聲也。孔子又問既非武樂之聲。則是何樂聲乎。賈又言此典樂之官失其相傳之說也。若非失其所傳之眞。而謂武王實有心於取商。則是武王之志有荒謬矣。豈精明神武應天順
人之志哉。孔子於是然其言。而謂其言與萇弘相似也。一說。商聲爲殺伐之聲。淫謂商聲之長也。若是武樂之音則是武王有嗜殺之心矣。故云志荒也。○唯上聲。賓牟賈起免
席而請曰。夫武之備戒之已久。則既聞命矣。敢問遲之遲而又久。何也。子曰。居。吾語汝。夫樂者。
象成者也。總干而山立。武王之事也。發揚蹈厲。太公之志也。武亂皆坐。周召之治也。免席。避席也。備戒已
久。所謂遲也。久立於綴。是遲而又久也。孔子言作樂者倣象其成功。故將舞之時。舞人總持干盾。如山之立。嶷然不動。此象武王持盾以待諸侯之至。故曰武王之事也。所以發揚蹈厲。象太
公威武鷹揚之志也。亂。樂之卒章也。上章言復亂以武。言武舞將終而坐。象周公召公文德之治。蓋以文而止武也。○語去聲。且夫武始而北出。再成而滅商。
三成而南。四成而南國是疆。五成而分周公左召公右。六成復綴以崇天子。成者。曲之一終。書云簫韶九成。孔子
又言武之舞也。初自南第一位而北至第二位。故云始而北出也。此是一成。再成則舞者從第二位至第三位。象滅商也。三成則舞者從第三位至第四位。極於北而反乎南。象克殷而南還
也。四成則舞者從北頭第一位却至第二位。象伐紂之後。疆理南方之國也。五成則舞者從第二位至第三位。乃分爲左右。象周公居左。召公居右也。綴謂南頭之初位也。六成則舞者從第
三位而復于南之初位。樂至六成而復初位。象武功成而歸鎬京。四海皆崇武王爲天子矣。○陳氏曰。樂終而德尊也。○召音邵。綴音拙。下同。夾振之而駟伐。盛威於
中國也。此又申言武始北出以下事。二人夾舞者而振鐸以爲節。則舞者以戈矛四次擊刺。象伐紂也。駟讀爲四。伐。如泰誓四伐五伐之伐。此象武王之兵所以盛威於中國也。一說。
引君執干戚就舞位。讀天子連下句。但舊註以崇訓充。則未可通耳。四伐。或象四方征伐。武勝殷而滅國者五十。則亦有東征西討南征北伐之事矣。分夾而進。事蚤濟
也。久立於綴。以待諸侯之至也。分。部分也。舞者各有部分。而振鐸者夾之而進也。濟。猶成也。此於武王之事爲早成也。舞者久立於行綴之位。象武王待諸侯

之集也。○分去聲。行音杭。且女獨未聞牧野之語乎。武王克殷反商。未及下車而封黃帝之後於薊。封帝堯之後於祝。封帝舜之後於陳。下車而封夏后氏之後於杞。投殷之後於宋。封王子比干之墓。釋箕子之囚。使之行商容而復其位。庶民弛政。庶士倍祿。反讀爲及。言牧野克殷師之後。卽至紂都也。殷後不曰封而曰投者。擧而徙置之辭也。然封微子於宋。在成王時。此特歷敍黃帝堯舜禹湯之次而言之耳。其曰未及下車而封。與下車而封。先後之辭。讀者不以辭害意可也。行商容。卽書所謂式商容閭也。弛政。解散紂之虐政也。一說。謂罷其征役。倍祿。祿薄者倍增之也。○女音汝。反音及。行去聲。濟河而西。馬散之華山之陽而弗復乘。牛散之桃林之野而弗復服。車甲衅而藏之府庫而弗復用。倒載干戈。包之以虎皮。將帥之士。使爲諸侯。名之曰建櫜。然後天下知武王之不復用兵也。衅與釁同。以血塗之也。凡兵器之載。出則刃向前。入則刃向後。今載還鎬京而刃向後。有似於倒。故云倒載也。建讀爲鍵。鍵。鎖也。櫜。韜兵器之具。兵器皆以鍵櫜閉藏之。示不用也。封將帥爲諸侯。賞其功也。今詳文理。名之曰建櫜一句。當在虎皮之下。將帥之上。○復扶又切。衅許靳切。將去聲。建上聲。櫜音高。散軍而郊射。左射貍首。右射騶虞。而貫革之射息也。裨冕搢笏。而虎賁之士說劍也。祀乎明堂而民知孝。朝覲。然後諸侯知所以臣。耕藉。然後諸侯知所以敬。五者天下之大敎也。散軍。放散軍伍也。郊射。習射於郊學之中也。左東學也。在東郊。東學之射。歌貍首之詩以爲節。右西學也。在西郊。西學之射。則歌騶虞之詩以爲節也。貫穿也。革甲鎧也。軍中不習禮。其射但主於穿札。今旣行禮射。則此射止而不爲矣。裨冕見曾子問。搢插也。說劍。解去其佩劍也。○左射右射射音石。說音脫。朝音潮。食三老五更於大學。天子袒而割牲。執醬而饋。執爵而酳。冕而總干。所以敎諸侯之弟也。若此。則周道四達。禮樂交通。則夫武之遲久。不亦宜乎。冕而總干。謂首戴冕而手執干盾也。餘說各見前篇。孔子語賓牟賈武樂之詳。其言止此。○食音嗣。更平聲。大音泰。弟音悌。君子曰。禮樂不可斯須去身。致樂以治心。則易直子諒之心油然生矣。易直子諒之心生則樂。樂則安。安則久。久則天。天則神。天則不言而信。神則不怒而威。致樂以治心者也。致謂研窮其理也。樂由中出。故以治心言之。子諒從朱子說讀爲慈良。樂之感化人心。至於天而且神。可以識窮本知變之妙矣。○朱子曰。易直子諒之心一句。從來說得無理會。却因見韓詩外傳子諒作慈良字。則無可疑矣。○易去聲。則樂樂則之樂音洛。致禮以治躬則莊敬。莊敬則嚴威。心中斯須不和不樂。而鄙詐之心入之矣。外貌斯須不莊不敬。而易慢之心入之矣。禮自外作。故以治躬言之。此言著誠去僞之心。不可少有間斷。○樂音洛。易去聲。故樂也者動於內者也。禮也者動於外者也。樂
極和。禮極順。內和而外順。則民瞻其顏色而弗與爭也。望其容貌而民不生易慢焉。故德煇動
於內而民莫不承聽。理發諸外而民莫不承順。故曰致禮樂之道。舉而錯之天下無難矣。動於內則能治心矣。動於外則能治躬矣。極和極順。則無斯須之不和不順矣。所以感人動物。其效如此。德以煇言。乃英華發外之驗。理發諸外。是動容周旋之中禮。君子極致禮樂之道。其於治天下乎何有。○易去聲。錯音措。中去聲。治平聲。樂也者動於內者也。禮也者動於外者也。故禮主其減。樂主其盈。禮減而
進。以進爲文。樂盈而反。以反爲文。禮減而不進則銷。樂盈而不反則放。故禮有報而樂有反。禮
得其報則樂。樂得其反則安。禮之報。樂之反。其義一也。馬氏曰。以體言之。禮減樂盈。以用言之。禮進樂反。樂動於內。故其體主盈。蓋樂由中出。而爲人心之所喜。禮動於外。故其體主減。蓋禮自外作。而疑先王有以強世也。禮主減。故勉而作之。而以進爲文。樂主盈。故反而抑之。而以反爲文。故七介以相見。不然則已愨。三辭三讓而至。不然則已慼。一獻之禮。賓主百拜。日莫人倦。而齊莊正齊。此皆勉而進之者也。進旅退旅。以示其和。弦匏笙簧。會守拊鼓。以示其統。治亂則以相。訊疾則以雅。作之以柷。止之以敔。此皆反而抑之者也。減而不進。則幾於息矣。故銷。盈而不反。則至於流矣。故放。先王知其易偏。故禮則有報。樂則有反。禮有報者資於樂也。樂有反者資於禮也。○劉氏曰。禮之儀動於外。必謙卑退讓以自牧。故主於減殺。樂之德動於中。必和順充積而後形。故主於盈盛。蓋樂由陽來。故盈。禮自陰作。故減也。然禮之體雖主於退讓。而其用則貴乎行之以和。故以進爲文也。樂之體雖主於充盛。而其用則貴乎抑之以節。故以反爲文也。禮若過於退讓而不進。則威儀銷沮。必有禮勝則離之失。樂過於盛滿而不反。則意氣放肆。必有樂勝則流之弊。故禮必有和以爲減之報。報者相濟之意也。樂必有節以爲盈之反。反者知止之謂也。禮減而得其和以相濟。則從容欣愛而樂矣。此樂以和禮也。樂盈而得其節以知止。則優柔平中而安矣。此禮以節樂也。禮樂相須並用。而一歸於無過無不及之中。而合其事理之宜。故曰禮之報。樂之反。其義一也。○報如字。則樂樂音洛。強上聲。莫音暮。齊莊齊音齋。易殺並去聲。從七容切。夫樂者樂也。人情之所不能
免也。樂必發於聲音。形於動靜。人之道也。聲音動靜。性術之變盡於此矣。故人不耐無樂。樂不
耐無形。形而不爲道。不耐無亂。先王恥其亂。故制雅頌之聲以道之。使其聲足樂而不流。使其
文足論而不息。使其曲直繁瘠廉肉節奏。足以感動人之善心而已矣。不使放心邪氣得接焉。
是先王立樂之方也。方氏曰。聲足樂者。樂其道。文足論者。論其理也。道所以制用而有節。故雖樂而不至於流。理所以明義而無窮。故可論而不至於息。曲者聲一柔若

絲是也直者聲之剛若金是也繁者聲之雜若笙是也瘠者聲之純若磬是也廉者聲之淸若羽是也肉者聲之濁若宮是也節者聲之制若徵是也奏者聲之作若合是也○劉氏曰人情有所樂而發於詠歌詠歌之不足而不知手舞足蹈則性情之變盡於此矣故人情不能無樂樂於中者不能不形於外而爲歌舞形於歌舞而不爲文辭以道之於禮義則必流於荒亂矣先王恥其然故制爲雅頌之聲詩以道迪之使其聲音足以爲娛樂而不至於流放使其文理足以爲講明而不至於怠息使其樂律之淸濁高下或宛轉而曲或徑出而直或豐而繁或殺而瘠或稜隅而廉或圓滑而肉或止而節或作而奏皆足以感發人之善心而不使放肆之心邪僻之氣得接於吾身焉是乃先王立樂之方法也○樂者立樂樂如字餘音洛耐音能道音論並去聲肉而救切徵上聲殺去聲

是故樂在宗廟之中君臣上下同聽之則莫不和敬在族長鄉里之中長幼同聽之則莫不和順在閨門之內父子兄弟同聽之則莫不和親故樂者審一以定和比物以飾節節奏合以成文所以合和父子君臣附親萬民也是先王立樂之方也應氏曰一者心也心一而所應者不一守一以凝定其和雜比以顯飾其節及其成文可以合和至親至嚴之倫附親其至疎至衆者蓋樂發於吾心而感於人心無二理也○劉氏曰作樂之道先審人聲之所形或風或雅或頌或喜或敬或愛各從一體以定其調度之和然後比之樂器之物以飾其節奏此一條言樂以和禮也○長上聲比音避

故聽其雅頌之聲志意得廣焉執其干戚習其俯仰詘伸容貌得莊焉行其綴兆要其節奏行列得正焉進退得齊焉故樂者天地之命中和之紀人情之所不能免也天地之教命中和之統紀所以防範人心者在是曰莊曰正曰齊曰紀皆言禮之節樂○要平聲行音杭

夫樂者先王之所以飾喜也軍旅鈇鉞者先王之所以飾怒也故先王之喜怒皆得其儕焉喜則天下和之怒則暴亂者畏之先王之道禮樂可謂盛矣皆得其儕言各從其類喜非私喜怒非私怒也○儕音柴

子贛見師乙而問焉曰賜聞聲歌各有宜也如賜者宜何歌也師乙曰乙賤工也何足以問所宜請誦其所聞而吾子自執焉寬而靜柔而正者宜歌頌廣大而靜疏達而信者宜歌大雅恭儉而好禮者宜歌小雅正直而靜廉而謙者宜歌風肆直而慈愛者宜歌商溫良而能斷者宜歌齊夫歌者直己而陳德也動己而天地應焉四時和焉星辰理焉萬物育焉子贛孔子弟子端木賜也樂師名乙各有宜言取詩之興趣以理其情性使合於宜也有此德而宜此歌是正直己身而敷陳其德也故曰直己而陳德動己性天之流行也動天地感鬼神莫近於詩故有四者之應○方氏曰肆寬大而

舒緩也。商音剛決，故性之柔緩者宜歌之，而變其柔爲剛斷。齊音柔緩，故性剛決者宜歌之，而終至於柔遜。蓋各濟其所偏，而融會之於平和之地也。○好，去聲。斷，丁玩切。應，去聲。與，去聲。

故商者，五帝之遺聲也，商人識之，故謂之商。齊者，三代之遺聲也，齊人識之，故謂之齊。明乎商之音者，臨事而屢斷；明乎齊之音者，見利而讓。臨事而屢斷，勇也；見利而讓，義也。有勇有義，非歌孰能保此。保，猶安也。言安於勇、安於義而不移也。○疏曰：宋是商後，此商人謂宋人也。○識，音志。下同。斷，丁玩切。下同。

故歌者，上如抗，下如隊，曲如折，止如槀木，倨中矩，句中鉤，纍纍乎端如貫珠。故歌之爲言也，長言之也。說之，故言之；言之不足，故長言之；長言之不足，故嗟歎之；嗟歎之不足，故不知手之舞之、足之蹈之也。子貢問樂。上如抗，下如隊，言歌聲之高者如抗舉，其下者如墜墮也。槀木，枯木也。倨，微曲也。句，甚曲也。端，正也。長言之，所謂歌永言也。○朱子曰：看樂記大段形容得樂之氣象。當時許多名物度數，人人曉得，不須說出，故止說樂之理如此其妙。今許多度數都沒了，只有許多樂之意思是好，只是沒頓放處。又曰：今禮樂之書皆亡，學者但言其義，至於器數則不復曉，蓋失其本矣。○隊，音墜。中，去聲。說，音悅。思，去聲。

雜記上第二十

諸侯行而死於館，則其復如於其國；如於道，則升其乘車之左轂，以其綏復。館，謂主國有司所授館舍也。復，招魂復魄也。如於其國，其禮如在本國也。道，路也。乘車，其所自乘之車也。在家則升屋之東榮，車向南則左在東也。綏，讀爲緌，旌旗之旄也。去其旒而用之耳。凡五等諸侯之復，人數視命數。今轂上狹，止容一人。○乘，去聲。緌，而追切。其輤有裧，緇布裳帷，素錦以爲屋而行。輤，載柩之車上覆飾也。輤象宮室，舊說輤用染赤色，以蒨而名。裧者，輤之四旁所垂下者。緇布裳帷者，輤下棺外用緇色之布爲裳帷，以圍繞棺也。素錦以爲屋者，用素錦爲小帳如屋，以覆棺之上，設此飾乃行也。○輤、蒨並音倩。裧，尺占切。覆，芳又切。至於廟門，不毀牆，遂入適所殯，唯輤爲說於廟門外。廟門，殯宮之門也。不毀牆，謂不拆去裳帷也。所殯在兩楹間。脫輤於門外者，既入宮室，則不必象宮之輤也，故脫之。○說，音脫。下節同。大夫士死於道，則升其乘車之左轂，以其綏復。如於館死，則其復如於家。大夫以布爲輤而行，至於家而說輤，載以輲車，入自門，至於阼階下而說車，舉自阼階，升適所殯。布輤，以白布爲輤也。輲，讀爲輇，音與銓同。說文：有輻曰輪，無輻曰輇。有輻者，別用木以爲輻也；無輻者，合大木爲之也。大夫初死，及至家，皆用輇車載之。今至家而脫去輤，則惟尸在輇車上耳，故云載以輇車。凡死於外者，尸入自門。升自阼階。柩則入自闕。升自西階。周禮。殯則於西階之上。惟死於外者。殯當兩楹之中。蓋不忍遠之也。○遠。去聲。士輤葦席以爲屋。蒲席以爲裳帷。士卑。故質略如此。

凡訃於其君。曰君之臣某死。父母妻長子。曰君之臣某之某死。君訃於他國之君。曰寡君不祿。敢告於執事。夫人。曰寡小君不祿。大子之喪。曰寡君之適子某死。君與夫人訃。不曰薨而曰不祿。告他國謙辭也。敢告於執事者。凶事不敢直指君身也。○長。上聲。大。音泰。適。音的。下節同。

大夫訃於同國適者。曰某不祿。訃於士。亦曰某不祿。訃於他國之君。曰君之外臣寡大夫某死。訃於適者。曰吾子之外私寡大夫某不祿。使某實。訃於士。亦曰吾子之外私寡大夫某不祿。使某實。適者。謂同國大夫位命相敵者。外私。在他國而私有恩好者也。實。讀爲至。言爲訃而至此也。○適。並音敵。實。音至。好。爲。並去聲。

士訃於同國大夫。曰某死。訃於士。亦曰某死。訃於他國之君。曰君之外臣某死。訃於大夫。曰吾子之外私某死。訃於士。亦曰吾子之外私某死。士卑。故其辭降於大夫。

大夫次於公館以終喪。士練而歸。士次於公館。大夫居廬。士居堊室。此言君喪。則大夫居喪之次。在公館之中。終喪乃得還家。若邑宰之士。至小祥得還其所治之邑。其朝廷之士。亦留次公館以待終喪。廬在中門外東壁。倚木爲之。故云倚廬。堊室在中門外屋下。壘墼爲之。不塗墍。○劉氏曰。鄭云居堊室。亦謂邑宰也。朝士亦居廬。蓋斬衰之喪居廬。既練居堊室。朝士大夫皆斬衰。未練時。皆當居廬也。

大夫爲其父母兄弟之未爲大夫者之喪服。如士服。石梁王氏曰。父母喪。自天子達。周人重爵。施於尊親。乃異其服。非也。周公制禮時。恐其弊未至此。○爲其。爲。去聲。下二節倣此。

士爲其父母兄弟之爲大夫者之喪服。如士服。大夫之適子。服大夫之服。大夫適子。雖未爲士。亦得服大夫之服。則爲士而服大夫服可知矣。今此所言士。是大夫之庶子爲士者也。庶子卑。故不敢服尊者之服。所以止如士服也。孟子言齊疏之服。自天子達。而此經之文若此。蓋大夫喪禮亡。不得聞其說之詳矣。

大夫之庶子爲大夫。則爲其父母服大夫服。其位與未爲大夫者齒。大夫庶子若爲大夫。可以大夫之喪服喪其親。然其行位之處。則與適子之未爲大夫者相齒列。○疏曰。此庶子雖爲大夫。其年雖長於適子。猶在適子下。使適子爲主也。

士之子爲大夫。則其父母弗能主也。使其子主之。無子。則爲之置後。石梁王氏曰。此最無義理。充其說。則是子爵高。父母遂不能子之。舜可臣瞽瞍。皆齊東野人語也。○下爲。去聲。

大夫卜宅與葬日。有司麻衣布衰布帶。因喪屨。緇布冠不蕤。占者皮弁。卜宅。卜葬地也。有司。治卜事之人也。麻衣。白布深衣也。布衰者。以三升半布爲衰。長六寸。廣四寸。綴於深衣前當胷之上。布帶。以布爲帶也。因喪屨。因喪服之繩屨也。緌。與緌同。古者緇布冠無緌。後代加緌。故此明言之也。有司爲卜。故用半吉半凶之服。占者。卜龜之人也。尊於有司。故皮弁。其服彌吉也。皮弁者。於天子則爲視朝之服。諸侯大夫士。則爲視朔之服也。○衰音催。緌而追切。**如筮。則史練冠長衣以筮。占者朝服。**筮史。筮人也。練冠。縞冠也。長衣。與深衣制同。而以素爲純緣。古者審卦爻吉凶之人也。朝服卑於皮弁服。以筮輕於卜也。○朝音潮。純音准。緣去聲。**大夫之喪。既薦馬。薦馬者哭踊。出乃包奠而讀書。**薦進也。駕車之馬。每車二匹。按既夕禮。柩初出至祖廟。設遷祖之奠訖。乃薦馬。馬至日側祖奠之時。又薦馬。明日設遣奠時又薦馬。此言既薦馬。謂遣奠時也。馬至則車將行。故孝子感之而哭踊。包奠者。取遣奠牲之下體包裹而置於遣車以送死者。馬至在包奠之前。而云出乃包奠者。明包奠爲出之節也。讀書者。既夕云。書賵於方。方。版也。謂書賵奠賻贈之人名與其物於版。柩將行。主人之史。於柩東。西面而讀之。此明大夫之禮與士同。○遣去聲。**大夫之喪。大宗人相。小宗人命龜。卜人作龜。**大宗人。小宗人。即大宗伯小宗伯也。相。佐助禮儀也。命龜。告龜以所卜之事也。作龜。鑽灼之也。○劉氏曰。大宗人或是都宗人。小宗人或是家宗人。掌都家之禮者。○相去聲。**復。諸侯以褒衣冕服爵弁服。**復。解見前。褒衣者。始命爲諸侯之衣。及朝覲時天子所加賜之衣也。冕服者。上公自袞冕而下。備五冕之服。侯伯自鷩冕而下。其服四。子男自毳冕而下。其服三。諸侯之復也。兼用褒衣及冕服爵弁之服也。**夫人稅衣揄狄。狄稅素沙。**此言夫人始死所用以復之衣也。稅衣色黑而緣以纁。揄與搖同。揄狄色青。江淮而南。青質而五色皆備成章曰搖。狄當爲翟。雉名也。此服蓋畫搖翟之形以爲文章。因名也。狄稅素沙。言自搖翟至稅衣。皆用素沙爲裏。即今之白絹也。○按內司服。六服者。褘衣。揄狄。闕狄。鞠衣。展衣。褖衣也。○儀禮註云。王之服九。而祭服六。后之服六。而祭服三。王之服衣裳之色異。后之服連衣裳而其色同。以婦人之德本末純一故也。王之服襌而無裏。后之服裏而不襌。以陽成於奇。陰成於偶故也。○稅讀爲褖。音彖。揄音搖。緣去聲。襌音丹。**內子以鞠衣褒衣素沙。下大夫以襢衣。其餘如士。復西上。**內子。卿之適妻也。其服用鞠衣。此衣蓋始命爲內子時所褒賜者。故云鞠衣褒衣也。亦以素沙爲裏。下大夫。謂下大夫之妻也。襢。周禮作展。其餘如士者。謂士妻之復用褖衣。內子與下大夫之妻復亦兼用褖衣也。復西上者。復之人數多寡各如其命數。若上公九命。則復者九人。以下二三命。則用三人。北面則西在左。左爲陽。冀其復生。故尚左也。尊者立於左。○襢之彥切。**大夫不揄絞屬於池下。**此言大夫喪車之飾。揄翟雉也。絞青黃之繒也。池織竹爲之。形如籠。衣以青布。若諸侯以上則畫揄翟於絞而屬於池之下。大夫降於人君。故不揄絞屬於池下也。○揄音搖。絞音爻。屬音屬。**大夫附於士。士不附於大夫。附於大夫之昆弟。無昆弟。則從其昭穆。雖王父母在亦然。**附讀爲祔。祖爲士。孫爲大夫而死。可以祔祭於祖之爲士者。故曰大夫祔於士。若祖爲大夫。孫爲士而死。不可祔祭於祖之爲大夫者。惟得祔祭於大夫之兄弟爲士者。故曰士不祔於大夫。祔於大夫之昆弟。若祖之兄弟無爲士者。則從其昭穆。謂祔於高祖之爲士者。若高祖亦是大夫。則祔於高祖昆弟之爲士者也。雖王父母在亦然者。謂孫死應合祔於祖。今祖尚存。無可祔。亦是祔於高祖也。小記云。

中一以上而祔。與此義同。婦附於其夫之所附之妃。無妃。則亦從其昭穆之妃。妾附於妾祖姑。無妾祖姑則
亦從其昭穆之妾。夫所祔之妃。夫之祖母也。昭穆之妃。亦謂間一代而祔高祖之妃也。妾亦然。男子附於王父則配。女子附於王母
則不配。男子死而祔祖者。其祝辭云。以某妃配某氏。是幷祭王母也。未嫁之女。及嫁未三月而死歸葬女氏之黨者。其祔於祖母者。惟得祭祖母。不祭王父也。故云祔於王母則不配。蓋不
言以某妃配某氏耳。有事於尊者可以及卑。有事於卑者不敢援尊也。公子附於公子。疏曰。若公子之祖爲君。公子不敢祔之。祔於祖之兄弟爲公子者。不敢戚君故也。君
薨。大子號稱子。待猶君也。君在稱世子。君薨則稱子。踰年乃得稱君也。僖九年傳云。凡在喪。王曰小童。公侯曰子。待猶君者。謂與諸侯並列。供待之禮。猶如正君也。○大
音泰。傳去聲。有三年之練冠。則以大功之麻易之。唯杖屨不易。大功之服。爲殤者凡九條。其長殤皆九月。中殤皆七月。皆降服也。又有降服者
六條。正服者五條。正服不降者三條。義服者二條。皆九月。詳見儀禮。此章言居三年之喪。至練時首經已除。故云有三年之練冠也。當此時忽遭大功之喪。若是降服。則其衰七升。與降服齊衰葬
後之服同。故以此大功之麻經易去練服之葛經也。惟杖屨不易者。言大功無杖無可改易。而三年之練與大功初喪同是繩屨耳。○爲去聲。長上聲。有父母之喪。尚功衰。
而附兄弟之殤則練冠附。句於殤稱陽童某甫。不名神也。三年喪練後之衰。升數與大功同。故云功衰也。此言居父母之喪。猶尚身著功
衰而小功兄弟之殤。又當祔祭。則仍用練冠而行禮。不改服也。祝辭稱陽童者。庶子之殤。祭於室之白處。故曰陽童。宗子爲殤。則祭於室之奧。故稱陰童。童者未成人之稱也。今按。已是曾祖之適
與小功兄弟同曾祖。其死者及其父皆庶人。不得立祖廟。故曾祖之適孫爲之立壇而祔之。若已是祖之適孫。則大功兄弟之殤得祔祖廟。其小功兄弟之殤。則祖之兄弟之後也。今以練冠而祔
謂小功及緦麻之殤耳。若正服大功。則變練冠矣。某甫者。爲之立字而稱之。蓋尊而神之。則不可以名呼之也。○衰音催。著入聲。適音的。爲去聲。凡異居始聞兄弟之喪。
唯以哭對可也。其始麻散帶經。兄弟異居而訃至。唯以哭對其來訃之人。以哀傷之情重。不暇他言也。其帶經之麻始皆散垂。謂大功以上之兄弟至三日而後絞
之也。小功以下不散垂。○散上聲。未服麻而奔喪。及主人之未成經也。疏者與主人皆成之。親者終其麻帶經之
日數。若聞訃未及服麻而卽奔喪者。以道路既近。聞死卽來。此時主人未行小斂。故未成經。小功以下謂之疏。疏者值主人成服之節。則與主人皆成之。大功以上謂之親。親者奔喪而至之
時。雖值主人成服。已必自終竟其散麻帶經之日數。而後成服也。主妾之喪。則自祔。至於練祥。皆使其子主之。其殯祭不於正室。
女君死而妾攝女君。此妾死則君主其喪。其祔祭亦君自主。若練與大祥之祭。則其子主之。殯祭不於正室者。雖嘗攝女君。猶降於正適。故殯與祭不得在正室也。不攝女君之妾。君則不主其喪
君不撫僕妾。死而君不撫其尸者。略於賤也。女君死。則妾爲女君之黨服。攝女君。則不爲先女君之黨服。女君死而妾猶

服其黨。是徒從之禮也。妾攝女君則不服。以攝位稍尊也。○爲去聲。聞兄弟之喪。大功以上見喪者之鄉而哭。奔喪禮云。齊衰望鄉而哭。大功望門而哭。此言大功以上。謂降服大功者也。凡喪服降服重於正服。○上上聲。適兄弟之送葬者弗及。遇主人於道。則遂之於墓。適。往也。往送兄弟之葬而不及。當送之時。乃遇主人葬畢而反。則此送者不可隨主人反哭。必自至墓所而後反也。○適如字。凡主兄弟之喪。雖疏亦虞之。小功緦麻。疏服之兄弟也。彼無親者主之。而已主其喪。則當爲之畢虞祔之祭也。凡喪服未畢。有弔者。則爲位而哭拜踊。疏曰。不以殺禮而待新弔之賓也。言凡者。五服悉然。○殺去聲。大夫之哭大夫弁絰。大夫與殯亦弁絰。大夫之喪既成服。而大夫往弔。則身著錫衰。首加弁絰。弁絰者。如爵弁而素。加以環絰也。若與其殯事。是未成服之時也。首亦弁絰。但身不錫衰耳。不錫衰。則皮弁服也。○與去聲。大夫有私喪之葛。則於其兄弟之輕喪則弁絰。私喪。妻子之喪也。卒哭以葛代麻。於此時而遭兄弟之喪。雖緦麻之輕。亦用弔服。弁絰而往。不以私喪之末臨兄弟也。大夫降旁親。於緦麻兄弟無服。○疏曰。若已成服。則錫衰。未成服。則身素裳而首弁絰也。爲長子杖。則其子不以杖即位。其子。長子之子也。祖不厭孫。此長子之子亦得杖。但與祖同處。不得以杖獨居己位耳。○爲去聲。長上聲。厭入聲。處上聲。爲妻。父母在。不杖。不稽顙。此謂適子妻死。而父母俱存。故其禮如此。然大夫主適婦之喪。故其夫不杖。若父沒母在。母不主喪。則子可以杖。但不稽顙耳。此并言之。讀者不以辭害意可也。○爲去聲。稽上聲。下並同。并去聲。母在不稽顙。稽顙者。其贈也拜。贈。謂人以物來贈己。助喪事也。母在雖不稽顙。惟拜謝此贈物之人。則可以稽顙。故云稽顙者其贈也拜。一說。贈謂以物送別死者。即既夕禮所云。贈用制幣也。違諸侯之大夫。不反服。違大夫之諸侯。不反服。違。去也。已本是國君之臣。今去國君而往爲他國大夫之臣。是自尊適卑。若舊君死。已不反服。以仕於卑臣。不可反服於前之尊君也。本是大夫之臣。今去而仕爲諸侯之臣。是自卑適尊。若反服卑君。則爲新君之恥矣。故亦不反服。若新君與舊君等。乃爲舊君服也。喪冠條屬。以別吉凶。三年之練冠亦條屬。右縫。小功以下左。喪冠以一條繩屈而屬於冠。以爲冠之武。而垂下爲纓。故云喪冠條屬。屬猶著也。言著於冠也。是纓與武共此一繩。若吉冠則纓與武各一物。玉藻云。縞冠玄武之類是也。吉凶之制不同。故云別吉凶也。三年練冠。小祥之冠也。其條屬亦然。吉冠則縪縫向左。左爲陽。吉也。凶冠則縪縫向右。右爲陰。凶也。小功緦麻之服輕。故縪縫向左而同於吉。○屬音燭。下同。別必列切。著入聲。緦冠繰纓。大功以上散帶。緦服之縷。其麤細與朝服十五升之布同。而縷數則半之。治其縷不治其布。冠與衰同是此布也。但爲纓之布。則加以灰澡治之耳。故曰緦冠繰纓。繰讀爲澡。大功以上服重。初死麻帶散垂。至成服乃絞。小功以下。初死即絞也。○繰音早。散上聲。朝音潮。朝服十五升。去其半而緦。加灰。句錫也。朝服精細。全用十五升布爲之。去其半。則七升半布也。用爲緦服。緦云者。以其縷之細如絲也。若以此布而加灰以澡治之。則謂之錫。所謂弔服之錫衰也。錫者滑易之貌。緦服不加灰治也。朝服一千二百縷終幅。緦之縷細與朝服同。但其布終幅止六百縷而疏。

故儀禮云。有事其縷。無事其布。曰緦。○朝音潮。去上聲。易去聲。**諸侯相從。以後路與冕服。先路與褒衣不以從。**後路。貳車也。貳車在後。故曰後路。冕服。上冕之後次冕也。上公以鷩冕為次。侯伯以毳冕為次。子男以絺冕為次。先路。正路也。褒衣。說見前章。相從不可用己之正車服者。以彼不用之以為正也。

遣車視牢具。疏布輤。四面有章。置于四隅。載粻。有子曰。非禮也。喪奠脯醢而已。遣車。說見檀弓。視牢具者。天子太牢包九箇。則遣車九乘。諸侯太牢包七箇。則七乘。大夫亦太牢包五箇。則五乘。天子之上士三命少牢包三箇。則三乘也。諸侯之士無遣車。遣車之上以麤布為輤。輤。蓋也。四面有物以鄣蔽之。章與鄣同。四隅。椁之四角也。粻。米糧也。遣奠之饌無黍稷。故有子以載粻為非禮。牲體則脯醢之義也。○遣章並去聲。粻音張。乘去聲。

祭稱孝子孝孫。喪稱哀子哀孫。端衰喪車皆無等。祭。吉祭也。卒哭以後為吉祭。故祝辭稱孝子或孝孫。自虞以前為凶祭。故稱哀。端。正也。端衰。喪服上衣也。吉時玄端服。身與袂同。以二尺二寸為正。喪衣亦如之。而綴六寸之衰於胷前。故曰端衰也。喪車。孝子所乘惡車也。此二者。皆無貴賤之差等。○衰音催。

大白冠。緇布之冠。皆不蕤。委武玄縞而后蕤。大白冠。太古之白布冠也。緇布冠。黑布冠也。此二冠無飾。故皆不蕤。然玉藻云緇布冠繢緌。是諸侯之冠。則此不緌者。謂大夫士也。委武。皆冠之下卷。秦人呼卷為委。齊人呼卷為武。玄。玄冠也。縞。縞冠也。玄縞二冠既別有冠卷。則必有蕤。故云委武玄縞而后蕤也。○大音泰。坊本如字。卷上聲。

大夫冕而祭於公。弁而祭於己。士弁而祭於公。冠而祭於己。士弁而親迎。然則士弁而祭於己可也。冕。絺冕也。祭於公。助君之祭也。弁。爵弁也。祭於己。自祭於廟也。冠。玄冠也。助祭為尊。自祭為卑。故冠服有異也。儀禮少牢。上大夫自祭用玄冠。此云弁而祭於己者。此大夫指孤而言也。記者以士之親迎用弁。以為可以弁而祭於己。然親迎之弁。暫焉攝用耳。祭有常禮。不可紊也。○迎去聲。少去聲。

暢。臼以椈。杵以梧。枇以桑。長三尺。或曰五尺。畢用桑。長三尺。刊其柄與末。暢。鬯也。椈。柏也。擣鬯者。以柏木為臼。梧木為杵。柏香芳而梧潔白。故用之。牲體在鑊。用枇升之以入鼎。又以枇自鼎載之入俎。主人舉肉之時。執事者則以畢助之舉。此二器。吉祭以棘木為之。喪祭則用桑木。畢之柄與末加刊削。枇亦必然也。○椈音菊。枇音匕。長去聲。下同。

率帶。諸侯大夫皆五采。士二采。率與繂同。死者著衣畢而加此帶。謂之繂者。但褊帛邊而熨殺之。不用箴線也。以五采飾之。士喪禮緇帶。此二采。夫子之士也。率音律。著入聲。殺去聲。

醴者。稻醴也。甕甒筲衡。實見間而后折入。此言葬時所藏之物。稻醴。以稻米為醴也。甕甒。皆瓦器。甕盛醯醢。甒盛醴酒。筲。竹器。以盛黍稷。衡讀為桁。以木為之。所以庋舉甕甒之屬也。見。棺衣也。言此甕甒筲衡。實於見之外。椁之內。而后折入者。折形如牀而無足。木為之。直者三。橫者五。窆事畢。而後加之壙上。以承抗席也。○甒音武。筲思交切。衡音杭。見音諫。間平聲。盛平聲。

重既虞而埋之。重。說見檀弓。虞祭畢。埋於祖廟門外之東。○重平聲。

凡婦人從其夫之爵位。治婦人喪事。皆以夫爵位尊卑為等降。無異禮也。

小斂大斂啓。皆辯拜。禮。當大斂小斂及啓攢之時。君來弔。則報事而出拜之。若他賓客至。則不輟事。待事畢乃即堂下之位而偏拜之。故特舉此三節言之。若士於大夫當事而大夫至。則亦出拜之也。○斂去聲。下並同。辯音徧。朝夕哭不帷。無柩者不帷。朝夕之間孝子欲見殯。故哭則褰舉其帷。哭畢仍垂下之。無柩謂葬後也。神主祔廟之後還在室。無事於堂。故不復施帷。君若載而后弔之。則主人東面而拜。門右北面而踊。出待。反而后奠。此謂君來弔臣之喪。而柩已朝廟。畢載在柩車。君既弔。位在車之東。則主人在車西東面而拜。門右。祖廟門之西偏也。自內出則右在西。孝子既拜君從位而立。故於門內西偏北面而哭踊為禮也。踊畢先出門以待拜送。不敢必君之久留也。君命之反還喪所。即設奠以告死者。使知君之來弔也。一說。此謂在廟載柩車之時。奠謂反設祖奠。子羔之襲也。繭衣裳與稅衣纁袡為一。素端一。皮弁一。爵弁一。玄冕一。曾子曰。不襲婦服。子羔。孔子弟子高柴也。襲以衣斂尸也。繭衣裳謂衣裳相連而綿為之著也。稅衣黑色。纁絳色。帛。袡裳下緣也。繭衣褻故用褖衣為表。合為一稱。故云繭衣裳與稅衣纁袡為一。素端一。第二稱也。賀氏云。衣裳並用素為之。皮弁一。第三稱也。皮弁之服。布衣而素裳。爵弁一。第四稱也。其服玄衣而纁裳。玄冕一。第五稱也。其服亦玄衣纁裳。衣無文而裳刺黻。大夫之上服也。婦服。指纁袡而言。曾子非之。以其不合於禮也。○稅音彖。袡而占切。著上聲。褖去聲。稱去聲。刺音戚。為君使而死。公館復。私館不復。公館者。公宮與公所為也。私館者。自卿大夫以下之家也。說見曾子問。○使去聲。公七踊。大夫五踊。婦人居間。士三踊。婦人皆居間。國君五日而殯。自死至大斂凡七次踊者。始死。一也。明日襲。二也。襲之明日之朝。三也。又明日之朝。四也。其日既小斂。五也。小斂明日之朝。六也。明日大斂時。七也。大夫三日而殯。凡五次踊者。始死。一也。明日襲之朝。二也。明日之朝。及小斂。四也。小斂之明日大斂。五也。士二日而殯。凡三次踊者。始死。一也。小斂時。二也。大斂時。三也。凡踊男子先踊。踊畢而婦人乃踊。婦人踊畢。賓乃踊。是婦人居主人與賓之中間。故云居間也。然記者固云動尸舉柩。哭踊無數。而此乃有三五七之限者。此以禮經之常節言。彼以哀心之泛感言也。又所謂無數者。不以每踊三跳。九跳為三踊之限也。公襲卷衣一。玄端一。朝服一。素積一。纁裳一。爵弁二。玄冕一。褒衣一。朱綠帶。申加大帶之上。卑者以卑服親身。如子羔之襲。是也。公貴者。故上服親身。褒衣最外。尊顯之也。褒衣。上公之服也。玄端。玄衣朱裳。齋服也。天子以為燕服。士以為祭服。大夫士以為私朝之服。朝服。緇衣素裳。公日視朝之服也。素積。皮弁之服。諸侯視朝之服也。纁裳。冕服之裳也。爵弁二者。玄衣纁裳。二通也。以其為始命所受之服。故特用二通。示重本也。玄冕。見上章。褒衣者。君所加賜之衣。最在上。榮君賜也。諸侯襲尸用小帶以為結束。此帶則素為之而飾以朱綠之采也。申。重也。已用革帶。又重加大帶。象生時所服大帶也。此帶即上章所云素帶。諸侯大夫皆五采。士二采者是也。○卷音袞。朝音潮。齋音齋。重平聲。小斂環絰。公大夫士一也。疏曰環絰一股而纏也。親始死。孝子去冠。至小斂不可無飾。士素委貌。大夫以上素弁。而貴賤悉得加於環絰。故云公大夫士一也。○去上聲。公視大斂。公升。商祝鋪席乃斂。君臨臣喪而視其大斂。商祝。習知殷禮者。專主斂事。主人雖先已鋪席布絞紟等物。聞君將至。悉徹去之。待君至升堂。商祝乃始鋪席為斂事。蓋榮君之至而舉其禮也。魯人之贈也。三玄二纁廣尺。長終幅。贈以物送別死者於椁中也。既夕禮曰。贈用制幣玄纁束。一丈八尺爲制。今魯人雖用玄與纁而短狹如此。則非禮矣。故記者識之。幅之度二尺二寸。○廣。長。並去聲。

弔者卽位于門西東面。其介在其東南北面西上。西於門。主孤西面。相者受命曰。孤某使某請事。客曰。寡君使某如何不淑。相者入告出曰。孤某須矣。弔者入。主人升堂西面。弔者升自西階東面致命曰。寡君聞君之喪。寡君使某如何不淑。子拜稽顙。弔者降反位。此言列國遣使弔喪之禮。弔者。君所遣來之使也。介。副也。門西。主國大門之西也。西上者。介非一人。其長者在西。近正使也。西於門。不敢當門之中也。主孤西面。立於阼階之下也。相者受命。相禮者受主人之命也。如何不淑。慰問之辭。言何爲而罹此凶禍也。須。待也。凶禮不出迎。故云須矣。主人升堂。由阼階而升也。降反位。降階而出。復門外之位也。曲禮云。升降不由阼階。謂平常無弔賓時耳。○石梁王氏曰。此一段頗詳。可補諸侯喪禮之缺。○相。去聲。下並同。使。去聲。

含者執璧將命曰。寡君使某含。相者入告出曰。孤某須矣。含者入。升堂致命。子拜稽顙。含者坐委于殯東南。有葦席。既葬蒲席。降出反位。宰夫朝服卽喪屨。升自西階。西面坐取璧。降自西階以東。此言列國致含之禮。含玉之形制如璧。舊註云。分寸大小未聞。坐委。跪而致之也。未葬之前。設葦席以承之。既葬。則設蒲席承之。鄰國有遠近。故有葬後來致含者。降出反位。謂含者委璧訖。降階而復門外之位也。上文弔者爲正使。此含者乃其介耳。凡初遭喪。則主人不親受。使大夫受於殯宮。此遭喪已久。故嗣子親受之。然後宰夫取而藏之也。朝服。吉服也。執玉不麻。故著朝服。以在喪不可純變吉。故仍其喪屨。坐取璧。亦跪而取之也。以東。藏於內也。疏云。宰謂士卿。夫字衍。○含。去聲。著。入聲。

襚者曰。寡君使某襚。相者入告。出曰。孤某須矣。襚者執冕服。左執領。右執要。入。升堂致命曰。寡君使某襚。子拜稽顙。委衣于殯東。襚者降。受爵弁服於門內霤。將命。子拜稽顙如初。受皮弁服於中庭。自西階受朝服。自堂受玄端。將命。子拜稽顙。皆如初。襚者降。出反位。宰夫五人舉以東。降自西階。其舉亦西面。此言列國致襚之禮。衣服曰襚。委于殯東。卽委璧之席上也。左執領。則領向南。此襚者既致冕服訖。復降而出。取爵弁服以進。至門之內霤而將命。子拜如初者。如受冕服之禮也。受訖。襚者又出取皮弁服及朝服及玄端服。每服進受之禮皆如初。但受之之所不同耳。致五服皆畢。襚者乃降出反位。而宰夫五人各舉一服以東。而其舉之也。亦如襚者之西面焉。○要。平聲。朝。音潮。

上介賵。執圭將命曰。寡君使某賵。相者入告。反命曰。孤須矣。陳乘黃大路於中庭。北輈。執圭將命。客使自下由路西。子拜稽顙。坐委于殯東南隅。宰舉以東。此言列國致賵之禮。車馬曰賵。乘黃。四黃馬也。

大路車也北輈車之輈轅北向也客使上介所役使之人也爲客所使故曰客使自率也下謂馬也由在也路即大路也陳車北轅畢賵者執圭升堂致命而客之從者率馬設在車之西也車亦此從者設之子拜之後賵客即跪而置其圭於殯東南隅之席上而宰舉之以東而藏於內也又按覲禮車在西統於賓也既夕禮車以西爲上者爲死者而設於鬼神之位也此賵禮車馬爲助主人送葬而設統於主人故車在東也○陸氏曰孤須矣從此盡篇末皆無某字有者非○賵芳鳳切乘去聲從去聲

凡將命鄉殯將命子拜稽顙西面而坐委之宰舉璧與圭宰夫舉襚升自西階西面坐取之降自西階凡將命者總言上文弔含襚賵將命之禮也鄉殯者立于殯之西南而面東北以向殯也將命之時子拜稽顙畢客即西向跪而委其所執之物其含璧與圭則宰舉之襚衣則宰夫舉之而其舉也皆自西階升而西面以跪而取之乃自西階以降也○鄉去聲

賵者出反位于門外此句當屬於前章上介賵云宰舉以東之下○屬音燭

上客臨曰寡君有宗廟之事不得承事使一介老某相執綍相者反命曰孤須矣臨者入門右介者皆從之立于其左東上宗人納賓升受命于君降曰孤敢辭吾子之辱請吾子之復位客對曰寡君命某毋敢視賓客敢辭宗人反命曰孤敢固辭吾子之辱請吾子之復位客對曰寡君命某毋敢視賓客敢固辭宗人反命曰孤敢固辭吾子之辱請吾子之復位客對曰寡君命使臣某毋敢視賓客是以敢固辭固辭不獲命敢不敬從客立于門西介立于門左東上孤降自阼階拜之升哭與客拾踊三客出送于門外拜稽顙上客即前章所云弔者蓋鄰國來弔之正使也弔含襚賵皆畢自行臨哭之禮若聘禮之有私覿然蓋私禮爾主人入門而右客入門而左禮也今此客入門之右是不敢以賓禮自居也宗人掌禮之官欲納此弔賓先受納賓之命於主國嗣君然後降而請於客使之復門左之賓位也宗人以客答之辭入告於君而反命于客如是者三客乃自稱使臣而從其命於是立于門西之賓位主君自阼階降而拜之主客俱升堂哭而更踊者三所謂成踊也客出送而拜之謝其勞辱也○臨如字相去聲綍音弗使去聲拾其劫切

其國有君喪不敢受弔言卿大夫以下有君喪而又有親喪則不敢受他國賓客之弔尊君故也

外宗房中南面小臣鋪席商祝鋪絞紟衾士盥于盤北舉遷尸于斂上卒斂宰告子馮之踊夫人東面坐馮之興踊此是喪大記君大斂章文重出在此說見本章○絞音爻紟其鴆切馮音憑

士喪有與天子同者三其終夜燎及乘人專道而行終夜燎謂遷柩之夜須光明達旦也乘人使人執引也專道柩行於路人皆避之也

雜記下第二十一

有父之喪。如未沒喪而母死。其除父之喪也。服其除服。卒事。反喪服。沒。猶終也。除也。父喪在小祥後大祥前。是未沒父喪也。又遭母喪。則當除父喪之時。自服除喪之服。以行大祥之禮。此禮事畢。卽服喪母之服。若母喪未葬而値父之二祥。則不得服祥服者。以祥祭爲吉。未葬爲凶。不忍於凶時行吉禮也。○父喪喪母喪。去聲。**雖諸父昆弟之喪。如當父母之喪。其除諸父昆弟之喪也。皆服其除喪之服。卒事。反喪服。**諸父昆弟之喪。自始死至除服。皆在父母服內。輕重雖殊。而除喪之服不廢者。篤親愛之義也。若遭君喪。則不得自除私服。曾子問言之矣。**如三年之喪。則既顈。其練祥皆行。**前喪後喪。俱是三年之服。其後喪既受葛之後。得爲前喪行練祥之禮也。既顈者。既虞受服之時。以葛絰易要之麻絰也。顈。草名。無葛之鄉以顈代。○顈。大迥切。要。平聲。**王父死。未練祥而孫又死。猶是附於王父也。**孫之祔祖。禮所必然。故祖死雖未練祥。而孫又死。亦必祔於祖。**有殯。聞外喪。哭之他室。入奠。卒奠出。改服卽位。如始卽位之禮。**有殯。謂父母喪未葬也。外喪。兄弟之喪在遠者也。哭不於殯宮而於他室。明非哭殯也。入奠者。哭之明日之朝。著已本喪之服。入奠殯宮。奠畢而出。乃脫已本喪服。著新死者未成服之服。而卽昨日他室所哭之位。如始卽位之禮者。謂今日之卽哭位。如昨日始聞喪而卽位之禮也。**大夫士將與祭於公。既視濯而父母死。則猶是與祭也。次於異宮。既祭。釋服出公門外。哭而歸。其他如奔喪之禮。如未視濯。則使人告。告者反而后哭。**視濯。監視器用之滌濯也。猶是與祭者。猶是在吉禮之中。不得不與祭。但居次於異宮耳。以吉凶不可同處也。如未視濯而父母死。則使人告於君。俟告者反而後哭父母也。○與。去聲。下節同。監。平聲。**如諸父昆弟姑姊妹之喪。則既宿則與祭。卒事出公門。釋服而后歸。其他如奔喪之禮。如同宮。則次于異宮。**既宿。謂祭前三日。將致祭之時。既受宿戒。必與公家之祭。以期以下之喪服輕故也。如同宮則次於異宮者。謂此死者是已同宮之人。則既宿之後。出次異宮。亦以吉凶不可同處也。○鄭氏曰。古者昆弟異居同財。有東宮。有西宮。有南宮。有北宮。**曾子問曰。卿大夫將爲尸於公。受宿矣。而有齊衰內喪。則如之何。孔子曰。出舍乎公宮以待事。禮也。孔子曰。尸弁冕而出。卿大夫士皆下之。尸必式。必有前驅。**說見曾子問篇。**父母之喪。將祭。而昆弟死。既殯而祭。如同宮。則雖臣妾。葬而后祭。**將祭。將行小祥或大祥之祭也。適有兄弟之喪。則待殯訖乃祭。然此死者乃是異宮之兄弟耳。若是同宮。則雖臣妾之卑賤。亦必待葬後乃祭。以吉凶不可相干也。故喪服傳云。有死於宮中者。則爲之三月不舉祭。○傳。爲。並去聲。**祭。主人之升降散等。執事者亦散等。雖虞附亦然。**散。栗也。等。階也。吉祭則涉級聚足。喪祭則栗階。二祥之祭。吉禮宜涉級聚足。而栗階者。以有兄弟之喪。故略威儀也。燕禮云。栗階不過二等。蓋始升猶聚足。連步至二等。則左右足各一發而升堂也。雖虞祔亦然者。謂主人至昆弟虞祔時。而行父母祥祭。則與執事者亦皆散等也。○與去聲。自諸侯達諸士。小祥之祭。主人之酢也嚌之。衆賓兄弟則皆啐之。大祥主人啐之。衆賓兄弟皆飲之可也。至齒爲嚌。入口爲啐。主人之酢。嚌之謂正祭之後。主人獻賓長。賓長酢主人。主人受酢則嚌之也。衆賓兄弟啐之謂祭未受獻之時則啐之也。○嚌才細切。啐七內切。長上聲。凡侍祭喪者。告賓祭薦而不食。侍祭喪謂相喪祭禮之人也。薦謂脯醢也。相禮者但告賓祭此脯醢而已。賓不食之也。若吉祭。賓祭畢則食之。此亦謂練祥之祭。主人獻賓。賓受獻。主人設薦時也。虞祔無獻賓之禮。子貢問喪。子曰。敬爲上。哀次之。瘠爲下。顏色稱其情。戚容稱其服。問喪。問居父母之喪也。附於身。附於棺者。皆欲其必誠必信。故曰敬爲上。子游言喪致乎哀而止。先儒謂而止二字。微有過於高遠而簡略細微之弊。此言哀次之可見矣。毀瘠不形。不勝喪。乃比於不慈不孝。故曰瘠爲下也。齊斬之服。固有重輕。稱其情。稱其服。則中於禮矣。○稱並去聲。勝平聲。中去聲。請問兄弟之喪。子曰。兄弟之喪。則存乎書策矣。存乎書策者。言依禮經所載而行之。非若父母之喪。哀容體狀之不可名言。而經不能備言也。君子不奪人之喪。亦不可奪喪也。君子不奪廢他人居喪之情。而君子居喪之情。亦不可爲他事所奪廢。要使各得盡其禮耳。○疏曰。不奪人喪。恕也。不奪己喪。孝也。○爲去聲。要平聲。孔子曰。少連大連善居喪。三日不怠。三月不解。期悲哀。三年憂。東夷之子也。少連見論語。三日。親始死時也。不怠謂哀痛之切。雖不食而能自力以致其禮也。三月。親喪在殯時也。解與懈同。倦也。或讀如本字。謂寢不脫絰帶也。憂謂憂戚憔悴。○少去聲。解音懈。期音基。三年之喪。言而不語。對而不問。廬堊室之中。不與人坐焉。在堊室之中。非時見乎母也不入門。言自言己事也。語爲人論說也。倚廬及至堊室。說見前篇。時見乎母。謂有事行禮之時而入見母也。非此則不入中門。○見音現。爲論並去聲。疏衰皆居堊室不廬。廬嚴者也。疏衰齊衰也。齊衰有三年者。有期者。有三月者。凡喪次。斬衰居倚廬。齊衰居堊室。大功有帷帳。小功緦麻有牀第。廬嚴者。謂倚廬乃哀敬嚴肅之所。服輕者不得居。○疏平聲。妻視叔父母。姑姊妹視兄弟。長中下殤視成人。哀戚輕重之等。各有所比。殤服皆降。而哀之如成人。以本親重故也。○長上聲。親喪外除。兄弟之喪內除。鄭氏曰。外除。日月已竟而哀未忘。內除。日月未竟而哀已殺。○殺去聲。視君之母與君之妻。比之兄弟。發諸顏色者。亦不飲食也。君母。君妻。小君也。服輕。哀之比兄弟之喪然於酒肴之珍醇。可以發見顏色者。亦不飲之食之也。○見音現。免喪之外。行於道路。見似目瞿。聞名心瞿。弔死而問疾。顏色戚容必有以異於人也。如此而后可以服三年之喪。其餘則直道而行之是也。見人貌有類其親者。則目爲之瞿然驚變。聞人所稱名與吾親同。則心爲之瞿然驚變。喪服雖除。而餘哀未忘。故於弔死問疾之時。戚容有加異於無憂之人也。如此而後可以服三年之喪。言其哀心誠實無僞也。其餘服輕者。
直道而行。則不過循喪禮而已。○瞿。九遇切。爲去聲。**祥。主人之除也。於夕爲期。朝服。祥因其故服。**祥。大祥也。○疏曰。祥祭之時。主人除服之節。於
夕爲期。謂於祥祭前夕。預告明日祭期也。朝服謂主人著朝服。緇衣素裳。其冠則縞冠也。祥因其故服者。謂明旦祥祭時。主人因著其前夕故朝服也。又曰。此據諸侯卿大夫言之。從祥至吉。
凡服有六。祥祭朝服縞冠。一也。祥訖素縞麻衣。二也。禫祭玄冠黃裳。三也。禫訖朝服綅冠。四也。踰月吉祭。玄冠朝服。五也。既祭玄端而居。六也。○陸氏曰。綅息廉反。黑經白緯曰綅。○朝音潮。
著入聲。**子游曰。既祥。雖不當縞者。必縞。然後反服。**疏曰。既祥。謂大祥後。有來弔者。雖不當縞。謂不正當祥祭縞冠之時也。必縞然後反服者。主人
必須著此祥服縞冠以受弔者之禮。然後反服大祥後素縞麻衣之服也。**當袒。大夫至。雖當踊。絕踊而拜之。反改成踊。乃襲。於士。既**
事成踊。襲而后拜之。不改成踊。疏曰。此明士有喪。大夫及士來弔之禮。士有喪當袒之時。而大夫來弔。蓋斂竟時也。雖當主人踊時。必絕止其踊而出拜此大
夫。反還也。改更也。拜竟而反還先位。更爲踊而始成踊。尊大夫之來。新其事也。乃襲者。踊畢乃襲初袒之衣也。於士既事成踊襲者。既猶畢也。若當主人有大小斂諸事而士來弔。則主人畢
事而成踊。踊畢而襲。襲畢乃拜之。拜之而止。不更爲之成踊也。○更平聲。**上大夫之虞也少牢。卒哭成事附皆大牢。下大夫之虞也**
犆牲。卒哭成事附皆少牢。卒哭謂之成事。成吉事也。附祔廟也。○少去聲。大音泰。犆音特。**祝稱卜葬虞。子孫曰哀。夫曰乃。兄弟**
曰某卜葬其兄。句**弟曰伯子某。**初虞即葬之日。故并言葬虞。于卜葬父。則祝辭云。哀子某卜葬其父某甫。孫則云哀孫某卜葬其祖某甫。夫則云乃某卜葬其
妻某氏。乃者助語之辭。妻卑故爾。若弟爲兄。則云某卜葬兄伯子某。兄爲弟。則云某卜葬其弟某。○并爲並去聲。**古者貴賤皆杖。叔孫武叔朝見輪人**
以其杖關轂而輠輪者。於是有爵而後杖也。輪人。作車輪之人也。關穿也。輠迴也。謂以其衰服之杖穿於車轂中而迴轉其輪。鄙褻甚矣。自後無
爵者不得杖。此記庶人廢禮之由也。○朝音潮。輠胡罪切。**鑿巾以飯。公羊賈爲之也。**飯含也。大夫以上貴。使賓爲其親含。恐尸爲賓所憎穢。故以巾覆尸面。而當口
處鑿穿之。令含玉得以入口。士賤不得使賓。子自含。無憎穢之心。故不以巾覆面。公羊賈士也。而鑿以飯。是憎穢其親矣。此記士失禮之所由也。○飯上聲。含去聲。章內並同。爲覆並去聲。
冒者何也。所以掩形也。自襲以至小斂。不設冒則形。是以襲而后設冒也。冒說見王制。襲沐浴後以衣衣尸也。則形
者。言尸雖已著衣。若不設冒。則尸象形見。爲人所惡。是以襲而設冒也。后字衍。○下衣去聲。著入聲。見爲惡並去聲。**或問於曾子曰。夫既遣而包其餘。猶**
既食而裹其餘與。君子既食則裹其餘乎。曾子曰。吾子不見大饗乎。夫大饗既饗。卷三牲之俎

歸于賓館。父母而賓客之所以爲哀也。子不見大饗乎。設遣奠訖。卽以牲體之餘包裹而置之遣車以納于壙中。或人疑此禮謂如君子食於他人家。食畢而又包其餘以歸。豈不傷廉乎。曾子告以大饗之禮畢。卷俎內三牲之肉送歸賓之館中。猶此意耳。父母家之主。今死將葬。而孝子以賓客之禮待之。此所以悲哀之至也。重言以喻之。○夫平聲。遣去聲。與平聲。卷上聲。重平聲。

非爲人喪問與賜與。此上有闕文。言非爲其有喪而問遺之歟。賜予之歟。問敵者之禮。賜尊上之命。○爲去聲。與平聲。遺去聲。予上聲。

三年之喪以其喪拜。非三年之喪以吉拜。拜問。拜賜。拜賓。皆拜也。喪拜。稽顙而后拜也。吉拜。拜而后稽顙也。今按檀弓鄭註。以拜而后稽顙。爲殷之喪拜。稽顙而后拜。爲周之喪拜。疏云。鄭知此者。以孔子所論。每以二代對言。故云三年之喪。吾從其至者。但殷之喪拜。自斬衰至緦麻。皆拜而后稽顙。以其質故也。周制則杖期以上。皆先稽顙而后拜。不杖期以下。乃作殷之喪拜。此章疏義與檀弓疏互看。乃得其詳。

三年之喪如或遺之酒肉。則受之必三辭。主人衰絰而受之。如君命。則不敢辭。受而薦之。喪者不遺人。人遺之。雖酒肉受也。從父昆弟以下。既卒哭。遺人可也。喪大記云。既葬。君食之則食之。大夫父之友食之則食之。此云衰絰而受雖受而不食也。薦之者。尊君之賜。喪者不遺人。以哀戚中不當行禮於人也。卒哭可以遺人。服輕哀殺故也。○石梁王氏曰。居喪有酒肉之遺。必疾者也。○遺從並去聲。君食友食食音嗣。

縣子曰。三年之喪如斬。期之喪如剡。剡削也。此言哀痛淺深之殊。○縣音玄。期音基。

三年之喪雖功衰不弔。自諸侯達諸士。如有服而將往哭之。則服其服而往。疏曰。卜祥後衰與大功同。故曰功衰。如有五服之親喪而往哭。不著已之功衰而依彼親之節以服之也。不弔與往哭二者。貴賤皆同之。

期之喪十一月而練。十三月而祥。十五月而禫。練則弔。鄭氏曰。凡齊衰十一月。皆可以出弔。又曰。此爲父在爲母。○爲母爲去聲。

既葬大功。句弔哭而退。不聽事焉。既葬大功者。言已有大功之喪已葬也。弔哭而退。謂往弔他人之喪。則弔哭既畢。卽退去。不待與主人襲斂等事也。○與去聲。

期之喪未葬。弔於鄉人。哭而退。不聽事焉。功衰弔。待事不執事。儀禮喪服傳。姑姊妹適人無主者。姪與兄弟爲之齊衰不杖期。此言期之喪。正謂此也。雖未葬。亦可出弔。但哭而退。不聽事也。此喪既葬。受以大功之衰。謂之功衰。此後弔於人。可以待主人襲斂等事。但不親自執其事耳。

小功緦。執事不與於禮。執事。謂擯相也。禮。饋奠也。輕服可以爲人擯相。擯相事輕故也。饋奠之禮重。故不與。○與去聲。相去聲。爲去聲。

相趨也。出宮而退。相揖也。哀次而退。相問也。既封而退。相見也。反哭而退。朋友虞附而退。此言弔喪之禮。恩義有厚薄。故去留有遲速。相趨者。古人以趨示敬。論語。過之必趨。左傳。免胄趨風之類是也。言此弔者與主人昔嘗有相趨之敬。故來弔喪。以情輕。故柩出廟之宮門卽退去也。相揖者。已嘗相會相識。故待柩之大門外之哀次而退也。相問遺者。是有往來恩義。故待窆畢而退。嘗執贄行相見之禮者。情又加重。故待孝子反哭於家乃退。朋友恩義更重。故待虞祭附祭畢而后退也。○封音窆。弔非從主人也。四十者執綍。鄉人五十者
從反哭。四十者待盈坎。言弔喪者。是為相助凡役。非徒隨從主人而已。故年四十以下者力壯。皆當執綍。同鄉之人五十者始衰之年。故隨主人反哭。而四十者待土
盈壙乃去。○綍音弗。喪食雖惡必充飢。飢而廢事。非禮也。飽而忘哀。亦非禮也。視不明。聽不聰。行不正。不
知哀。君子病之。故有疾飲酒食肉。五十不致毀。六十不毀。七十飲酒食肉。皆為疑死。疑死。恐其死也。○為
去聲。有服。人名之食不往。大功以下既葬適人。人食之。其黨也食之。非其黨弗食也。黨。謂族人與親戚也。○人
食食音嗣。功衰。食菜果。飲水漿。無鹽酪。不能食食鹽酪可也。功衰。斬衰齊衰之末服也。酪說文。乳漿也。○酪音洛。下食音嗣。孔子曰。
身有瘍則浴。首有創則沐。病則飲酒食肉。毀瘠為病。君子弗為也。毀而死。君子謂之無子。曲禮曰。不
勝喪。比於不慈不孝。是有子與無子同也。○瘍音羊。創平聲。勝平聲。非從柩與反哭。無免於堩。堩。道路也。道路不可無飾。故從柩送葬與葬畢反哭。皆著免而行於
道路。非此二者則否也。然此亦謂葬之近者。小記云。遠葬者比反哭皆冠。及郊而後免也。○從去聲。免音問。凡喪小功以上。非虞附練祥。無沐浴。潔飾
所以交神。故并此四祭。則不沐浴也。○上。上聲。疏衰之喪。既葬。人請見之則見。不請見人。小功請見人可也。大功不以
執摯。唯父母之喪。不辟涕泣而見人。疏衰。齊衰也。摯與贄同。○辟音避。三年之喪。祥而從政。期之喪。卒哭而從
政。九月之喪。既葬而從政。小功緦之喪。既殯而從政。從政。謂庶人供力役之征也。王制云。齊衰大功。三月不從政。庶人依士禮。卒哭與葬
同三月也。曾申問於曾子曰。哭父母有常聲乎。曰中路嬰兒失其母焉。何常聲之有。哀痛之極。無復音節。所謂哭不
偯也。○偯音倚。卒哭而諱。王父母兄弟世父叔父姑姊妹。子與父同諱。卒哭以前。猶以生禮事之。故不諱其名。卒哭後。則事以鬼道。故
諱其名而不稱也。此專言父之所諱。則子亦不敢不諱。故曰子與父同諱也。父之祖父母。伯父叔父及姑等。於己小功以下。本不合諱。但以父之所諱。己亦從而諱也。若父之兄弟及姊妹。己
目當諱。不以從父而諱也。又按不逮事父母。則不諱王父母。謂庶人。此所言。以父是士。故從而諱也。母之諱。宮中諱。妻之諱。不舉諸其側。與從祖昆
弟同名則諱。母為其親諱。則子於一宮之中亦為之諱。妻為其親諱。則夫亦不得稱其辭於妻之左右。非宮中。非其側。則固可稱矣。若母與妻所諱者。適與己從祖昆弟之名同。則雖
他所亦諱之也。○從去聲。為去聲。以喪冠者。雖三年之喪可也。既冠於次。入哭踊。三者三。乃出。當冠而遭五服之喪。則因成喪服而

遂加冠。此禮無分服之輕重。故曰雖三年之喪可也。旣冠於居喪之次。乃入哭踊。凡踊三踊爲一
節。三者三。言如此者三次也。乃出。出就次所也。詳見曾子問。○冠去聲。下節同。三者三三。去聲。加
冠冠。如字。大功之末可以冠子。可以嫁子。父小功之末。可以冠子。可以嫁子。可以取婦。已雖小功旣卒
哭可以冠取妻。下殤之小功則不可。末。服之將除也。舊說。以末爲卒哭後。然大功卒哭後。尚有六月。恐不可言末。小功旣言末。又言卒哭。則末非卒哭明矣。下
言父小功之末。則上文大功之末。是據己身而言。舊說。父及己身俱在大功之末。或
小功之末。恐亦未然。下殤之小功。自期服而降。以本服重。故不可冠娶也。○取。去聲。凡弁絰其衰
侈袂。弁絰之服。弔服也。首著素弁而加以一股環絰。其服有三等。錫衰緦衰疑衰也。侈。大也。袂之小者。二尺二寸。此三尺三寸。父有服。宮中子不與於樂。母有
服。聲聞焉。不舉樂。妻有服。不舉樂於其側。大功將至。辟琴瑟。小功至。不絕樂。宮中子。與父同宮之子也。命士以上乃異
宮。不與於樂。謂在外見樂。不觀不聽也。若與宮則否。此亦謂服之輕者。如重服。則子亦有服。可與樂乎。聲之所聞。又加近矣。其側則尤近者也。輕重之節如此。大功將至。謂有大功喪服者將來也。
爲之屏退琴瑟。亦助之哀戚之意。小功者輕。故不爲之止樂。○與。去聲。聞。去聲。辟。婢亦切。爲。去聲。屏。上聲。姑姊妹其夫死而夫黨無兄弟。使夫之族人
主喪。妻之黨雖親弗主。夫若無族矣。則前後家。東西家。無有。則里尹主之。或曰。主之而附於夫之
黨。此明姑姊妹死而無夫無子者。喪必有主。婦人於本親降服。以其成於外族也。故本族不可主其喪。里尹。蓋閭胥里宰之屬也。或以爲妻黨主之。而祔祭於其祖姑。此非也。故記者并著之。
麻者不紳。執玉不麻。麻不加於采。麻。謂喪服之絰也。紳。大帶也。吉凶異道。居喪以絰代大帶也。執玉不麻。謂著衰絰者。不得執玉行禮也。采。玄纁之衣也。○疏曰
按聘禮。已國君薨。至於主國。衰而出。註云。可以凶服將事。蓋受主君小禮。得以凶服。若聘享大事。則必吉服也。國禁哭則止。朝夕之奠。卽位自因也。國有大祭
祀。則喪者不敢哭。然朝奠夕奠之時。自卽其阼階下之位。而因仍禮節之故事以行也。童子哭不偯。不踊。不杖。不菲。不廬。偯。委曲之聲也。菲草屨也。廬。倚廬也。
童子爲父後者則杖。○菲。扶味切。孔子曰。伯母叔母。疏衰。踊不絕地。姑姊妹之大功。踊絕於地。如知此者。由文矣
哉。由文矣哉。伯叔母之齊衰。服重而踊不離地者。其情輕也。姑姊妹之大功。服輕而踊必離地者。其情重也。孔子美之。言知此絕地不絕地之情者。能用禮文矣哉。○鄭氏曰。伯
母叔母。義也。姑姊妹。骨肉也。○離。去聲。泄柳之母死。相者由左。泄柳死。其徒由右相。由右相。泄柳之徒爲之也。悼公
弔有若之喪。而子游擯由左。則由右相者非禮也。此記失禮所自始。○相。去聲。天子飯九貝。諸侯七。大夫五。士三。飯。含也。貝。水物。古者以爲貨。士喪禮。貝三。
實于笄。周禮。天子飯含用玉。此蓋異代之制乎。士三月而葬。是月也卒哭。大夫三月而葬。五月而卒哭。諸侯五月而葬。

七月而卒哭。士三虞。大夫五。諸侯七。疏曰。大夫以上位尊。念親哀情於時長遠。士職卑位下。禮數未伸。諸侯使人弔。其次含襚賵臨。皆同日而畢事者也。其次如此也。諸侯薨。鄰國遣使來。先弔。次含。次襚。次賵。次臨。四者之禮。一日畢行。詳見上篇。卿大夫疾。君問之無算。士壹問之。君於卿大夫。比葬不食肉。比卒哭不舉樂。爲士。比殯不舉樂。喪大記云。三問。此云無算。或恩義如師保之類乎。或三問者。君親往。而無算者。遣使乎。士有疾。君問之惟一次。卑賤也。比。及也。○比音畀。爲去聲。使去聲。升正柩。諸侯執綍五百人。四綍皆銜枚。司馬執鐸。左八人。右八人。匠人執羽葆御柩。大夫之喪。其升正柩也。執引者三百人。執鐸者左右各四人。御柩以茅。升正柩者。將葬柩朝祖廟。升西階。用輁軸載柩于兩楹閒而正之也。柩有四綍。校形似箸。兩端有小繩。銜于口而繫于頸後。則不能言。所以止諠譁也。五百人皆用之。司馬十六人執鐸。分居左右夾柩。以號令於衆也。葆形如蓋。以羽爲之。御柩者。在柩車之前。若道塗有低昂傾虧。則以所執者爲抑揚左右之節。使執綍者知之也。引。即綍。互言之耳。茅。以茅爲麾也。○引。去聲。孔子曰。管仲鏤簋而朱紘。旅樹而反坫。山節而藻梲。賢大夫也。而難爲上也。鏤簋。簋有雕鏤之飾也。紘。冕之飾。天子朱。諸侯青。大夫士緇。旅。道也。樹。屏也。立屏當所行之路以蔽內外也。反坫。反爵之坫也。土爲之。在兩楹閒。山節。刻山於柱頭之斗栱也。藻。水草。藻梲。畫藻於梁上之短柱也。難爲上。言僭上也。○坫音店。梲音拙。屏上聲。晏平仲祀其先人。豚肩不揜豆。賢大夫也。而難爲下也。君子上不僭上。下不偪下。大夫祭用少牢。不合用豚。肩在俎不在豆。此但喻其極小。謂併豚兩肩亦不能揜豆耳。難爲下。言偪下也。婦人非三年之喪。不踰封而弔。如三年之喪。則君夫人歸。夫人其歸也。以諸侯之弔禮。其待之也。若待諸侯然。夫人至。入自闈門。升自側階。君在阼。其他如奔喪禮然。三年之喪。父母之喪也。女嫁者爲父母期。此以本親言也。踰封。越疆也。言國君夫人奔父母之喪。用諸侯弔禮。主國待之。亦用待諸侯之禮。闈門。非正門。宮中往來之門也。側階非正階。東房之房階也。此皆異於女賓。主國君在阼階上。不降迎也。奔喪禮。謂哭踊髽麻之類。○髽。側瓜切。嫂不撫叔。叔不撫嫂。撫。死而撫其尸也。嫂叔宜遠嫌。故皆不撫。○遠。去聲。君子有三患。未之聞。患弗得聞也。既聞之。患弗得學也。既學之。患弗能行也。君子有五恥。居其位。無其言。君子恥之。有其言。無其行。君子恥之。既得之而又失之。君子恥之。地有餘而民不足。君子恥之。衆寡均而倍焉。君子恥之。三患。言爲學之君子。五恥。言爲政之君子也。居位而無善言之可聞。是不能講明政事。一恥也。有言無行。是言行不相顧。二恥也。始以有德而進。今以無德而退。三恥也。不能撫民。使之逃散。四恥也。國有功役。已與彼眾寡相等。而彼之功績倍於已。是不能作與率勵其下。五恥也。○行。去聲。孔子曰。凶年則乘駑馬。祀以下牲。周禮。校人六馬。曰種馬。戎馬。齊
馬。道馬。田馬。駑馬。駑馬其最下者。下牲。如常祭用太牢者降用少牢。少牢者降用特牲。特豕者降用特豚之類。以年凶故貶損也。王制云。凡祭豐年不奢。凶年不儉。與此不同。未詳。恤由之
喪。哀公使孺悲之孔子學士喪禮。士喪禮於是乎書。鄭氏曰。時人轉而僭上。士之喪禮已廢矣。孔子以教孺悲。國人乃復書而存之。子貢
觀於蜡。孔子曰。賜也樂乎。對曰。一國之人皆若狂。賜未知其樂也。子曰。百日之蜡。一日之澤。非爾
所知也。蜡祭見郊特牲。若狂言飲酒醉甚也。未知其樂言醉無禮儀。方且可惡。何樂之有。孔子言百日勞苦而有此蜡。農民終歲勤動。今僅使之爲一日飲酒之歡。是乃人君之恩澤。非爾
所知言其義大也。○蜡音乍。樂音洛。惡去聲。張而不弛。文武弗能也。弛而不張。文武弗爲也。一張一弛。文武之道也。張。張
絃也。弛。落絃也。孔子以弓喻民。謂弓之爲器。久張而不弛。則力必絕。久弛而不張。則體必變。猶民久勞苦而不休息。則其力憊。久休息而不勞苦。則其志逸。弓必有時而張。有時而弛。民必有時而
勞。有時而息。文武弗能言雖文王武王亦不能爲治也。一於逸樂則不可。故言文武弗爲。孟獻子曰。正月日至。可以有事於上帝。七月日至。可
以有事於祖。七月而禘。獻子爲之也。獻子。魯大夫仲孫蔑。正月。周正建子之月也。日至。冬至也。有事上帝。郊祭也。七月。建午之月也。日至。夏至也。有事於祖。禘
祭也。明堂位云。季夏六月。以禘禮祀周公於太廟。蓋夏正建巳之月。郊用冬至。禮之當然。此言獻子變禮用七月禘祭。然不言自獻子始。而但言獻子爲之。蓋一時之事耳。夫人之不
命於天子。自魯昭公始也。昭公娶吳爲同姓。不敢告天子。天子亦不命之。後遂以爲常。此記魯失禮之由。○疏曰。天子命畿外諸侯夫人。若畿內諸侯夫人及卿大
夫之妻。則玉藻註云。天子諸侯命其臣。后夫人亦命其妻也。外宗爲君夫人。猶內宗也。疏曰。外宗者謂君之姑姊妹之女及舅之女及從母皆是也。內宗者君五
屬內之女。內宗爲君服斬衰。爲夫人齊衰。此云猶內宗也。則齊斬皆同君夫人者。是國人所稱號。此外宗。謂嫁在國中者。若國外。當云諸侯也。古者大夫不外娶。故君之姑姊妹嫁於國內大
夫爲妻。是其正也。諸侯不內娶。故舅女及從母不得在國中。凡內外宗皆據有爵者。其無服而嫁於諸臣。從爲夫之君者。內外宗皆然。若嫁於庶人。則亦從其夫爲國君服齊衰三月者。亦內
外宗皆然。○又按儀禮喪服疏云。外宗有三。周禮外宗之女有爵。通卿大夫之妻。一也。雜記註謂君之姑姊妹之女舅之女從母皆是。二也。若姑之子婦。從母之子婦。其夫是君之外親。爲君
服斬。其婦亦名外宗。爲君服期。三也。內宗有二。周禮內女之有爵。謂同姓之女悉是。一也。雜記註。君之五屬之內女。二也。○爲去聲。從去聲。廄焚。孔子拜鄉人爲火
來者。拜之士壹。大夫再。亦相弔之道也。鄭氏曰。宗伯職曰。以弔禮哀禍災。○爲去聲。孔子曰。管仲遇盜。取二人焉。上
以爲公臣。曰其所與遊辟也。可人也。管仲死。桓公使爲之服。宦於大夫者之爲之服也。自管仲

始也。有君命焉爾也。管仲遇羣盜。簡取二人而薦進之。使爲公家之臣。且曰。爲其所與交遊者是邪僻之人。故相誘爲盜爾。此二人本是堪可之人。可任用也。其後管仲

死。桓公使此二人爲管仲服。記者言仕於大夫而爲之服自此始。以君命不可違也。蓋於禮違大夫而之諸侯。不爲大夫反服。桓公之意。蓋不忘管仲之舉賢也。○上上聲。辟音俾。爲去聲。

過而舉君之諱則起。與君之諱同。則稱字。過。失誤也。舉。猶稱也。起。起立也。失言不自安。故起立。示改變之意。諸臣之名或與君之諱同。則稱字也。

內亂不與焉。外患弗辟也。內亂。謂本國禍難也。言卿大夫在國。若同僚中有謀作亂者。力能討。則討之。力不能討。則謹自畏避。不得干與。其或寇患在外。如鄰國來

攻。或夷狄侵擾。則不可逃避。當盡力捍禦。死義可也。○與去聲。辟音避。難去聲。贊大行曰。圭。公九寸。侯伯七寸。子男五寸。博三寸。厚半

寸。剡上左右各寸半。玉也。藻三采六等。贊大行。古禮書篇名也。其書必皆贊說大行人之職事。今記者引之。故云贊大行曰。子男執璧。非圭也。記者失

之。博三寸。圭也。厚半寸。圭璧各厚半寸也。剡上。削殺其上也。藉玉者以韋衣板。而藻畫朱白蒼三色爲六行。故曰藻三采六等也。○殺去聲。行音杭。哀公問子羔曰。子之

食奚當。對曰。文公之下執事也。問其先人始仕食祿。當何君時。文公至哀公七君。成廟則釁之。其禮。祝宗人宰夫雍人

皆爵弁純衣。雍人拭羊。宗人祝之。宰夫北面于碑南。東上。雍人舉羊升屋自中。中屋南面。刲羊。

血流于前。乃降。門夾室皆用雞。先門而後夾室。其衈皆於屋下。割雞。門當門。夾室中室。有司皆

鄉室而立。門則有司當門北面。既事。宗人告事畢。乃皆退。反命于君曰。釁某廟事畢。反命于寢。

君南鄉于門內朝服。既反命。乃退。宗廟初成。以牲血塗釁之。尊神明之居也。爵弁。士服也。純衣。玄衣纁裳也。拭羊。拭之使淨潔也。宗人祝之。其辭未聞。碑。麗牲之

碑也。在廟之中庭。升屋自中。謂由屋東西之中而上也。門。廟門也。夾室。東西廂也。門與夾室各一雞。凡三雞也。亦升屋而割之。衈者。未刲羊割雞之時。先滅耳旁毛以薦神。耳主聽。欲神聽之也。廟

則在廟之屋下。門與夾室。則亦在門與夾室之屋下也。門。則當門屋之中。夾室。則當夾室屋之中。故云門當門。夾室中室也。有司。宰夫祝宗人也。宗人告事畢。告于宰夫也。宰夫爲攝主。反命于寢。

其時君在路寢也。○純音緇。刲音奎。衈音二。鄉去聲。朝音潮。路寢成。則考之而不釁。釁屋者。交神明之道也。疏曰。考之者。謂盛饌以落之。庾蔚云。

落謂與賓客燕會。以酒食澆落之。卽歡樂之義也。凡宗廟之器。其名者成。則釁之以豭豚。名者。有名之器。若尊彝之屬也。豭豚。牡豚也。○豭音加。

諸侯出夫人。夫人比至于其國。以夫人之禮行。至。以夫人入。使者將命曰。寡君不敏。不能從而

事社稷宗廟。使使臣某敢告於執事。主人對曰。寡君固前辭不敎矣。寡君敢不敬須以俟命。有

司官陳器皿。主人有司亦官受之。出夫人有罪而出之還本國也。在道至人。猶以夫人禮者。致命其國。然後義絕也。將命者。謙言寡君不敏。不能從夫人以事宗廟社稷。而不斥言夫人之罪。答言前辭不教。謂納采時固嘗以此爲辭矣。○疏曰。有司官陳器皿者。使者使從已來有司之官陳夫人嫁時所齎器皿之屬以還主國也。主人有司亦官受之者。主國亦使有司官領受之也。並云官者。明付受悉如法也。○比音畀。使者使臣。使並去聲。

妻出。夫使人致之曰。某不敏。不能從而共粢盛。使某也敢告於侍者。主人對曰。某之子不肖。不敢辟誅。敢不敬須以俟命。使者退。主人拜送之。如舅在則稱舅。舅沒則稱兄。無兄則稱夫。主人之辭曰。某之子不肖。如姑姊妹亦皆稱之。遣妻必命由尊者。故稱舅稱兄。兄謂夫之兄也。此但言夫致之之辭。未聞舅與兄致之之辭也。上文已有主人對辭。下文因姑姊妹。故重言。對言某之姑不肖。或某之姊不肖。或某之妹不肖。故云亦皆稱之也。○共音供。使者使去聲。辟音避。

孔子曰。吾食於少施氏而飽。少施氏食我以禮。吾祭。作而辭曰。疏食不足。祭也。吾飧。作而辭曰。疏食也。不敢以傷吾子。少施氏。魯惠公子施父之後。作而辭。起而辭謝也。疏食。麤疏之食也。飧。以飲澆飯也。禮食竟更作三飧以助飽實。不敢以傷吾子者。言麤疏之飯。不可强食以致傷害也。○少去聲。食我疏食食音嗣。飧音孫。父音甫。强上聲。

納幣一束。束五兩。兩五尋。此謂昏禮納徵也。一束十卷也。八尺爲尋。每五尋爲匹。從兩端卷至中。則五匹爲五箇兩卷矣。故曰束五兩。○鄭氏曰。四十尺謂之匹。猶匹偶之匹。言古人每匹作兩箇卷子。

婦見舅姑。兄弟姑姊妹皆立于堂下。西面北上。是見已。見諸父各就其寢。立于堂下。則婦之入也。已過其前。此卽是見之矣。不復各特見之也。諸父旁尊。故明日各詣其寢而見之。○見音現。下同。復扶又切。

女雖未許嫁。年二十而笄。禮之。婦人執其禮。燕則鬈首。疏曰。十五許嫁而笄。若未許嫁。至二十而笄。以成人禮言之。婦人執其禮者。十五許嫁而笄。則王婦及女賓爲笄禮。主婦爲之著笄。女賓以醴禮之。未許嫁而笄者。則婦人禮之。無主婦女賓。不備儀也。燕則鬈首者。謂既笄之後。尋常在家燕居。則去其笄而分髮爲鬌紒也。此爲未許嫁。故雖已笄。猶爲少者處之。○鬈音拳。著入聲。去上聲。少去聲。處上聲。鬌音垂。紒音計。

韠長三尺。下廣二尺。上廣一尺。會去上五寸。紕以爵韋六寸。不至下五寸。純以素。紃以五采。疏曰。韠。韍也。會領縫也。韠旁緣謂之紕。下緣曰純。紃。條也。謂以五采之條置於諸縫之中。詳見玉藻。○長廣並去聲。會音膾。紕音毗。純音準。紃音旬。縫。緣。並去聲。

禮記卷之八

喪大記第二十二

疾病。外內皆埽。君大夫徹縣。士去琴瑟。寢東首於北牖下。廢牀。徹褻衣。加新衣。體一人。男女改服。屬纊以俟絕氣。男子不死於婦人之手。婦人不死於男子之手。病。疾之甚也。以賓客將來候問。故埽潔所居之內外。若君與大夫之病。則徹去樂縣。士則去琴瑟。東首於北牖下者。東首。向生氣也。按儀禮宮廟圖無北牖。而西北隅謂之屋漏。以天光漏入而得名。或者北牖指此乎。古人病將死。則廢牀而置病者於地。以始生在地。庶其生氣復反而得活。及死。則復舉尸而置之牀上。手足爲四體。各一人持之。爲其不能自屈伸也。男女皆改服。亦擬賓客之來也。貴者朝服。庶人深衣。纊。新綿也。屬之口鼻。觀其動否。以驗氣之有無也。男子不死於婦人之手。婦人不死於男子之手。惡其褻也。○埽。去聲。縣。音玄。章內並同。去。上聲。首。去聲。屬。音燭。爲。其爲。去聲。朝。音潮。惡。去聲。君夫人卒於路寢。大夫世婦。卒於適寢。內子未命。則死於下室。遷尸于寢。士之妻皆死于寢。諸侯與夫人皆有三寢。君正者曰路寢。餘二曰小寢。夫人一正寢。二小寢。卒當於正處也。大夫妻曰命婦。而云世婦者。世婦乃國君之次婦。其尊卑與命婦等。故兼言之。內子。卿妻也。下室。燕處之所。又燕寢亦曰下室也。士之妻皆死于寢。謂士與其妻。故云皆也。士喪禮云死于適室。此云寢。寢室通名也。○適。音的。章內並同。燕處。處。上聲。復。有林麓。則虞人設階。無林麓則狄人設階。復。始死升屋招魂也。虞人。掌林麓之官。階。梯也。狄人。樂吏之賤者。死者封疆內若有林麓。則使虞人設梯以升屋。其官職卑下。不合有林麓者。則使狄人設之。以其掌設簨簴。或便於此。○簨。音筍。簴。音巨。小臣復。復者朝服。君以卷。夫人以屈狄。大夫以玄赬。世婦以襢衣。士以爵弁。士妻以稅衣。皆升自東榮。中屋履危。北面三號。捲衣投于前。司服受之。降自西北榮。小臣。君之近臣也。君以卷。謂上公用衮服也。循其等而用之。則侯伯用鷩冕之服。子男用毳冕之服。上公之夫人用褘衣。侯伯夫人用揄狄。子男夫人用屈狄。此言君以衮。舉上以見下也。夫人以屈狄。舉下以知上也。赬。赤色。玄赬。玄衣纁裳也。世婦。大夫妻。言世婦者。大夫妻與世婦同用襢衣也。褘衣而下六服。說見前篇。爵弁。指爵弁服而言。非用弁也。六冕則以衣名冠。四弁則以冠名衣也。榮屋翼也。天子諸侯屋皆四注。大夫以下。但前簷後簷而已。翼在屋之兩頭。似翼。故名屋翼也。中屋。當屋之中也。履危。立于高峻之處。蓋屋之脊也。三號者。一號於上。冀魂自天而來。一號於下。冀魂自地而來。一號於中。冀魂自天地四方之間而來。其辭則皐某復也。皐。長聲也。三號畢。乃捲斂此衣。自前投而下。司服者以篋受之。復之小臣。卽自西北榮而下也。○朝。音潮。卷。音衮。屈。音闕。赬。尺貞切。襢。知彥切。稅。音彖。號。平聲。其爲賓。則公館復。私館不復。其在野。則升其乘車之左轂而復。說見曾子問及雜記。

○乘去聲復衣不以衣尸不以斂婦人復不以袡凡復男子稱名婦人稱字唯哭先復復而後行死事士喪禮復衣初用以覆尸浴則去之此言不以衣尸謂不用以襲也以絳緣衣之下曰袡蓋嫁時盛服非事鬼神之衣故不用以復也○衣尸衣去聲袡如占切先去聲始卒主人啼兄弟哭婦人哭踊啼者哀痛之甚嗚咽不能哭如嬰兒失母也兄弟情稍輕故哭有聲婦人之踊似雀之跳足不離地問喪篇云爵踊是也○離去聲既正尸子坐于東方卿大夫父兄子姓立于東方有司庶士哭于堂下北面夫人坐于西方內命婦姑姊妹子姓立于西方外命婦率外宗哭于堂上北面此言國君之喪正尸遷尸於牖下南首也姓猶生也子姓子所生謂眾子孫也內命婦子婦世婦之屬姑姊妹君之姑姊妹子姓君女孫也外命婦卿大夫之妻也外宗謂姑姊妹之女大夫之喪主人坐于東方主婦坐于西方其有命夫命婦則坐無則皆立士之喪主人父兄子姓皆坐于東方主婦姑姊妹子姓皆坐于西方凡哭尸于室者主人二手承衾而哭承衾而哭猶若致其親近扶持之情也謂初死時○疏曰君與大夫位尊故坐者殊其貴賤士位下故坐者等其尊卑君之喪未小斂為寄公國賓出大夫之喪未小斂為君命出士之喪於大夫不當斂則出寄公諸侯失國而寄託鄰國者也國賓他國來聘之卿大夫也出出迎也為君命出謂君有命及門則出也檀弓云大夫弔當事而至則辭焉辭告也故不當斂時則亦出迎雜記云大夫至絕踊而拜之者亦謂斂後也○為去聲凡主人之出也徒跣扱衽拊心降自西階君拜寄公國賓于位大夫於君命迎于寢門外使者升堂致命主人拜于下士於大夫親弔則與之哭不逆於門外徒跣者未著喪屨吉屨又不可著也扱衽者扱深衣前襟於帶也拊心擊心也曲禮云升降不由阼階拜寄公國賓于位者寄公位在門西國賓位在門東主人於庭各向其位而拜之也士喪禮云賓有大夫則特拜之即位于西階下東面不踊○扱音插拊音撫夫人為寄公夫人出命婦為夫人之命出士妻不當斂則為命婦出婦人不下堂此謂自房而出拜於堂上也○為去聲小斂主人即位于戶內主婦東面乃斂卒斂主人馮之踊主婦亦如之主人袒說髦括髮以麻婦人髽帶麻于房中徹帷男女奉尸夷于堂降拜檀弓云小斂于戶內馮之踊者馮尸而踊也髦幼時翦髮為之年雖成人猶垂于兩邊若父死脫左髦母死脫右髦親沒不髦謂此也髽亦用麻如男子括髮以麻也帶麻麻帶也謂婦人要絰小斂畢即徹去先所設帷堂之帷諸侯大夫之禮賓出乃徹帷此言士禮耳夷陳也小斂竟相者舉尸出戶往陳于堂而孝子男女親屬竝扶捧之也降拜適子下堂而拜賓也○馮音憑章內並同說音脫髽側瓜

切。奉上聲。要平聲。去上聲。相去聲。適音的。君拜寄公國賓大夫士。句拜卿大夫於位。於士旁三拜。夫人亦拜寄公夫人於堂上。大夫內子士妻。特拜命婦。氾拜衆賓於堂上。君謂遭喪之嗣君也。寄公與國賓入弔。固拜之矣。其於大夫士也。卿大夫則拜之於位。士則旁三拜而已。旁謂不正向之也。士有上中下三等。故共三拜。大夫士皆先君之臣。俱當服斬。今以小斂畢而出庭列位。故嗣君出拜之。夫人亦拜寄公夫人於堂上矣。其於卿大夫之內子士之妻。則亦拜之。但內子與命婦則人人各拜之。衆賓則士妻也。氾拜之而已。亦旁拜之比也。○氾音泛。主人即位。襲帶經踊。母之喪。即位而免。乃奠。弔者襲裘加武帶經。與主人拾踊。主人拜賓後。即阼階下之位。先拜賓時袒。今拜畢。乃掩襲其衣。而加要帶首經。乃踊。士喪禮。先踊乃襲經。此諸侯禮。故先襲經乃踊也。母喪降於父。拜賓竟而即位。以免代括髮之麻。免而襲經。至大斂乃成踊也。乃奠者。謂小斂奠。弔者小斂後來。則掩襲裘上之楊衣。加素弁於吉冠之武。武冠下卷也。帶經者。要帶首經。有朋友之恩。則加帶與經。無朋友之恩。則無帶。惟經而已。拾踊更踊也。○免音問。拾其劫切。要平聲。更平聲。君喪。虞人出木角。狄人出壺。雍人出鼎。司馬縣之。乃官代哭。大夫官代哭不縣壺。士代哭不以官。虞人。主山澤之官。出木爲薪。以供爨鼎。蓋冬月恐漏水。冰凍也。角。斞水之斗。狄人。樂吏也。主挈壺漏水之器。故出壺。雍人主烹飪。故出鼎。司馬夏官卿也。其屬有挈壺氏。司馬自臨視其縣。此漏器乃官代哭者。未殯哭不絕聲。爲其不食疲倦。故以漏器分時刻。使官屬以次依時相代。而哭聲不絕也。士代哭不以官者。親疏之屬。與家人自相代也。君堂上二燭。下二燭。大夫堂上一燭。下二燭。士堂上一燭。下一燭。疏日。有喪則於中庭終夜設燎。至曉滅燎。而日光未明。故須燭以照祭饌也。古者未有蠟燭。呼火炬爲燭也。賓出徹帷。小斂畢即徹帷。士禮也。此君與大夫之禮。小斂畢。下階拜賓。賓出乃徹帷也。哭尸于堂上。主人在東方。由外來者在西方。諸婦南鄉。婦人哭位本在西而東面。今以奔喪者由外而來。合居尸之西。故退而近北以鄉南也。○鄉音向。婦人迎客送客不下堂。下堂不哭。男子出寢門外見人不哭。堂以內至房。婦人之事。堂以外至門。男子之事。非其所而哭。非禮也。此言小斂後。男主女主迎送弔賓之禮。婦人於敵者固不下堂。若君夫人來弔。則主婦下堂至庭。稽顙而不哭也。男子於敵者之弔亦不出門。若有君命而出迎。亦不哭也。其無女主。則男主拜女賓于寢門內。其無男主。則女主拜男賓于阼階下。子幼。則以衰抱之。人爲之拜。爲後者不在。則有爵者辭。無爵者人爲之拜。在竟內則俟之。在竟外則殯葬可也。喪有無後。無無主。爲後者不在。謂以事故在外也。此時若有喪事。而弔賓及門。其爲後者是有爵之人。則辭以攝主無爵。不敢拜賓。若此爲後者是無爵之人。則攝主代之拜賓可也。出而在國境之內。則俟其還乃殯葬。若在境外。則當殯即殯。殯後又不得歸。而及葬期。則葬之可也。無後。不過巳自絕嗣而已。無主則闕於賓禮。故可無後。不可無主也。○衰音催。爲去聲。竟音境。君之喪三日。子夫人杖。五日既殯。授大夫世婦杖。子大夫寢門之外杖。寢門之內輯之。夫人世婦在其次則杖。即位則使人執之。子有王命則去杖。國君之命則輯杖。聽卜有事於尸則去杖。大夫於君所則輯杖。於大夫所則杖。子兼適庶及世子也。寢門殯宮門也。輯。斂也。謂舉之不以拄地也。子大夫廬在寢門外。得拄杖而行至寢門。子與大夫幷言者。據禮。大夫隨世子以入。子杖則大夫輯。子輯則大夫去杖。故下文云。大夫於君所則輯杖也。此言大夫特來。不與子相隨。故云門外杖。門內輯。若庶子之杖。則不得持入寢門也。夫人世婦居次在房內。有王命至則世子去杖。以尊王命也。有鄰國君之命則輯杖者。下成君也。聽卜。卜葬卜日也。有事於尸。虞與卒哭及祔之祭也。於大夫所則杖者。諸大夫同在門外之位。同是爲君。故並得以杖拄地而行也。○輯音集。去上聲。適音的。大夫之喪。三日之朝既殯。主人主婦室老皆杖。大夫有君命則去杖。大夫之命則輯杖。內子爲夫人之命去杖。爲世婦之命授人杖。大夫有君命。此大夫指爲後子而言。世婦君之世婦也。○去上聲。爲去聲。士之喪。二日而殯。三日之朝主人杖。婦人皆杖。於君命夫人之命如大夫。於大夫世婦之命如大夫。如大夫。謂去杖輯杖授人杖。三者輕重之節也。子皆杖。不以即位。大夫士哭殯則杖。哭柩則輯杖。棄杖者。斷而棄之於隱者。子。凡庶子。不獨言大夫士之庶子也。不以杖即位。避適子也。哭殯則杖。哀勝敬也。哭柩啓後也。輯杖。敬勝哀也。獨言大夫士者。天子諸侯尊。子不敢以杖入殯宮門。故哭殯哭柩皆去杖也。杖於喪服爲重。大祥棄之。必斷截使不堪他用。而棄於幽隱之處。不使人褻賤之也。○斷音短。適音的。始死。遷尸于牀。幠用斂衾。去死衣。小臣楔齒用角柶。綴足用燕几。君大夫士一也。病困時遷尸于地。冀其復生。死則舉而置之牀上也。幠。覆也。斂衾。擬爲大斂之衾也。先時徹褻衣而加新衣以死。今覆以衾而去此死時之新衣也。楔。拄也。以角爲柶。長六寸。兩頭屈曲。爲將含恐口閉。故以柶拄齒令開而受含也。尸應著屨。恐足辟戾。故以燕几拘綴之。令直也。○幠音呼。去上聲。楔先結切。柶音四。綴音拙。覆去聲。爲將爲去聲。令平聲。著入聲。管人汲。不說繘屈之。盡階不升堂。授御者。御者入浴。小臣四人抗衾。御者二人浴。浴水用盆。沃水用枓。浴用絺巾。挋用浴衣。如他日。小臣爪足。浴餘水棄于坎。其母之喪。則內御者抗衾而浴。管人。主館舍者。汲。汲水以供浴事也。繘。汲水缾上索也。急遽不暇解脫此索。但縈屈而執於手。水從西階升。盡等而不上堂。授與御者。抗衾。舉衾以蔽尸也。此浴水用盆盛之。乃用枓酌盆水以沃尸。以絺爲巾。蘸水以去尸之垢。挋。拭也。浴衣。生時所用以浴者。用之以拭尸令乾也。如他日者。如生時也。爪足。浴竟而翦尸足之爪甲也。浴之餘水。棄之坎中。此坎是甸人取土爲竈所掘之坎。內御者。婦人也。○說音脫。繘音聿。枓音主。挋音震。管人汲。授御者。御者差沐

于堂上。君沐粱。大夫沐稷。士沐粱。甸人爲垼于西牆下。陶人出重鬲。管人受沐。乃煮之。甸人取
所徹廟之西北厞薪。用爨之。管人授御者沐。乃沐。沐用瓦盤。挋用巾。如他日。小臣爪手翦須。濡
濯棄于坎。此言尸之沐。差。猶摩也。謂淅粱或稷之瀋汁以沐髮也。君與士同用粱者。士卑不嫌於僭上也。垼。塊竈也。將沐時。甸人之官。取西牆下之土爲塊竈。陶人作瓦器之官也。
重鬲。縣重之罌。瓦缾也。受三升。管人受沐汁於堂上之御者。而下往西牆於垼竈鬲中煮之。令溫。甸人爲竈畢。卽往取復者所徹正寢西北厞。以爨竈煮沐汁。謂正寢爲廟。神之也。舊說。厞是
屋簷。謂抽取屋西北之簷。一說。西北隅厞。隱處之薪也。用瓦盤以貯此汁也。挋用巾以巾拭髮及面也。爪手。翦手之爪甲也。濡。濡煩撋其髮也。濯。不淨之汁也。○差。七何切。垼。音役。重。平聲。鬲。音
歷。厞。扶味切。濡乃亂切。濯。音棹。君設大盤造冰焉。大夫設夷盤造冰焉。士併瓦盤無冰。設牀襢第。有枕。含一牀。
襲一牀。遷尸于堂又一牀。皆有枕席。君大夫士一也。大盤造冰。納冰於大盤中也。夷盤小於大盤。夷。猶尸也。併。並也。瓦盤小。故併設之。無
冰。盛水也。冰在下。設牀於上。襢。單也。去席而袒露第簀。尸在其上。使寒氣得通。免腐壞也。含襲遷尸三節。各自有牀。此謂沐浴以後。襲斂以前之事。○造。七到切。併。步頂切。襢。音展。第。音滓。
君之喪。子大夫公子衆士皆三日不食。子大夫公子衆士食粥。納財。朝一溢米。莫一溢米。食之
無算。士疏食水飲。食之無算。夫人世婦諸妻皆疏食水飲。食之無算。納財。謂有司供納此米也。鄭註。財。穀也。謂米由穀出
故言財。一溢。二十四分升之一也。食之無算者。謂居喪不能頓食。隨意欲食則食。但朝莫不過此二溢之米也。疏食。粗飯也。○莫。音暮。疏食。食。音嗣。餘如字。下五節並同。大夫之喪。
主人室老子姓皆食粥。衆士疏食水飲。妻妾疏食水飲。士亦如之。室老。家臣之長。子姓。孫也。衆士。室老之下也。士亦如之。謂
士之喪。亦子食粥。妻妾疏食水飲也。既葬。主人疏食水飲。不食菜果。婦人亦如之。君大夫士一也。練而食菜果。祥
而食肉。食粥於盛。不盥。食於篹者盥。食菜以醯醬。始食肉者。先食乾肉。始飲酒者。先飲醴酒。盛杯
杅之器也。篹。竹筥也。杯杅盛粥。歠之以口。故不用盥手。飯在篹。須手取而食之。故當盥手也。○盛。平聲。篹。息管切。乾。音干。期之喪。三不食。食疏食水飲。不食
菜果。三月既葬。食肉飲酒。期終喪。不食肉。不飲酒。父在。爲母爲妻。九月之喪。食飲猶期之喪也。
食肉飲酒。不與人樂之。不與人樂之。言不以酒肉與人共食爲歡樂也。與。舊音預。非。○疏曰。期喪三不食。謂大夫士旁期之喪。正服則二日不食。見閒傳。○爲。去聲。樂
音洛。下節同。五月三月之喪。壹不食。再不食。可也。比葬。食肉飲酒。不與人樂之。叔母。世母。故主。宗子。

食肉飲酒。一不食三月之喪也。再不食五月之喪也。故主舊君也。大夫本稱主。○比音畀。不能食粥。羹之以菜可也。有疾。食肉飲酒可也。五十不成喪。七十唯衰麻在身。不成喪。謂不備居喪之禮節也。既葬。若君食之則食之。大夫父之友食之則食之矣。不辟粱肉。若有酒醴則辭。君食之。食臣也。大夫食之。食士也。父友。父同志者。此並是尊者食卑者。故雖粱肉不避。酒醴見顏色。故當辭。○君食食音嗣。辟音避。見音現。

小斂於戶內。大斂於阼。君以簟席。大夫以蒲席。士以葦席。簟席。竹席也。

小斂布絞。縮者一。橫者三。君錦衾。大夫縞衾。士緇衾。皆一衾十有九稱。君陳衣于序東。大夫士陳衣于房中。皆西領北上。絞紟不在列。此明小斂之衣衾。絞。既斂所用以束尸使堅實者。從者在橫者之上。從者一幅。橫者三幅每幅之末。析為三片。以便結束。皆一者。君大夫士皆一衾。衾在絞之上。天數終於九。地數終於十。故十有九稱也。袍。夾衣。衣裳。單衣。故註云。單複具曰稱。紟。單被也。不在列。不在十九稱之數也。○絞音爻。稱去聲。下節同。紟。其鴆切。從音踪。

大斂布絞。縮者三。橫者五。布紟二衾。君大夫士一也。君陳衣于庭。百稱。北領西上。大夫陳衣于序東。五十稱。西領南上。士陳衣于序東。三十稱。西領南上。絞紟如朝服。絞一幅為三。不辟。紟五幅無紞。此明大斂之事。縮者三。謂一幅直用。裂其兩頭為三片也。橫者五。謂以布二幅。分裂作六片。而用五片橫於直者之下也。紟。一說在絞下用以舉尸。一說在絞上。未知孰是。二衾者。小斂一衾。大斂又加一衾也。如朝服。其布如朝服十五升也。絞一幅為三不辟者。一幅兩頭分為三段。而中不擘裂也。紟五幅。用以舉尸者。無紞。謂被頭不用組紐之類為識別也。又按士沐粱及陳衣與士喪禮不同。舊說此為天子之士。○辟音百。紞。都敢切。

小斂之衣。祭服不倒。君無襚。大夫士畢主人之祭服。親戚之衣。受之不以即陳。小斂君大夫士皆用複衣複衾。大斂君大夫士祭服無算。君褶衣褶衾。大夫士猶小斂也。小斂十九稱。不悉著於身。但取其方。故有領在下者。惟祭服尊。故必領在上也。君無襚。謂悉用已衣。不用他人襚送者。大夫士盡用已衣然後用襚。言祭服舉尊美者言之也。親戚所襚之衣。雖受之而不以陳列。複衣。複衾。衣衾之有綿纊者。祭服無算。隨所有皆用。無限數也。褶衣。褶衾。衣衾之裌者。君衣尚多。故大斂用裌衣衾。大夫士猶用小斂之複衣複衾也。○複音幅。褶音牒。著入聲。

袍必有表。不襌。衣必有裳。謂之一稱。袍。衣之有著者。乃褻衣也。必須有禮服以表其外。不可襌露。衣與裳亦不可偏有。如此乃成稱也。○襌音丹。稱去聲。著上聲。

凡陳衣者實之篋。取衣者亦以篋。升降者自西階。凡陳衣不詘。非列采不入。絺綌紵不入。陳衣者實之篋。自篋中取而陳之也。取衣。收取襚者所委之衣也。不詘。舒而不卷也。非列采。謂間色雜色也。斂尸者。當暑亦用袍。故絺綌與紵布皆不入也。○詘音屈。

凡斂者袒。遷尸者襲。執小斂大

斂之事者。其事煩。故必袒以取便。遷尸入柩。則其事易矣。故不袒。君之喪。大胥是斂。衆胥佐之。大夫之喪。大胥侍之。衆胥是斂。士之喪。胥爲侍。士是斂。胥讀爲祝者。以胥是樂官。不掌喪事也。周禮。大祝之職。大喪贊斂。喪祝卿大夫之喪掌斂。士喪禮。商祝主斂。故知當爲祝。侍。猶臨也。○大。音泰。胥。音祝。

小斂大斂。祭服不倒。皆左衽。結絞不紐。疏曰。衽。衣襟也。生向右。左手解抽帶便也。死則襟向左。示不復解也。結絞不紐者。生時帶並爲屈紐。使易抽解。死時無復解義。故絞束畢結之不爲紐也。斂者既斂必哭。士與其執事則斂。斂焉則爲之壹不食。凡斂者六人。與其執事。謂相助凡役也。舊說。謂與此死者。平生共執事。則不至褻惡死者。故以之斂。未知是否。○與。去聲。相。惡。並去聲。

君錦冒黼殺。綴旁七。大夫玄冒黼殺。綴旁五。士緇冒赬殺。綴旁三。凡冒質長與手齊。殺三尺。自小斂以往用夷衾。夷衾質殺之裁猶冒也。冒者。韜尸之二囊。上曰質。下曰殺。先以殺韜足而上。後以質韜首而下。君質用錦。殺畫黼文。故云錦冒黼殺也。其制縫合一頭。又縫連一邊。餘一邊不縫。兩囊皆然。綴旁七者。不縫之邊。上下安七帶。綴以結之也。上之質從頭而下。其長與手齊。殺則自下而上。其長三尺也。小斂有此冒。故不用衾。小斂以後。則用夷衾覆之。夷。尸也。裁。猶製也。夷衾與質殺之制。皆爲覆冒尸形而作也。舊說。夷衾亦上齊手。下三尺。緇色及長短制度。如冒之質殺。○殺。色介切。赬。尺貞切。裁。去聲。覆。去聲。

君將大斂。子弁絰。即位于序端。卿大夫即位于堂廉楹西。北面東上。父兄堂下北面。夫人命婦尸西東面。外宗房中南面。小臣鋪席。商祝鋪絞紟衾衣。士盥于盤上。士舉遷尸于斂上。卒斂。宰告。子馮之踊。夫人東面亦如之。弁絰素弁上加環絰。未成服故也。序。謂東序。端。序之南頭也。堂廉。堂基南畔廉棱之上也。楹南近堂廉者。父兄堂下北面。謂諸父諸兄之不仕者。以賤故在堂下。外宗見雜記下。小臣鋪席絞紟衾鋪于席上。士。商祝之屬也。斂上。卽斂處也。卒斂宰告。太宰告孝子以斂畢也。馮之踊者。馮尸而起踊也。

大夫之喪。將大斂。既鋪絞紟衾衣。君至。主人迎。先入門右。巫止于門外。君釋菜。祝先入升堂。君即位于序端。卿大夫即位于堂廉楹西。北面東上。主人房外南面。主婦尸西東面。遷尸。卒斂。宰告。主人降北面于堂下。君撫之。主人拜稽顙。君降。升主人馮之。命主婦馮之。君釋菜。禮門神也。宰告。亦告主人以斂畢也。君撫之。撫尸也。主人拜稽顙。謝君之恩禮也。升主人馮之。君使主人升堂馮尸也。命。亦君命之。

士之喪。將大斂。君不在。其餘禮猶大夫也。其餘禮。如鋪衣列位等事。鋪絞紟踊。鋪衾踊。鋪衣踊。遷尸踊。斂衣踊。斂衾踊。斂絞紟踊。此踊之節也。動尸舉柩。哭踊無數。不在此節。

君撫大夫。撫內命婦。大夫撫室老。撫姪娣。撫。以手按之也。內命婦。君之世婦也。大夫內命婦皆貴。故君自撫之。以下則不撫也。室老。貴臣。姪娣。貴妾。故大夫撫之也。古者諸侯一娶九女。二國各以女媵之。爲娣姪以從。大夫內子亦有姪娣。姪者。兄之子。娣。女弟也。娣尊姪卑。士昏禮雖無娣媵。先言姪。若無娣。猶先媵。士有娣媵。則大夫有可知矣。○姪音迭。君大夫馮父母妻長子。不馮庶子。士馮父母妻長子庶子。庶子有子。則父母不馮其尸。凡馮尸者。父母先。妻子後。父母先妻子後。謂尸之父母妻子也。尊者先馮。卑者後馮。○疏曰。君大夫之庶子。雖無子。並不得馮。君於臣撫之。父母於子執之。子於父母馮之。婦於舅姑奉之。舅姑於婦撫之。妻於夫拘之。夫於妻於昆弟執之。馮尸不當君所。凡馮尸。興必踊。撫之者。當尸之心胷處撫按之也。執之者執持其衣。馮之者。身俯而馮之。奉之者。捧持其衣。拘之者。微牽引其衣。皆於心胷之處。不當君所者。假令君已撫心。則餘人馮者必少避之。不敢當君所撫之處也。馮尸之際。哀情切極。故起必爲踊以泄哀也。○奉上聲。拘音俱。令平聲。父母之喪。居倚廬。不塗。寢苫枕凷。非喪事不言。君爲廬宮之。大夫士襢之。疏曰。倚廬者。於中門外東牆下倚木爲廬也。不塗者。但以草夾障。不以泥塗飾之也。寢苫。臥於苫也。枕凷。枕土塊也。爲廬宮之者。廬外以帷障之。如宮牆也。襢。袒也。其廬袒露。不以帷障之也。○苫始占切。枕去聲。凷古塊字。襢音展。既葬柱楣。塗廬不於顯者。君大夫士皆宮之。柱楣者。先時倚木於牆以爲廬。葬後哀殺。稍舉起其木。柱之於楣以納日光。略寬容也。又於內用泥以塗之。而免風寒。不於顯者。不塗廬外顯處也。皆宮之。不襢也。○柱音主。殺去聲。凡非適子者。自未葬以於隱者爲廬。疏曰。既非喪主。故於東南角隱映處爲廬。經雖云未葬。其實葬竟亦然也。既葬與人立。君言王事。不言國事。大夫士言公事。不言家事。君既葬。王政入於國。既卒哭而服王事。大夫士既葬。公政入於家。既卒哭。弁絰帶。金革之事無辟也。不言國事家事。禮之經也。既葬政入以下。禮之權也。弁絰帶。謂素弁加環絰。而帶則仍是要絰也。大夫士弁絰。則國君亦弁絰也。君言服王事。則此亦服國事也。○辟音避。既練居堊室。不與人居。君謀國政。大夫士謀家事。既祥黝堊。祥而外無哭者。禫而內無哭者。樂作矣故也。堊室在中門外。練後服漸輕。可以謀國政。謀家事也。祥。大祥也。黝。治堊室之地令黑。堊。塗堊室之壁令白。皆稍致其飾也。祥後中門外不哭。故曰祥而外無哭者。禫則門內亦不復哭。故曰禫而內無哭者。所以然者。以樂作故也。○上堊鳥各切。黝於糾切。下堊鳥故切。禫而從御。吉祭而復寢。從御。鄭氏謂御婦人。杜預謂從政而御職事。杜說近是。蓋復寢。乃復其平時婦人當御之寢耳。吉祭。四時之常祭也。禫祭後值吉祭同月。則吉祭畢而復寢。若禫祭不值當吉祭之月。則踰月而吉祭乃復寢也。孔氏以下文不御於內爲證。故從鄭說。又按閒傳。言既祥復寢者。謂大祥後復殯宮之寢。與此復寢異。期居廬。終喪不御於內者。父在爲母爲妻。齊衰期者。大功布衰九月者。皆三月不

御於內。婦人不居廬。不寢苫。喪父母既練而歸。期九月者既葬而歸。喪父母。謂婦人有父母之喪也。既練而歸。練後乃歸
夫家也。女子出嫁爲祖父母及爲父後之兄弟皆期服。九月者。謂本是期服而降在大功者。此皆哀殺。故葬後即歸也。公之喪。大夫俟練。士卒哭而歸。雜記
曰。大夫次於公館以終喪。士練而歸。言大夫士爲國君喪之禮也。此言公者。家臣稱有地之大夫爲公也。有地大夫之喪。其大夫與士治其采地者。皆來奔喪。大夫則俟小祥而反其所治。士
則待卒哭而反其所治也。○采音菜。大夫士父母之喪。既練而歸。朔日忌日則歸哭于宗室。諸父兄弟之喪。既卒
哭而歸。命士以上。父子皆異宮。庶子爲大夫士。而遭父母之喪。殯宮在適子家。既練。各歸其宮。至月朔與死之日。則往哭于宗子之家。謂殯宮也。諸父兄弟期服輕。故卒哭即歸也。
父不次於子。兄不次於弟。疏曰。喪畢。故尊者不居其殯宮之次也。君於大夫世婦大斂焉。爲之賜則小斂焉。於外
命婦。既加蓋而君至。於士既殯而往。爲之賜大斂焉。君於大夫及內命婦之喪。而視其大斂。常禮也。若爲之加恩賜。則視其小斂也。外命
婦乃臣之妻。其恩輕。故君待其大斂入棺加蓋之後。而後至也。士雖卑。亦宜有恩賜。故亦視其大斂。○爲並去聲。下節同。夫人於世婦大斂焉。爲之賜。小斂
焉。於諸妻爲之賜大斂焉。於大夫外命婦既殯而往。疏曰。諸妻。姪娣及同姓女也。同士禮。故賜大斂。若夫人姪娣尊同世婦。當賜小斂。已
上言君夫人視之皆有常禮。而爲之賜則加禮也。大夫士既殯而君往焉。使人戒之。主人具殷奠之禮。俟于門外。見馬
首先入門右。巫止于門外。祝代之先。君釋菜于門內。祝先升自阼階。負墉南面。君即位于阼。小
臣二人執戈立于前。二人立于後。擯者進。主人拜稽顙。君稱言。視祝而踊。主人踊。大夫士之喪。君或以他故
不及斂者。則殯後亦往。先使告戒主人使知之。主人具盛饌之奠。身自出候於門外。見君車前之馬首。入立于門東北面。巫本在君之前。今巫止不入。祝乃代巫先君而入。君釋菜以禮門神之時。
祝先由東階以升。負墉南面者。在房戶之東。背壁而向南也。主人拜稽顙者。以君之臨喪。故於庭中北面拜而稽顙也。君稱言者。君擧其所來之言。謂弔辭也。祝相君之禮。稱言畢而視祝。故君視
祝而踊。君踊畢。主人乃踊也。大夫則奠可也。士則出俟于門外。命之反奠。乃反奠。卒奠。主人先俟于門外。君退。
主人送于門外。拜稽顙。若君所臨是大夫喪。則踊畢即釋此殷奠于殯可也。若是士喪。則主人卑。不敢留君待奠。故先出俟于門。謂君將去也。君使人命其反而奠乃反奠。
奠畢。主人又先俟于門外。君去即拜以送也。奠畢出俟。大夫與士皆然。君於大夫疾。三問之。在殯三往焉。士疾。一問之。在殯一往焉。
君弔則復殯服。殯後主人已成服。而君始來弔。主人則還著殯時未成服之服。蓋苴絰免布深衣也。不散帶。故小記云。君弔雖不當免時也。主人必免。不散麻。一則不敢謂君之弔

後踐又且以君來。故新其禮也。夫人弔於大夫士。主人出迎于門外。見馬首。先入門右。夫人入升堂卽位。主婦降自西階。拜稽顙于下。夫人視世子而踊。奠如君至之禮。夫人退。主婦送于門內。拜稽顙。主人送于大門之外不拜。夫人弔。則主婦爲喪主。故主婦之待夫人。猶主人之待君也。世子。夫人之世子也。夫人來弔。則世子在前道引。其禮如視之道君。故夫人視世子而踊也。主人送而不拜者。喪無二主。主婦已拜。主人不當拜也。○道。去聲。大夫君不迎于門外。入卽位于堂下。主人北面。衆主人南面。婦人卽位于房中。若有君命。命夫命婦之命。四鄰賓客。其君後主人而拜。大夫之臣。亦以大夫爲君。故曰大夫君也。言此大夫君之弔。其臣喪也。主人不迎于門外。此君入而卽堂下之位。位在阼階下西向。主人在其位之南面北面也。此大夫君來弔之時。若有本國之君命。或有國中大夫及命婦之命。或鄰國卿大夫遣使來弔者。此大夫君必代主人拜命及拜賓。以喪用尊者主其禮故也。然此君終不敢如國君專代爲主。必以主人在已後。待此君拜竟。主人復拜也。○石梁王氏曰。後主人者。已在前拜。使主人陪後。君弔。見尸柩而后踊。前章旣殯而君往。是不見尸柩也。乃視祝而踊。此言見尸柩而后踊。似與前文異。舊說殯而未塗則踊。塗後乃不踊。未知是否。大夫士若君不戒而往。不具殷奠。君退必奠。以君之來告於死者。且以爲榮也。君大棺八寸。屬六寸。椑四寸。上大夫大棺八寸。屬六寸。下大夫大棺六寸。屬四寸。士棺六寸。君。國君也。大棺最在外。屬在大棺之內。椑又在屬之內。是國君之棺三重也。寸數以厚薄而言。○屬音燭。椑音僻。重平聲。君裏棺用朱綠。用雜金鐕。大夫裏棺用玄綠。用牛骨鐕。士不綠。疏曰。裏棺謂以繒貼棺裏也。朱繒貼四方。綠繒貼四角。鐕。釘也。用金釘以琢朱綠著棺也。大夫四面玄。四角綠。士不綠者。悉用玄也。亦用大夫牛骨鐕。○石梁王氏曰。用牛骨爲釘。不可從。○裏音里。鐕。玆甘切。著。入聲。君蓋用漆。三衽三束。大夫蓋用漆。二衽二束。士蓋不用漆。二衽二束。蓋。棺之蓋板也。用漆謂以漆塗其合縫用衽處也。衽束並說見檀弓。○縫去聲。君大夫鬊爪實于綠中。士埋之。鬊。亂髮也。爪。手足之爪甲也。生時積而不棄。今死爲小囊盛之而實于棺內之四隅。故讀綠爲角。四角之處也。士則以物盛而埋之耳。○鬊音舜。綠音角。盛平聲。君殯用輴。欑至于上。畢塗屋。大夫殯以幬。欑置于西序。塗不暨于棺。士殯見衽。塗上帷之。君。諸侯也。輴。盛柩之車也。殯時以柩置輴上。欑猶叢也。叢木于輴之四面至于棺上。畢。盡也。以泥盡塗之。此欑木似屋形。故曰畢塗屋也。大夫之殯不用輴。其棺一面貼西序之壁。而欑其三面。上不爲屋形。但以棺衣覆之。幬。覆也。故言大夫以幬。欑至于西序也。塗不暨于棺者。天子諸侯之欑木廣而去棺遠。大夫欑狹而去棺近。所塗者僅僅不及于棺而已。士殯掘肂以容棺。肂卽坎也。棺在肂中不沒。其蓋縫用衽處。猶在外而可見。其衽以上。亦用木覆而塗之。帷。幃也。貴賤皆有帷。故惟朝夕之哭乃褰舉其帷耳。所以帷者鬼神尚幽闇故也。此章以檀弓參之。制度不同。○輴音春。欑才冠切。幬音燾。

熬君四種八筐。大夫三種六筐。士二種四筐。加魚腊焉。

熬以火熬穀令熟也。熟則香。置之棺旁。使蚍蜉聞香而來食。免侵尸也。四種黍稷稻粱也。每種二筐。三種黍稷粱。二種黍稷也。加魚腊筐同異未聞。○石梁王氏曰。棺旁用熬穀加魚腊不可從。○種上聲。爝炒同。令平聲。

飾棺。君龍帷三池。

疏曰。君諸侯也。帷柳車邊障也。以白布為之。王侯皆畫為龍。故云君龍帷也。池者織竹為籠。衣以青布。挂於柳上荒邊爪端。象宮室承霤。天子四注屋四面承霤。柳亦四池。諸侯屋亦四注。而柳降一池闕後。故三池也。○衣去聲。

振容。

振容者振動容飾也。以青黃之繒長丈餘如幡。畫為雉。懸於池下為容飾。車行則幡動。故曰振容也。

黼荒火三列。黻三列。

荒蒙也。柳車上覆。謂鼈甲也。緣荒邊為白黑斧文。故云黼荒。荒之中央又畫為火三行。故云火三列。又畫兩巳相背為三行。故云黻三列。○黼音甫。黻音弗。緣去聲。行音杭。

素錦褚。加偽荒。

素錦白錦也。褚屋也。荒下用白錦為屋。象宮室也。加帷荒者。帷是邊牆。荒是上蓋。褚覆竟而加帷荒於褚外也。○偽音帷。覆去聲。

纁紐六。

上蓋與邊牆相離。故又以纁帛為紐連之。兩旁各三。凡六也。

齊五采五貝。

齊者臍之義。以當中而言。謂鼈甲上當中形圓如車之蓋。高三尺。徑二尺餘。以五采繒衣之。列行相次。五貝者。又連貝為五行。交絡齊上也。○齊如字。衣去聲。行音杭。

黼翣二。黻翣二。畫翣二。皆戴圭。

翣形似扇。木為之。在路則障車。入椁則障柩。二畫黼。二畫黻。二畫雲氣。六翣之兩角皆戴圭玉也。

魚躍拂池。

以銅魚懸於池之下。車行則魚跳躍上拂於池。魚在振容間也。

君纁戴六。

戴猶值也。用纁帛繫棺紐著柳骨。棺之橫束有三。每一束兩邊各屈皮為紐。三束則六紐。今穿纁戴於紐以繫柳骨。故有六戴也。

纁披六。

亦用絳帛為之。以一頭繫所連柳纁戴之中。而出一頭於帷外。人牽之。每戴繫之。故亦有六也。謂之披者。若牽車登高則引前以防軒車。適下則引後以防飜車。欹左則引右。欹右則引左。使不傾覆也。已上並孔說。○披去聲。下節並同。

大夫畫帷二池。不振容。畫荒火三列。黻三列。素錦褚。纁紐二。玄紐二。齊三采三貝。黻翣二。畫翣二。皆戴綏。魚躍拂池。大夫戴前纁後玄。披亦如之。

畫帷畫為雲氣也。二池。一云兩邊各一。一云前後各一。畫荒亦畫為雲氣也。齊三采絳黃黑也。皆戴綏者。用五采羽作蕤。綴翣之兩角也。披亦如之。謂色及數悉與戴同也。○綏而追切。下節同。

士布帷布荒一池。揄絞。纁紐二。緇紐二。齊三采一貝。畫翣二。皆戴綏。士戴前纁後緇。二披用纁。

布帷布荒。皆白布不畫也。一池在前。揄搖翟也。雉類。青質五色。絞青黃之繒也。畫翟於絞繒在池上。戴當棺束。每束各在兩邊。前頭二戴用纁。後二用緇。二披用纁者。據一邊前後各一披。故云二披。若通兩邊言之。亦四披也。○揄音搖。絞音爻。

君葬用輴。四綍二碑。御棺用羽葆。大夫葬用輴。二綍二碑。御棺用茅。士葬用國車。二綍無碑。比出宮。御棺用功布。

此章二輴字。一國字。註皆讀為輇船音。然以檀弓諸侯輴而設幬言之。則諸侯殯得用輴。豈葬不得用輴乎。今讀大夫葬用輴與國字並作船音。君葬用輴音春。○天子之葬用大輴木爲碑。謂之豐碑。諸侯謂之桓楹。碑綍詳見檀弓。御棺羽葆並見雜記。功布大功之布也。輇車。雜記作輲字。○上輴音春。下輴音船。國音船。比音畀。凡封用綍去碑負引。君封以衡。大夫士以咸。君命毋譁。以鼓封。大夫命毋哭。士哭者相止也。二封字皆讀爲窆。謂下棺也。○疏曰。下棺時。將綍一頭繫棺緘。又將一頭繞碑閒鹿盧。所引之人。在碑外背碑而立。負引者漸漸應鼓聲而下。故云用綍去碑負引也。以衡謂下棺時。別以大木爲衡。貫穿棺束之緘。平持而下。備傾頓也。以緘者以綍直繫棺束之緘而下也。命毋譁。戒止其諠譁也。以鼓封。擊鼓爲負引者縱捨之節也。命毋哭。戒止哭聲也。士則衆哭者自相止而已。○封音窆。引去聲。咸音緘。背音佩。應去聲。君松椁。大夫柏椁。士雜木椁。天子柏椁。故諸侯以松。大夫同於天子者。卑遠不嫌僭也。棺椁之閒。君容柷。大夫容壺。士容甒。柷樂器。形如桶。壺漏水之器。一說。壺甒皆盛酒之器。此言闊狹之度。古者棺外椁內皆有藏器也。○柷昌六切。甒音武。君裏椁虞筐。大夫不裏椁。士不虞筐。疏曰。盧氏雖有鄭云未聞。今不錄解釋。喪大記。

祭法第二十三

祭法。有虞氏禘黃帝而郊嚳。祖顓頊而宗堯。夏后氏亦禘黃帝而郊鯀。祖顓頊而宗禹。殷人禘嚳而郊冥。祖契而宗湯。周人禘嚳而郊稷。祖文王而宗武王。國語曰。有虞氏禘黃帝而祖顓頊。郊堯而宗舜。夏后氏禘黃帝而祖顓頊。郊鯀而宗禹。商人禘嚳而祖契。郊冥而宗湯。周人禘嚳而郊稷。祖文王而宗武王。○石梁王氏曰。此四代禘郊祖宗。諸經無所見。多有可疑。雜以緯書。愈紛錯矣。○劉氏曰。虞夏殷周皆出黃帝。黃帝之曾孫曰帝嚳。堯則帝嚳之子也。黃帝至舜九世。至禹五世。以世次言。堯禹兄弟也。按詩傳。姜嫄生棄爲后稷。簡狄生契爲司徒。稷契皆堯之弟。契至冥六世。至湯十四世。后稷至公劉四世。至大王十三世。四代禘郊祖宗之說。鄭氏謂經文差互。今以成周之禮例而推之。有天下者。立始祖之廟。百世不遷。又推始祖所自出之帝。祭於始祖之廟。而以始祖配之。則虞夏皆當以顓頊爲始祖。而禘黃帝於顓頊之廟。祭天於郊。則皆當以顓頊配也。殷當以契爲始祖。而禘帝嚳於契廟。郊則當以契配也。至於祖有功而宗有德。則舜之曾祖句芒。嘗有功可以爲祖。今既不祖之矣。瞽瞍頑而無德。非所得而宗者。故當祖嚳而宗堯也。蓋舜受天下於堯。堯受之於嚳。故堯授舜。而舜受終于文祖。蘇氏謂即嚳廟也。舜授禹。禹受命于神宗。即堯廟也。即是可以知虞不祖句芒而祖嚳。不宗瞽瞍而宗堯也明矣。先儒謂配天必以始祖。配帝必以父。以此宗字即爲宗祀明堂之宗。故疑舜當宗瞽瞍。不當宗堯。竊意五帝官天下。自虞以上。祖功宗德。當如鄭註尚德之說。三王家天下。則自當祖宗所親。然鯀嘗治水而殛死。有以死勤事之功。非瞽瞍比也。故當爲祖。但亦不當郊耳。冥亦然。由是論之。則經文當云有虞氏禘黃帝而郊顓頊。祖嚳而宗堯。夏后氏亦禘黃帝而郊顓頊。祖鯀而宗禹。殷人禘嚳而郊契。祖冥而宗湯。周人禘嚳而郊稷。祖文王而宗武王。如此則庶乎其無疑矣。大抵祖功宗德之宗。與宗祀明堂之宗不同。祖其有功者。宗其有德者。百世不遷之廟也。宗祀父於明堂以配上帝者。一世而一易。不計其功德之有無也。有虞氏宗祀之禮未聞。借使有之。則宗祀瞽瞍以配帝。自與宗堯之廟不相妨。但虞不傳子。亦無百世不遷之義耳。○今按以此章之宗。爲宗其有德者。自無可疑。但殷有三宗。不惟言宗湯。則未能究其說也。○亶。上聲。契。息列切。大。音泰。句。音勾。**燔柴於泰壇。祭天也。瘞埋於泰折。祭地也。用騂犢。**燔。燎也。積柴於壇上。加牲玉於柴上。乃燎之。使氣達於天。此祭天之禮也。泰壇。即圜丘。泰者。尊之之辭。瘞埋牲幣。祭地之禮也。泰折。即方丘。折。如磬折折旋之義。喻方也。周禮。陽祀用騂牲。陰祀用黝牲。此并言騂犢者。以周人尚赤。而所謂陰祀者。或是他祀歟。○燔音煩。瘞。於滯切。**埋少牢於泰昭。祭時也。相近於坎壇。祭寒暑也。王宮。祭日也。夜明。祭月也。幽宗。祭星也。雩宗。祭水旱也。四坎壇。祭四方也。山林川谷丘陵。能出雲爲風雨。見怪物。皆曰神。有天下者祭百神。諸侯在其地則祭之。亡其地則不祭。**泰昭。壇名也。祭時。祭四時也。相近。當爲祖迎。字之誤也。寒暑一往一來。往者祖送之。來者迎迨之。周禮。仲春晝迎暑。仲秋夜迎寒。則送之亦必有其禮也。坎以祭寒。壇以祭暑。亡其地。謂見削奪也。○方氏曰。天無二日。土無二王。則王有日之象。而宮乃其居也。故祭日之壇曰王宮。日出於晝。月出於夜。則夜爲月之時。而明乃其用也。故祭月之坎曰夜明。幽以言其隱而小也。揚子曰。視日月而知衆星之蔑。故祭星之所則謂之幽宗焉。吁而求雨之謂雩。主祭旱言之耳。兼祭水者。雨以時至。則亦無水患也。幽雩皆謂之宗者。宗之爲言尊也。書曰。禋于六宗。詩曰。靡神不宗。無所不用其尊之謂也。泰壇泰折不謂之宗者。天地之大。不嫌於不尊也。四方。百物之神也。方有四而位則八。若乾位西北。艮位東北。坎位正北。震位正東。皆陽也。坤西南。巽東南。離正南。兌正西。皆陰也。故有坎有壇。而各以四焉。○少。去聲。相。音祖。近。音迎。宗。如字。見。音現。迨。去聲。**大凡生於天地之閒者。皆曰命。其萬物死。皆曰折。人死曰鬼。此五代之所不變也。七代之所更立者。禘郊祖宗。其餘不變也。**五代。唐虞三代也。加顓頊帝嚳爲七代。舊說。五代始黃帝。然未聞黃帝禘郊祖宗之制。恐未然。○方氏曰。人物之生。數有長短。分有小大。莫不受制於天地。故大凡生者曰命。及其死也。物謂之折。言其有所毀也。人謂之鬼。言其有所歸也。不變者。不改所命之名也。更立者。更立所祭之人也。名既當於實。故無事乎變。人既異於世。故必更而立焉。名之不變。止自堯而下者。蓋法成於堯而已。由堯以前。其法未成。其名容有變更也。更立不及於黃帝者。七代同出於黃帝而已。黃帝無統於上。七代更立於下故也。其餘不變者。謂禘郊祖宗之外不變也。若天地日月之類。其庸可變乎。○更。平聲。**天下有王。分地建國。置都立邑。設廟祧壇墠而祭之。乃爲親疏多少之數。**方氏曰。分地建國。置都立邑。所以尊賢也。設廟祧壇墠而祭之。所以親親也。親親不可以無殺。故爲親疏之數焉。尊賢不可以無等。故爲多少之數焉。**是故王立七廟。一壇一墠。**有昭有穆。有祖有考。親疏之數也。以七以五。以三以二。多少之數也。**曰考廟。曰王考廟。曰皇考廟。曰顯考廟。曰祖考廟。皆月祭之。遠廟爲祧。有二祧。享嘗乃止。去祧爲**

壇。去壇爲墠。壇墠有禱焉祭之。無禱乃止。去墠曰鬼。

七廟。三昭三穆。與太祖爲七也。一壇一墠者。七廟之外。又立壇墠各一。起土爲壇。除地曰墠也。考廟。父廟也。王考。祖也。皇考。曾祖也。顯考。高祖也。祖考。始祖也。始祖百世不遷。而高曾祖禰以親。故此五廟。皆每月一祭也。遠廟爲祧。言三昭三穆之當遞遷者。其主藏於二祧也。古者祧主藏於太祖廟之東西夾室。至周則昭之遷主皆藏文王之廟。穆之遷主皆藏武王之廟也。此不在月祭之例。但得四時祭之耳。故云享嘗乃止。去祧爲壇者。言世數遠。不得於祧處受祭。故云去祧也。祭之則爲壇。其又遠者。亦不得於壇受祭。故云去壇也。祭之則爲墠。然此壇墠者。必須有祈禱之事則行此祭。無祈禱則止。終不祭之也。去墠則又遠矣。雖有祈禱。亦不及之。故泛然名之曰鬼而已。○今按此章曰王立七廟。而以文武不遷之廟爲二祧以足其數。則其實五廟而已。若商有三宗。則爲四廟乎。壇墠之主。藏於祧而祭於壇墠。猶之可也。直謂有禱則祭。無禱則止。則大祫升毁廟之文。何用乎。又宗廟之制。先儒講之甚詳。未有舉壇墠爲言者。周公三壇同墠。非此義也。又諸儒以周之七廟。於共王之時。夫以周公制作如此其盛。而宗廟之制。顧乃下同列國。吾知其必不然矣。然則朱子然劉歆之說。豈無見乎。鄭註此章。謂祫乃祭之。蓋亦覺記者之失矣。

諸侯立五廟。一壇一墠。曰考廟。曰王考廟。曰皇考廟。皆月祭之。顯考廟。祖考廟。享嘗乃止。去祖爲壇。去壇爲墠。壇墠有禱焉祭之。無禱乃止。去墠爲鬼。

諸侯太祖之廟。始封之君也。月祭三廟。下於天子也。顯考祖考四時之祭而已。去祖爲壇者。高祖之父。雖遷主寄太祖之廟。而不得於此受祭。若有祈禱。則去太祖之廟而受祭於壇也。去壇而受祭於墠。則高祖之祖也。

大夫立三廟二壇。曰考廟。曰王考廟。曰皇考廟。享嘗乃止。顯考祖考無廟。有禱焉爲壇祭之。去壇爲鬼。

大夫三廟。有廟而無主。其當遷者。亦無可遷之廟。故有禱則祭於壇而已。然墠輕於壇。今二壇而無墠者。以太祖雖無廟。猶重之也。去壇爲鬼。謂高祖若在遷去之數。則亦不得受祭於壇。祈禱亦不得及也。

適士二廟一壇。曰考廟。曰王考廟。享嘗乃止。皇考無廟。有禱焉爲壇祭之。去壇爲鬼。

適士。上士也。天子上中下之士。及諸侯之上士。皆得立二廟。○適音的。章內並同。

官師一廟。曰考廟。王考無廟而祭之。去王考爲鬼。

官師者。諸侯之中士下士。爲一官之長者。得立一廟。祖禰共之。曾祖以上。若有所禱。則就廟薦之而已。以其無壇也。

庶士庶人無廟。死曰鬼。

庶士。府史之屬。死曰鬼者。謂雖無廟。亦得薦之於寢也。王制云。庶人祭於寢。

王爲羣姓立社。曰大社。王自爲立社。曰王社。諸侯爲百姓立社。曰國社。諸侯自爲立社。曰侯社。大夫以下成羣立社。曰置社。

疏曰。大社在庫門之內右。王社所在。書傳無文。崔氏云。王社在藉田。王所自祭以供粢盛。國社亦在公宮之右。侯社在藉田。置社者。大夫以下包士庶。成羣聚而居滿百家以上。得立社。爲眾特置。故曰置社。○方氏曰。王有天下。故曰羣姓。諸侯有一國。故曰百姓而已。天子曰兆民。諸侯曰萬民。亦此之意。○爲。去聲。下節同。大。音泰。

王爲羣姓立七祀。曰司

命。曰中霤。曰國門。曰國行。曰泰厲。曰戶。曰竈。王自爲立七祀。諸侯爲國立五祀。曰司命。曰中霤。曰國門。曰國行。曰公厲。諸侯自爲立五祀。大夫立三祀。曰族厲。曰門。曰行。適士立二祀。曰門。曰行。庶士庶人立一祀。或立戶。或立竈。司命見周禮。中霤門行戶竈見月令。泰厲古帝王之無後者。公厲古諸侯之無後者。族厲古大夫之無後者。左傳云。鬼有所歸。乃不爲厲。以其無所歸。或爲人害。故祀之。又按五祀之文。散見經傳者非一。此言七祀三祀二祀 祀之說。殊爲可疑。曲禮。大夫祭五祀。註言殷禮。王制。大夫祭五祀。註謂有地之大夫。皆未可詳。王下祭殤五。適子。適孫。適曾孫。適玄孫。適來孫。諸侯下祭三。大夫下祭二。適士及庶人祭子而止。方氏曰。玄孫之子爲來者。以其世數雖遠。方來而未已也。以尊祭卑。故曰下祭。○石梁王氏曰。庶殤全不祭。恐非。夫聖王之制祭祀也。法施於民則祀之。以死勤事則祀之。以勞定國則祀之。能禦大菑則祀之。能捍大患則祀之。此五者。所當祭祀也。下文可見。是故厲山氏之有天下也。其子曰農。能殖百穀。夏之衰也。周棄繼之。故祀以爲稷。厲山氏。一云烈山氏。炎帝神農也。其後世子孫有名柱者。能殖百穀。作農官。因名農。見國語。棄見舜典。稷。穀神也。共工氏之霸九州也。其子曰后土。能平九州。故祀以爲社。左傳言共工氏以水紀官。在炎帝之前。太昊之後。社。土神也。○共音恭。帝嚳能序星辰以著眾。序星辰。知推步之法也。著眾。謂使民占星象而知休作之候也。堯能賞。句均刑法。句以義終。能賞當其功也。均刑法當其罪也。以義終。禪位得人也。○當禪並去聲。舜勤眾事而野死。巡狩而崩也。○石梁王氏曰。舜死蒼梧之說不可信。鄭氏謂因征有苗。尤不可信。鯀鄣鴻水而殛死。禹能脩鯀之功。鄣。壅塞之也。脩者。繼其事而改正之。○石梁王氏曰。祀禹非祀鯀也。○鄣音章。黃帝正名百物以明民共財。顓頊能脩之。正名百物者。立定百物之名也。明民。使民不惑也。共財。供給公上之賦斂也。○共音恭。斂去聲。契爲司徒而民成。司徒。教官之長。民成。化民成俗也。冥勤其官而水死。冥。即玄冥也。月令。冬之神。水死未聞。湯以寬治民而除其虐。書曰。克寬克仁。又言代虐以寬。文王以文治。武王以武功去民之菑。此皆有功烈於民者也。陳氏曰。自農棄至堯。句黃帝至契。法施於民者也。舜鯀與冥。以死勤事者也。禹脩鯀功。以勞定國者也。湯除其虐。文武之去民菑。能禦大菑。能捍大患者也。○去上聲。菑音災。及夫日月星辰。民所瞻仰也。山林川谷丘陵。民所取財用也。非此族也。不在祀典。族。類也。祀典。祭祀之典籍。

祭義第二十四

祭不欲數。數則煩。煩則不敬。祭不欲疏。疏則怠。怠則忘。是故君子合諸天道。春禘。秋嘗。霜露旣降。君子履之。必有悽愴之心。非其寒之謂也。春。雨露旣濡。君子履之。必有怵惕之心。如將見之。樂以迎來。哀以送往。故禘有樂而嘗無樂。王制言天子諸侯宗廟之祭。春礿。夏禘。秋嘗。冬烝。註云。夏殷之祭名。周則春祠夏禴秋嘗冬烝也。郊特牲饗禘有樂而食嘗無樂。禘。讀爲禴。然則此章二禘字。亦皆當讀爲禴也。但祭統言大嘗禘。升歌清廟。下管象。與那詩言庸鼓有斁。萬舞有奕。下云顧予烝嘗。是殷周秋冬之祭。不可言無樂也。此與郊特牲皆云無樂。未詳。○鄭氏曰。迎來而樂。樂親之將來也。送去而哀。哀其享否不可知也。○方氏曰。於雨露言春。則知霜露之爲秋矣。霜露言非其寒。則雨露爲非其溫之謂矣。雨露言如將見之。則霜露爲如將失之矣。蓋春夏所以迎其來。秋冬所以送其往也。○數。音朔。禘。音禴。愴。初亮切。食。音嗣。樂親之樂。去聲。

致齊於內。散齊於外。齊之日。思其居處。思其笑語。思其志意。思其所樂。思其所嗜。齊三日。乃見其所爲齊者。五其字。及下文所爲。皆指親而言。○疏曰。先思其粗。漸思其精。故居處在前。樂嗜居後。○齊。音齋。散。上聲。處。上聲。樂。五教切。爲。去聲。

祭之日。入室。僾然必有見乎其位。周還出戶。肅然必有聞乎其容聲。出戶而聽。愾然必有聞乎其歎息之聲。入室。入廟室也。僾然。彷彿之貌。見乎其位。如見親之在神位也。周旋出戶。謂薦俎酌獻之時。行步周旋之閒。或自戶內而出也。肅然。儆惕之貌。容聲。舉動容止之聲也。愾然。太息之聲也。○僾。音愛。見。音現。還。音旋。愾。苦代切。

是故先王之孝也。色不忘乎目。聲不絕乎耳。心志嗜欲不忘乎心。致愛則存。致愨則著。著存不忘乎心。夫安得不敬乎。君子生則敬養。死則敬享。思終身弗辱也。致愛。極其愛親之心也。致愨。極其敬親之誠也。存。以上文三者不忘而言。著。以上文見乎其位以下三者而言。不能敬。則養與享。祗以辱親而已。○養。去聲。

君子有終身之喪。忌日之謂也。忌日不用。非不祥也。言夫日志有所至而不敢盡其私也。忌日。親之死日也。不用。不以此日爲他事也。非不祥。言非以死爲不祥而避之也。夫日。猶此日也。志有所至者。此心極於念親也。不敢盡其私。此私字。如不有私財之私。言不敢盡心於己之私事也。

唯聖人爲能饗帝。孝子爲能饗親。饗者。鄉也。鄉之。然後能饗焉。是故孝子臨尸而不怍。君牽牲。夫人奠盎。君獻尸。夫人薦豆。卿大夫相君。命婦相夫人。齊齊乎其敬也。愉愉乎其忠也。勿勿諸其欲其饗之也。臨尸不怍。則其鄉親之心。致愛致愨可知矣。奠盎。設盎齊之奠也。齊齊。整肅之貌。愉愉其忠。有和順之實也。勿勿。猶切切也。諸。語辭。猶然也。○鄉。去聲。相。去聲。齊。如字。

文王之祭也。事死者如事生。思死者如不欲生。忌日必哀。稱諱如見親。祀之忠也。如見親之所愛。如欲色然。其文王與。詩云。明發不寐。有懷二人。文王之詩也。祭之明日。明發不寐。饗而致之。又從而思之。祭之日。樂與哀半。饗之必樂。已至必哀。如不欲生。似欲隨之死也。宗廟之禮。上不諱下。故有稱諱之時。如祭高祖。則不諱曾祖以下也。如欲色然。言其想像親平生所愛之物。如見親有欲之之色也。詩小雅小宛之篇。明發。自夜至光明開發之時也。詩本謂宣王永懷文王武王之功烈。此借以喻文王念父母之勤耳。文王之詩言此詩足以咏文王也。饗之必樂。迎其來也。已至而禮畢則往矣。故哀也。○與平聲。樂音洛。

仲尼嘗。奉薦而進。其親也愨。其行也趨趨以數。已祭。子贛問曰。子之言祭。濟濟漆漆然。今子之祭。無濟濟漆漆。何也。子曰。濟濟者。容也遠也。漆漆者。容也自反也。容以遠。若容以自反也。夫何神明之及交。夫何濟濟漆漆之有乎。反饋樂成。薦其薦俎。序其禮樂。備其百官。君子致其濟濟漆漆。夫何慌惚之有乎。夫言豈一端而已。夫各有所當也。嘗。秋祭也。奉薦而進。進於尸也。親。身自執事也。愨。謹貌。趨趨。讀爲促促。行步迫狹也。數。舉足頻也。皆不事威儀之貌。子貢待祭畢。以夫子所嘗言者爲問。蓋怪其今所行與昔所言異也。夫子言濟濟者。衆盛之容也。遠也。言非所以接親親也。漆漆者。專致之容也。自反。猶言自脩整也。若。及也。容之疏遠。及容之自反者。夫何能交於神明乎。我之自祭。何可有濟濟漆漆乎。言以誠愨爲貴也。若言天子諸侯之祭。尸初在室。後出在堂。更反入而設饋作樂。旣成。主人薦其饋食之豆。與牲體之俎。先時則致敬以交於神明。至此則序禮樂。備百官。獻酬往復。凡助祭之君子。各以威儀相尚。而致其濟濟漆漆之容。當此之際。何能有思念慌惚交神之心乎。各有所當。言各有所主。謂濟濟漆漆。乃宗廟中賓客之容。非主人之容也。主人之事親。宜愨而趨數也。○趨音促。數音朔。濟上聲。漆音切。當去聲。

孝子將祭。慮事不可以不豫。比時具物。不可以不備。虛中以治之。比時。及時也。謂當行禮之時。具物。陳設器饌之屬。虛中。清明在躬。心無雜念也。○比音畀。

宮室旣脩。牆屋旣設。百官旣備。夫婦齊戒沐浴。奉承而進之。洞洞乎。屬屬乎。如弗勝。如將失之。其孝敬之心至也與。薦其薦俎。序其禮樂。備其百官。奉承而進之。於是諭其志意。以其慌惚以與神明交。庶或饗之。庶或饗之。孝子之志也。洞洞屬屬。見禮器。兩言奉承而進之。上謂主人。下謂助祭者。諭其志意。祝以孝告也。○勝平聲。與平聲。

孝子之祭也。盡其愨而愨焉。盡其信而信焉。盡其敬而敬焉。盡其禮而不過失焉。進退必敬。如親聽命。則或使之也。盡其愨而爲愨。盡其信而爲信。盡其敬而爲敬。言無一毫之不致其極也。禮有常經。不可以私意爲隆殺。故曰盡其禮而不過失焉。進退之閒。其敬心之所存。如親聆父母之命而若有使之者。亦前章著存之意。○殺。去聲。孝子之祭可知也。其立之也敬以詘。其進之也敬以愉。其薦之也敬以欲。退而立。如將受命。已徹而退。敬齊之色不絕於面。孝子之祭也。立而不詘。固也。進而不愉。疏也。薦而不欲。不愛也。退立而不如受命。敖也。已徹而退。無敬齊之色。而忘本也。如是而祭。失之矣。方氏曰。孝子之祭可知者。言觀其祭。可以知其心也。立之者。方待事而立也。進之者。既從事而進也。薦之者。奉物而薦也。退而立者。進而復退也。已徹而退者。既薦而後徹也。蓋退而立。則少退而立。已徹而退。則於是乎退焉。此其所以異也。立之敬以詘。則身之屈而爲之變焉。故立而不詘。固也。進之敬以愉。則色之愉而致其親焉。故進而不愉。疏也。薦之敬以欲。則心之欲而冀其享焉。故薦而不欲。不愛也。退而立。如將受命。則順聽而無所怨焉。故退立而不如受命。敖也。已徹而退。敬齊之色。不絕於面。則愼終如始矣。故已徹而退。無敬齊之色。而忘本也。○詘音屈。齊。如字。敖音傲。爲。去聲。孝子之有深愛者。必有和氣。有和氣者。必有愉色。有愉色者。必有婉容。孝子如執玉。如奉盈。洞洞屬屬然。如弗勝。如將失之。嚴威儼恪。非所以事親也。成人之道也。和氣。愉色。婉容。皆愛心之所發。如執玉。如奉盈。如弗勝。如將失之。皆敬心之所存。愛敬兼至。乃孝子之道。故嚴威儼恪。使人望而畏之。是成人之道。非孝子之道也。○奉。上聲。勝。平聲。

先王之所以治天下者五。貴有德。貴貴。貴老。敬長。慈幼。此五者。先王之所以定天下也。貴有德。何爲也。爲其近於道也。貴貴。爲其近於君也。貴老。爲其近於親也。敬長。爲其近於兄也。慈幼。爲其近於子也。是故至孝近乎王。至弟近乎霸。至孝近乎王。雖天子必有父。至弟近乎霸。雖諸侯必有兄。先王之教。因而弗改。所以領天下國家也。應氏曰。仁以事親。而廣其愛。極其至。則王者以德行仁之心也。義以從兄。而順其序。極其至。則霸者以禮明義之舉也。孝弟之根本立乎一家。王霸之功業周乎天下。雖未能盡王霸之能事。而亦近之矣。天子至尊。內雖致睦於兄弟。而族人不敢以長幼齒之。故所尊者惟父。而諸侯特言有兄。道渾全無迹。德純實有方。蓋以人行道而有得於身也。故曰近之矣。○石梁王氏曰。王孝霸弟。此非孔子之言。○劉氏曰。道之理一而德之分殊。人之有德者。未必皆能盡道之大全也。然曰有德。則亦違道不遠矣。此德之所以近道也。○爲。王。並去聲。

子曰。立愛自親始。教民睦也。立敬自長始。教民順也。教以慈睦。而民貴有親。教以敬長。而民貴用命。孝以事親。順以聽命。錯諸天下。無所不行。此言愛敬二道。爲齊家治國平天下之本。君自愛其親以教民睦。則民皆貴於有親。君自敬其長以教民順。則民皆貴於用上命。愛敬盡於事親事長。而德教加於百姓。舉而措之而已。○錯音措。

郊之祭

也。喪者不敢哭。凶服者不敢入國門。敬之至也。吉凶異道。不得相干。祭之日。君牽牲。穆答君。卿大夫序從。
既入廟門。麗于碑。卿大夫袒。而毛牛尚耳。鸞刀以刲。取膟膋。乃退。爓祭。祭腥而退。敬之至也。祭之
日謂祭宗廟之日也。父爲昭。子爲穆。穆答君。言君牽牲之時。子姓對君共牽也。卿大夫佐幣。士
奉芻。以次序在牲之後。故云序從也。麗牲之碑。在廟之中庭。麗猶繫也。謂以牽牲之紖。繫于碑
之孔也。袒衣。示有事也。將殺牲。則先取耳旁毛。以薦神。毛以告全。耳以主聽。欲神聽之也。以耳
毛爲上。故云尚耳也。鸞刀。膟膋並見前篇。乃退。謂薦毛血膟膋畢而暫退也。爓祭。祭湯中所爓
之肉也。祭腥。祭生肉也。爓腥之祭畢。則禮終而退矣。此皆敬心之
極至也。○從。去聲。刲。音奎。膟。音律。膋。力凋切。爓。徐廉切。奉。上聲。郊之祭。大報天而主日。配以
月。夏后氏祭其闇。殷人祭其陽。周人祭日以朝及闇。道之大原出于天。而懸象著明。莫大乎日月。故郊以報天。而日以主神。制禮之意深
遠矣。○方氏曰。郊雖以報天。然天則尊而無爲。可祀之以其道。不可主之以其事。故止以日爲
之主焉。猶之王燕飲則主之以大夫。王嫁女則主之以諸侯而已。有其祀。必有其配。故又配以
月也。猶祭社則配以句龍。祭稷則配以周棄焉。闇者。日既沒而黑。夏尚黑。故祭其闇。陽者。日方
中而白。殷尚白。故祭其陽也。日初出而赤。將落亦赤。周尚赤。故祭以朝及闇。及者。未至於闇。蓋
日將落時也。祭日。謂祭之日也。○闇。音暗。祭日於壇。祭月於坎。以別幽明。以制上下。祭日於東。祭月於西。以別外內。
以端其位。日出於東。月生於西。陰陽長短。終始相巡。以致天下之和。終始相巡。止是終始往來。周回不息之義。不必讀爲
沿也。○方氏曰。壇之形則圓而無所虧。以象日之無所虧而盈也。坎之形則虛而有所受。以象
月之有所受而明也。壇高而顯。坎深而隱。一顯一隱。所以別陰陽之幽明。一高一深。所以制陰
陽之上下。東動而出。西靜而入。出則在外。入則反內。故東西所以別陰陽之外內。東爲陽中。西
爲陰中。中則得位。故東西所以端陰陽之位。別幽明之道。然後能制上下之分。別外內之所。然
後能端陰陽之位。言之序所以如此。且壇坎者。人爲之形。東西者。天然之方。出於人爲。故言制。
出於天然也。故言以端其位而已。日出於東。言其象出於天地之東也。月生於西。言其明生於
輪郭之西也。此又復明祭日月於東西之意也。日言出於東。則知爲入於西。堯典。於東曰寅賓
出日。於西曰寅餞納日者。以此。月言生於西。則知爲死於東。揚雄言未望則載魄於西。既望則
終魄於東者。以此。日之出入也。歷朝夕晝夜而成一日。月之死生也。歷晦朔弦望而成一月。日
往則月來。月往則日來。而陰陽之義配焉。陽道常饒。陰道嘗乏。故運而爲氣。賦而爲形。凡屬乎
陽者皆長。屬乎陰者皆短。一長一短。終則有始。相巡而未嘗相絕。故足以致天下之和者。陰
陽相濟之效也。獨陰而無陽。獨陽而無陰。是同而已。又何以致和乎。○別。必列切。巡。如字。天
下之禮。致反始也。致鬼神也。致和用也。致義也。致讓也。致反始。以厚其本也。致鬼神。以尊上也。
致物用。以立民紀也。致義。則上下不悖逆矣。致讓。以去爭也。合此五者。以治天下之禮也。雖有

奇邪而不治者。則微矣。疏曰。和。謂百姓和諧。用。謂財用豐足。致物用以立民紀者。民豐於物用。則知榮辱禮節。故可以立人紀也。奇。謂奇異。邪。謂邪惡。皆據異行之人言。用此五事爲治。假令有異行不從治者。亦當少也。○應氏曰。致者。推致其極也。致反始。所以極吾心報本之誠。致鬼神。所以極鬼神尊嚴之理。○去上聲。奇居衣切。行去聲。

宰我曰。吾聞鬼神之名。不知其所謂。子曰。氣也者。神之盛也。魄也者。鬼之盛也。合鬼與神。教之至也。程子曰。鬼神天地之功用。而造化之迹也。○張子曰。鬼神者。二氣之良能也。○朱子曰。以二氣言。則鬼者陰之靈也。神者陽之靈也。以一氣言。則至而伸者爲神。反而歸者爲鬼。其實一物而已。○陳氏曰。如口鼻呼吸是氣。那靈處便屬魂。視聽是體。那聰明處便屬魄。○方氏曰。魂氣歸于天。形魄歸于地。故必合鬼與神。然後足以爲教之至。中庸曰。使天下之人。齊明盛服以承祭祀。此皆教之至也。

眾生必死。死必歸土。此之謂鬼。骨肉斃于下。陰爲野土。其氣發揚于上。爲昭明。焄蒿悽愴。此百物之精也。神之著也。朱子曰。如鬼神之露光處是昭明。其氣蒸上處是焄蒿。使人精神悚然是悽愴。又曰。昭明是光耀底。焄蒿是哀然底。悽愴是凜然底。又曰。昭明乃光景之屬。焄蒿氣之感觸人者。悽愴。如漢書所謂神君至其風肅然之意。又曰。焄蒿是鬼神精氣交感處。○陰去聲。焄音熏。

因物之精。制爲之極。明命鬼神。以爲黔首則。百眾以畏。萬民以服。因其精靈之不可掩者。制爲尊極之稱。而顯然命之曰鬼神。以爲天下之法則。故民知所畏而無敢慢。知所服而無敢違。○方氏曰。極之爲言至也。名曰鬼神。則尊敬之至。不可以復加。是其所以制爲之極也。且鬼神本無名也。其名則人命之爾。鬼神至幽。不可測也。命之以名。則明而可測矣。然後人得而則之。故曰以爲黔首則。是乃所以爲教之至也。○馮氏曰。秦稱民爲黔首。夫子時未然也。顯是後儒竄入。○復扶又切。

聖人以是爲未足也。築爲宮室。設爲宗祧。以別親疏遠邇。教民反古復始。不忘其所由生也。眾之服自此。故聽且速也。言聖人制宗廟祭祀之禮以教民。故眾民由此服從而聽之速也。○別必列切。

二端既立。報以二禮。建設朝事。燔燎羶薌。見以蕭光。以報氣也。此教眾反始也。薦黍稷。羞肝肺首心。見間見間二字合爲覸。以俠甒。加以鬱鬯。以報魄也。教民相愛。上下用情。禮之至也。二端謂氣者神之盛魄者鬼之盛也。二禮謂朝踐之禮。與饋熟之禮也。朝事謂祭之日。早朝所行之事也。燔燎羶薌。謂取膟膋燎於爐炭。使羶薌之氣上騰也。見讀爲覸。雜也。以蕭蒿雜膟膋而燒之。故曰覸以蕭光。光者煙上則有照映之光采也。此是報氣之禮。所以教民反古復始也。至饋熟之時。則以黍稷爲薦。而羞進肝肺首心四者之饌焉。見間。即覸字。誤分也。俠甒。兩甒也。當此薦與羞。而雜以兩甒醴酒。故曰覸以俠甒也。加以鬱鬯者。魄降在地。用鬱鬯之酒以灌地。本在祭初。而言於薦羞之下者。謂非獨薦羞二者爲報魄。初加鬱鬯。亦是報魄也。此言報魄之禮。教民相愛。上下用情者。饋熟之時。以酬酢爲禮。祭之酒食。徧及上下。精義無間。所以爲禮之至極也。○朝如字。間音澗。甒音武。

君子反古

復始不忘其所由生也是以致其敬發其情竭力從事以報其親不敢弗盡也是故昔者天子爲藉千畝冕而朱紘躬秉耒諸侯爲藉百畝冕而青紘躬秉耒以事天地山川社稷先古以爲醴酪齊盛於是乎取之敬之至也藉藉田也紘冠冕之繫所以爲固也先古先祖也於是乎取之言皆於此藉田中取之也○藉在亦切字從艸紘音宏酪音洛齊音咨盛音成古者天子諸侯必有養獸之官及歲時齊戒沐浴而躬朝之犧牷祭牲必於是取之敬之至也君召牛納而視之擇其毛而卜之吉然後養之君皮弁素積朔月月半君巡牲所以致力孝之至也色純曰犧體完曰牷牛羊豕曰牲周禮牧人掌牧六牲牛馬羊豕犬雞也然後養之謂在滌三月也皮弁素積見前○朝音潮古者天子諸侯必有公桑蠶室近川而爲之築宮仞有三尺棘牆而外閉之及大昕之朝君皮弁素積卜三宮之夫人世婦之吉者使入蠶于蠶室奉種浴于川桑于公桑風戾以食之公桑公家之桑也蠶室養蠶之室也近川便於浴種也棘牆置棘于牆上也外閉戶扇在外而閉則向內也大昕之朝季春朔之旦也三宮在天子則謂三夫人在諸侯之夫人則立三宮半后之六宮也桑采桑也戾乾也蠶惡濕故葉乾乃以食也○方氏曰戾至也風至則乾矣○昕音欣奉上聲食音嗣乾音干惡去聲歲既單矣世婦卒蠶奉繭以示于君遂獻繭于夫人夫人曰此所以爲君服與遂副褘而受之因少牢以禮之古之獻繭者其率用此與單盡也副之爲言覆也婦人首飾所以覆首者褘褘衣也禮之禮待獻繭之婦人也率舊讀爲類今如字○方氏曰三月之盡非歲單之時然蠶成之時也自去歲蠶成之後迄今歲蠶成之時朞歲矣故謂之歲單若孟夏稱麥秋者亦此之意○單音丹去上聲繭古典切與平聲褘音揮率如字覆去聲及良日夫人繅三盆手遂布于三宮夫人世婦之吉者使繅遂朱綠之玄黃之以爲黼黻文章服既成君服以祀先王先公敬之至也良日吉日也三盆手者置繭于盆中而以手三次淹之每淹則以手振出其緒故云三盆手也○方氏曰夫人之繅止於三盆猶天子之耕止於三推○繅音騷君子曰禮樂不可斯須去身致樂以治心則易直子諒之心油然生矣易直子諒之心生則樂樂則安安則久久則天天則神天則不言而信神則不怒而威致樂以治心者也致禮以治躬則莊敬莊敬則嚴威心中斯須不和不樂而鄙詐之心入之矣外貌斯須不莊不敬而慢易之心入之矣故樂也

者動於內者也禮也者動於外者也樂極和禮極順內和而外順則民瞻其顏色而不與爭也
望其容貌而眾不生慢易焉故德煇動乎內而民莫不承聽理發乎外而眾莫不承順故曰致
禮樂之道而天下塞焉舉而措之無難矣樂也者動於內者也禮也者動於外者也故禮主其
減樂主其盈禮減而進以進為文樂盈而反以反為文禮減而不進則銷樂盈而不反則放故
禮有報而樂有反禮得其報則樂樂得其反則安禮之報樂之反其義一也說見樂記○子音慈諒音良曾
子曰孝有三大孝尊親其次弗辱其下能養公明儀問於曾子曰夫子可以為孝乎曾子曰是
何言與是何言與君子之所謂孝者先意承志諭父母於道參直養者也安能為孝乎大孝尊親嚴父
配天也公明儀曾子弟子○養去聲先去聲曾子曰身也者父母之遺體也行父母之遺體敢不敬乎居處不莊非
孝也事君不忠非孝也涖官不敬非孝也朋友不信非孝也戰陳無勇非孝也五者不遂烖及
於親敢不敬乎承上文弗辱與養而言此五者皆足以辱親故曰烖及於親○陳去聲養去聲亨孰羶薌嘗而薦之非孝也養也君子
之所謂孝也者國人稱願然曰幸哉有子如此所謂孝也已眾之本教曰孝其行曰養養可能
也敬為難敬可能也安為難安可能也卒為難父母既沒慎行其身不遺父母惡名可謂能終
矣仁者仁此者也禮者履此者也義者宜此者也信者信此者也強者強此者也樂自順此生
刑自反此作願猶羨也稱願稱揚羨慕也然猶而也孝經曰夫孝德之本也教之所由生也眾之本教曰孝亦此意言孝為教眾之本也其行曰養行猶用也言用之於奉養之
閒也安為難者謂非勉強矯拂之敬也卒為難者謂不特終父母之身孝子亦自終其身也能終即說上文卒字仁者仁此者也以下凡七此字皆指孝而言也○亨音烹養去聲遺去聲
曾子曰夫孝置之而塞乎天地溥之而橫乎四海施諸後世而無朝夕推而放諸東海而準推
而放諸西海而準推而放諸南海而準推而放諸北海而準詩云自西自東自南自北無思不
服此之謂也溥舊讀為敷今如字詩大雅文王有聲之篇○方氏曰置者直而立之溥者敷而散之施言其出無窮推言其進不已放與孟子放乎四海之放同準言人以是為

準。○上聲。故曾子曰。樹木以時伐焉。禽獸以時殺焉。夫子曰。斷一樹。殺一獸。不以其時。非孝也。上言仁者仁此者也。此二者亦爲惡其不仁。故言非孝。曾子又引夫子之言以爲證。○斷音短。爲去聲。惡去聲。孝有三。小孝用力。中孝用勞。大孝不匱。思慈愛忘勞。可謂用力矣。尊仁安義。可謂用勞矣。博施備物。可謂不匱矣。父母愛之。喜而弗忘。父母惡之。懼而無怨。父母有過。諫而不逆。父母既沒。必求仁者之粟以祀之。此之謂禮終。庶人思父母之慈愛。而忘己躬耕之勞。可謂用力矣。此其下能養之事也。諸侯卿大夫士。尊重於仁。安行於義。功勞足以及物。可謂用勞矣。此其次弗辱之事也。匱乏也。博施謂德教加於百姓。刑于四海也。備物謂四海之內。各以其職來助祭。可謂不匱矣。此即大孝尊親之事也。○施去聲。樂正子春下堂而傷其足。數月不出。猶有憂色。門弟子曰。夫子之足瘳矣。數月不出。猶有憂色。何也。樂正子春曰。善如爾之問也。善如爾之問也。吾聞諸曾子。曾子聞諸夫子曰。天之所生。地之所養。無人爲大。父母全而生之。子全而歸之。可謂孝矣。不虧其體。不辱其身。可謂全矣。故君子頃步而弗敢忘孝也。今予忘孝之道。予是以有憂色也。壹舉足而不敢忘父母。壹出言而不敢忘父母。壹舉足而不敢忘父母。是故道而不徑。舟而不游。不敢以先父母之遺體行殆。壹出言而不敢忘父母。是故惡言不出於口。忿言不反於身。不辱其身。不羞其親。可謂孝矣。無人爲大。言無如人最爲大。蓋天地之性。人爲貴也。道。正路也。徑。捷出邪徑也。游。徒涉也。惡言不出於口。己不以惡言加人也。忿言不反於身。則人自不以忿言復我也。如此則不辱身。不羞親矣。○數上聲。瘳音抽。頃音跬。昔者有虞氏貴德而尚齒。夏后氏貴爵而尚齒。殷人貴富而尚齒。周人貴親而尚齒。虞夏殷周。天下之盛王也。未有遺年者。年之貴乎天下久矣。次乎事親也。劉氏曰。大舜貴以德化民。有天下如不與。而民化之。幾於不知爵之爲貴矣。故禹承之以爵爲貴。而使民知貴貴之道也。然貴爵之弊。其終也在上者過於亢。而澤不及下。故湯承之以務富其民爲貴。然富民之弊。終也民各私其財。而不知親親之道。故武王承之以親親爲貴。所謂周之宗盟。異姓爲後是也。四代之治。隨時救弊。所貴雖不同。而尚齒則同也。未有遺年齒而不尚者。齒居天下之達尊久矣。老吾老以及人之老。故尊高年。次於事親也。然四者之所貴。亦四代之所同。記者但主於自古尚齒爲言耳。讀者不以辭害意可也。○與去聲。幾平聲。是故朝廷同爵則尚齒。七十杖於朝。君問則席。八十不俟朝。君問則就之。而弟達乎朝廷矣。古者覲朝之禮。君臣皆立。七十杖於朝。據杖而立也。君問則席。謂君若有問。則爲之布席於堂而使之坐也。不俟朝。謂見君而揖之卽退。不待朝事畢也。就之。卽其家也。行肩而不併。不錯則隨。見老者。則車徒辟。斑白者。不以其任行乎道路。而弟達乎道路矣。此言少者與長者同行之禮。併。並也。肩而不併。謂少者不可以肩齊並長者之肩。當差退在後也。不錯則隨。謂此長者若是兄之輩。則爲鴈行之差錯。稍偏而後之。若是父之輩。則直隨從其後矣。車徒辟。言或乘車。或徒行。皆當避之也。任。所負戴之物也。不以任行道路。卽孟子頒白者不負戴於道路矣。○併。步頂切。辟。音避。少。去聲。差。平聲。居鄉以齒。而老窮不遺。強不犯弱。衆不暴寡。而弟達乎州巷矣。遺。棄也。○鄭氏曰。一鄉者五州。巷。猶閭也。古之道。五十不爲甸徒。頒禽隆諸長者。而弟達乎獀狩矣。四井爲邑。四邑爲丘。四丘爲甸。君田獵。則起其民爲卒徒。故曰甸徒。五十始衰。故不供此役也。頒。猶分也。隆。猶多也。田畢分禽。則長者受賜多於少者。春獵爲獀。冬獵爲狩。舉此則夏秋可知。○長。上聲。獀。音蒐。少。去聲。軍旅什伍。同爵則尚齒。而弟達乎軍旅矣。五人爲伍。二伍爲什。孝弟發諸朝廷。行乎道路。至乎州巷。放乎獀狩。脩乎軍旅。衆以義死之。而弗敢犯也。自朝廷以至軍旅。其人可謂衆矣。然皆以通達孝弟之義。死於孝弟而不敢干犯也。祀乎明堂。所以教諸侯之孝也。食三老五更於大學。所以教諸侯之弟也。祀先賢於西學。所以教諸侯之德也。耕藉。所以教諸侯之養也。朝覲。所以教諸侯之臣也。五者。天下之大教也。西學。西郊之學。周之小學也。王制云。虞庠在國之西郊是也。○方氏曰。先賢則樂祖是也。西學則瞽宗是也。樂祖有道德者。故曰教諸侯之德。耕藉所以事神致養之道。故曰教諸侯之養。朝覲所以尊天子。故曰教諸侯之臣。樂記先朝覲而后耕藉者。武王初有天下。君臣之分。辨之不可不早也。○食。音嗣。更。平聲。大。音泰。養。去聲。分。去聲。食三老五更於大學。天子袒而割牲。執醬而饋。執爵而酳。冕而總干。所以教諸侯之弟也。是故鄉里有齒。而老窮不遺。強不犯弱。衆不暴寡。此由大學來者也。袒而割牲者。袒衣而割制牲體爲俎實也。饋。進食也。酳。食畢而以酒虛口也。總干。總持干盾以立于舞位也。鄉里有齒。言人皆知長少之序也。○大。音泰。酳。以刃切。天子設四學。當入學而大子齒。四學。虞夏殷周四代之學也。大子齒。謂大子與同學者序長幼之位。不以貴加人也。天子巡守。諸侯待于竟。天子先見百年者。八十九十者。東行。西行者弗敢過。西行。東行者弗敢過。欲言政者。君就之可也。應氏曰。彼向東。此向西。彼西行。此趨東。是相違而不相值。然必駐行反。迂謁而見之。不敢超越徑過也。○守。去聲。竟。音境。壹命齒于鄉里。再命齒于族。三命不齒。族有七十者弗敢先。七十者不有大故不入朝。若有大故而入。君必與之揖讓而后及爵者。方氏曰。一命齒于鄉里。非其鄉里。則以爵而不以齒可知。再命齒于族。非其族。
則以爵而不以齒亦可知。三命不齒。雖於其族。亦不得而齒之矣。則鄉里又可知。然此特貴貴
之義耳。至於老老之仁。又不可得而廢焉。故族有七十者。弗敢先也。先諸鄉飲之席。待七十者
先入而後入也。君與之揖讓而后及爵者。豈族之三命得以先之乎。五州爲鄉。五鄉爲里。於遠
舉鄉。則近至於五比之閭可知。於近舉里。則遠遠於五鄉之遂可知。六鄉六遂足以互見也。此
言族。周官所謂父族也。蓋有天下者謂之王族。有國者謂之公族。有
家者則謂之官族。以傳世言之則曰世族。以主祭言之則曰宗族。 天子有善。讓德於天。諸侯
有善。歸諸天子。卿大夫有善。薦於諸侯。士庶人有善。本諸父母。存諸長老。祿爵慶賞。成諸宗廟。
所以示順也。成諸宗廟。言於宗廟中命之也。詳在祭統十倫章。 昔者聖人建陰陽天地之情。立以爲易。易抱龜南面。天
子卷冕北面。雖有明知之心。必進斷其志焉。示不敢專。以尊天也。善則稱人。過則稱己。教不伐。
以尊賢也。方氏曰。明吉凶之象者。莫如易。示吉凶之象者。莫如龜。南則明而有所示之方也。故易抱龜南面焉。天子北面。則以臣禮自處而致其尊也。南面內也。北面外也。自外至
內謂之進。故曰進斷其志。○應氏曰。易書也。抱龜者人也。不曰掌易之人。而直以爲易者。蓋明
以示天下者易也。易之道不可屈。故不於北而於南。明此以北面者臣也。臣之位不可踰。故不
曰人而曰易。蓋有深意焉。○石梁王氏曰。此說卜者之位。與儀禮不合。亦近於張大之辭。○劉
氏曰。易代天地鬼神以吉凶告天子。故南面。如祭祀之尸。代神之尊也。天子北面問卜以斷其
志。蓋尊天事神之禮也。卷音袞。知去聲。斷去聲。 ○孝子將祭祀。必有齊莊之心以慮事。以具服物。以脩宮室。以治百事。及
祭之日。顏色必溫。行必恐。如懼不及愛然。其奠之也。容貌必溫。身必詘。如語焉而未之然。宿者皆
出。其立卑靜以正。如將弗見然。及祭之後。陶陶遂遂。如將復入然。是故慤善不違身。耳目不違心。
思慮不違親。結諸心。形諸色。而術省之。孝子之志也。慤善不違身。周旋升降。無非敬也。耳目不違心。所聞所見。不得以亂其心之所存也。結者
不可解之意。術與述同。述省猶循省也。謂每事思省。○方氏曰。於其來也。如懼不及愛然。及既來
也。又如語而未之然。於其往也。如將弗見然。及既往也。又如將復入然。則是孝子之思其親。無物
足以慊其心。無時可以絕其念。如懼不及愛然。即前經所謂致愛則存是矣。如語焉而未之然。即
所謂如親聽命是矣。如將弗見然。即所謂如將失之是矣。如將復入然。即所謂又從而思之是矣。
愛者。愛其親也。懼不及愛者。懼愛親之心有所未至也。語者。親之語也。語而未之然。如親欲有所
語而未發也。陶陶。言思親之心存乎內。遂遂。言思親之心達乎外。祭後猶如此者。以其如將復入
故也。○詘音屈。思去聲。省息井切。 建國之神位。右社稷而左宗廟。方氏曰。神無方也。無方則無位。所謂神位者。亦人位之耳。故以建言之。建之斯有矣。王氏謂右

陰也。地道所尊。故右社稷。左陽也。人道之所鄉。故左宗廟。位宗廟於人道所鄉。亦不死其親之意。○鄉去聲。

祭統第二十五

鄭氏曰。統。猶本也。

凡治人之道。莫急於禮。禮有五經。莫重於祭。夫祭者非物自外至者也。自中出生於心者也。心怵而奉之以禮。是故唯賢者能盡祭之義。五經。吉凶軍賓嘉之五禮也。心怵。即前篇君子履之必有怵惕之心。謂心有感動也。○方氏曰。盡其心者祭之本。盡其物者祭之末。有本然後末從之。故祭非物自外至。自中出生於心也。心怵而奉之以禮者。心有所感於內。故以禮奉之於外而已。蓋以其自中出非外至者也。奉之以禮者。見乎物。盡之以義者存乎心。徇其物而忘其心者衆人也。發於心而形於物者君子也。故曰唯賢者能盡祭之義。○治平聲。怵音黜。見音現。賢者之祭也。必受其福。非世所謂福也。福者備也。備者百順之名也。無所不順者之謂備。言內盡於己。而外順於道也。忠臣以事其君。孝子以事其親。其本一也。上則順於鬼神。外則順於君長。內則以孝於親。如此之謂備。唯賢者能備。能備然後能祭。是故賢者之祭也。致其誠信與其忠敬。奉之以物。道之以禮。安之以樂。參之以時。明薦之而已矣。不求其爲。此孝子之心也。方氏曰。誠信忠敬。四者祭之本。所謂物者。奉乎此而已。所謂禮者。道乎此而已。所謂樂者。安乎此而已。所謂時者。參乎此而已。○應氏曰。不求其爲。無求福之心也。所謂祭祀不祈也。○長。上聲。道。爲。並去聲。祭者。所以追養繼孝也。孝者畜也。順於道。不逆於倫。是之謂畜。應氏曰。追其不及之養。而繼其未盡之孝也。畜。固爲畜養之義。而亦有止而畜聚之意焉。○劉氏曰。追養其親於既遠。繼續其孝而不忘。畜者藏也。中心藏之而不忘。是順乎率性之道。而不逆天敘之倫焉。詩曰。心乎愛矣。遐不謂矣。中心藏之。何日忘之。此畜之意也。○養。去聲。畜。敕六切。是故孝子之事親也。有三道焉。生則養。沒則喪。喪畢則祭。養則觀其順也。喪則觀其哀也。祭則觀其敬而時也。盡此三道者。孝子之行也。生事之以禮。死葬之以禮。祭之以禮。養以順爲主。喪以哀爲主。祭以敬爲主。時者。以時思之。禮時爲大也。○養。行。並去聲。既內自盡。又外求助。昏禮是也。故國君取夫人之辭曰。請君之玉女。與寡人共有敝邑。事宗廟社稷。此求助之本也。夫祭也者。必夫婦親之。所以備外內之官也。官備則具備。水草之菹。陸產之醢。小物備矣。三牲之俎。八簋之實。

美物備矣。昆蟲之異。草木之實。陰陽之物備矣。凡天之所生。地之所長。苟可薦者。莫不咸在。示盡物也。外則盡物。內則盡志。此祭之心也。按內則。可食之物有蜩范者。蜩與蜂也。又如蚳醢。是蟻子所爲。此言昆蟲之異。亦此類乎。○取。去聲。長。上聲。是故天子親耕於南郊。以共齊盛。王后蠶於北郊。以共純服。諸侯耕於東郊。亦以共齊盛。夫人蠶於北郊。以共冕服。天子諸侯。非莫耕也。王后夫人。非莫蠶也。身致其誠信。誠信之謂盡。盡之謂敬。敬盡然後可以事神明。此祭之道也。祭服皆上玄下纁。天子言純服。諸侯言冕服。純服亦冕服也。純以色言。冕服則顯其爲祭服耳。非莫耕。非莫蠶。言非無可耕之人。非無可蠶之人也。○齊音粢。純音緇。及時將祭。君子乃齊。齊之爲言齊也。齊不齊以致齊者也。是故君子非有大事也。非有恭敬也。則不齊。不齊則於物無防也。耆欲無止也。及其將齊也。防其邪物。訖其耆欲。耳不聽樂。故記曰。齊者不樂。言不敢散其志也。心不苟慮。必依於道。手足不苟動。必依於禮。是故君子之齊也。專致其精明之德也。故散齊七日以定之。致齊三日以齊之。定之之謂齊。齊者精明之至也。然後可以交於神明也。於物無防。物猶事也。不苟慮。不苟動。皆所謂防也。○齊音齋。言齊下四齊以齊。如字。是故先期旬有一日。宮宰宿夫人。夫人亦散齊七日。致齊三日。君致齊於外。夫人致齊於內。然後會於大廟。君純冕立於阼。夫人副褘立於東房。君執圭瓚祼尸。大宗執璋瓚亞祼。及迎牲。君執紖。卿大夫從。士執芻。宗婦執盎從。句 夫人薦涗水。君執鸞刀羞嚌。夫人薦豆。此之謂夫婦親之。宿。讀爲肅。猶戒也。○鄭氏曰。大廟始祖廟也。圭瓚璋瓚。祼器也。以圭璋爲柄。酌鬱鬯曰祼。大宗亞祼。若夫人有故攝焉。紖。所以牽牲。芻。槀也。殺牲用以薦藉。○疏曰。宗婦執盎從者。謂同宗之婦。執盎齊以從夫人也。夫人薦涗水者。涗即盎齊。以濁用清酒以涗泲之。涗水是明水。宗婦執盎齊從夫人而來。奠盎齊於位。夫人乃就盎齊之尊。酌此涗齊而薦之。因盎齊有明水。連言水耳。君執鸞刀羞嚌者。嚌。肝肺也。嚌有二時。一是朝踐之時。取肝以膋貫之。入室燎於爐炭。而出薦之主前。二是饋熟之時。君以鸞刀割制所羞嚌肺。橫切之。不使絕。亦奠於俎上。尸並嚌之。故云羞嚌。一云。羞。進也。夫人薦豆者。君羞嚌時。夫人薦此饋食之豆也。又曰郊特牲云。祭齊加明水。天子諸侯祭禮。先有祼尸之事。○先。去聲。大。音泰。純。音緇。紖。赤軫切。從。去聲。涗。詩畏切。嚌。才乂切。盎齊涗齊。齊。去聲。及入舞。君執干戚就舞位。君爲東上。冕而總干。率其羣臣。以樂皇尸。是故天子之祭也。與天下樂之。諸侯之祭也。與竟內樂之。

冕而總干。率其羣臣以樂皇尸。此與竟內樂之之義也。東上。近主位也。此明祭時天子諸侯親在舞位。○樂並音洛。竟音境。夫祭有
三重焉。獻之屬莫重於祼。聲莫重於升歌。舞莫重於武宿夜。此周道也。凡三道者。所以假於外而
以增君子之志也。故與志進退。志輕則亦輕。志重則亦重。輕其志而求外之重也。雖聖人弗能得
也。是故君子之祭也。必身自盡也。所以明重也。道之以禮。以奉三重而薦諸皇尸。此聖人之道也。
祼以降神。於禮為重。歌者在上。貴人聲也。武宿夜。武舞之曲名也。其義未聞。假於外者。祼則假於鬱鬯。歌則假於聲音。舞則假於干戚也。誠敬者。物之未將者也。誠敬之志存於內。而假外物以將
之。故其輕重隨志進退。若內志輕而求外物之重。雖聖人不可得也。聖人固無內輕而求外重之事。此特以明役志為本耳。夫祭有餕。餕者祭之末也。不可不
知也。是故古之人有言曰。善終者如始。餕其是已。是故古之君子曰。尸亦餕鬼神之餘也。惠術也。
可以觀政矣。方氏曰。牲既殺。則薦血腥於鬼神。及熟之於俎。而尸始食之。是尸餕鬼神之餘也。○劉氏曰。祭畢而餕餘。是祭之終事也。必謹夫餕之禮者。慎終如始也。故引古人曰善
終者如其始之善。今餕餘之禮。其是此意矣。所以古之君子有言。尸之飲食。亦是餕鬼神之餘也。此即施惠之法也。觀乎餕之禮。則可以觀為政之道矣。○餕音俊。施去聲。是故尸
謖。君與卿四人餕。君起。大夫六人餕。臣餕君之餘也。大夫起。士八人餕。賤餕貴之餘也。士起。各
執其具以出。陳于堂下。百官進徹之。下餕上之餘也。凡餕之道。每變以衆。所以別貴賤之等。而
興施惠之象也。是故以四簋黍見其脩於廟中也。廟中者。竟內之象也。謖。起也。天子之祭八簋。諸侯六簋。此言四簋者。
畱二簋為陽厭之祭。故以四簋餕也。簋以盛黍稷。舉黍則稷可知矣。自君卿至百官。每變而人益衆。所以別貴賤。象施惠也。施惠之禮。脩舉於廟中。則施惠之政。必徧及於境內。此可以觀政
之謂也。○謖音縮。進音餕。別。必列切。施去聲。見音現。祭者。澤之大者也。是故上有大澤。則惠必及下。顧上先下後耳。非上
積重而下有凍餒之民也。是故上有大澤。則民夫人待于下流。知惠之必將至也。由餕見之矣。
故曰可以觀政矣。夫祭之為物大矣。其興物備矣。順以備者也。其教之本與。是故君子之教也。
外則教之以尊其君長。內則教之以孝於其親。是故明君在上。則諸臣服從。崇事宗廟社稷。則
子孫順孝。盡其道。端其義。而教生焉。為物。以事言也。興物。以具言也。興舉牲羞之具。凡以順於禮。而致其備焉耳。聖人立教。其本在此。○重平聲。夫音扶。

與平聲長上聲是故君子之事君也必身行之所不安於上則不以使下所惡於下則不以事上非諸人行諸己非教之道也是故君子之教也必由其本順之至也祭其是與故曰祭者教之本也已以己之心度人之心即大學絜矩之道如此而後能盡其道端其義也申言教之本以結上文之意○惡去聲與平聲度入聲夫祭有十倫焉見事鬼神之道焉見君臣之義焉見父子之倫焉見貴賤之等焉見親疏之殺焉見爵賞之施焉見夫婦之別焉見政事之均焉見長幼之序焉見上下之際焉此之謂十倫鄭氏曰倫猶義也○見音現殺去聲別必列切長上聲鋪筵設同几為依神也詔祝於室而出于祊此交神明之道也筵席也几所馮以為安者人生則形體異故夫婦之倫在於有別死則精氣無間共設一几故祝辭云以某妃配也依神使神馮依乎此也詔告也祝祝也謂祝以事告尸於室中也出于祊者謂明日繹祭出在廟門外之旁也郊特牲云索祭祝于祊是也祊說見前篇神之所在於彼乎於此乎故曰此交神明之道也○為去聲祊伯更切索音色君迎牲而不迎尸別嫌也尸在廟門外則疑於臣在廟中則全於君君在廟門外則疑於君入廟門則全於臣全於子是故不出者明君臣之義也尸本是臣為尸而象神則尊之如君父矣然在廟外未入則猶疑是臣也及既入廟則全其象君父之尊矣君祭固主於尊君父而盡臣子之道然未入廟則猶疑是君也及既入廟則全為臣子而事尸無嫌矣若君出門迎尸則疑以君而迎臣故不出者所以別此嫌而明君臣之義也夫祭之道孫為王父尸所使為尸者於祭者子行也父北面而事之所以明子事父之道也此父子之倫也行猶列也父北面而事子行之尸者欲子知事父之道當如是也○方氏曰十倫皆倫也止於父子言倫者有父子之倫然後有宗廟之祭則祭之倫本於父子而已故止於父子為倫焉○行音杭尸飲五君洗玉爵獻卿尸飲七以瑤爵獻大夫尸飲九以散爵獻士及羣有司皆以齒明尊卑之等也自獻卿以下至羣有司凡同爵則長者必先飲故云皆以齒○疏曰此據備九獻之禮者至主人酳尸故尸飲五也凡祭一獻祼用鬱鬯尸祭奠而不飲朝踐二獻饋食二獻及食畢主人酳尸此皆尸飲之故云尸飲五於此時以獻卿獻卿之後主婦酳尸酳尸畢賓長獻尸是尸飲七也乃以瑤爵獻大夫是正九獻禮畢但初二祼不飲故云飲七自此以後長賓長兄弟更為加爵尸又飲二是并前尸飲九主人乃以散爵獻士及羣有司也此謂上公九獻故以酳尸之一獻為尸飲五也若侯伯七獻朝踐饋食時各一獻食訖酳尸但飲三也子男五獻食訖酳尸尸飲一○長上聲更平聲夫祭有昭穆昭穆者所以別父子遠近長幼親疏之序而無亂也是故有事於大廟則羣昭羣

穆咸在。而不失其倫。此之謂親疏之殺也。疏曰。祭大廟。則羣昭羣穆咸在。若餘廟之祭。雖有當廟尸主。及所出之子孫。不得羣昭羣穆咸在也。○別。必列切。長。上聲。大。音泰。下節同。殺。去聲。當。去聲。古者明君爵有德而祿有功。必賜爵祿於大廟。示不敢專也。故祭之日一獻。君降立於阼階之南。南鄉。所命北面。史由君右。執策命之。再拜稽首。受書以歸。而舍奠于其廟。此爵賞之施也。疏曰。酳尸之前。皆承奉鬼神。未暇策命。此一獻。則上文尸飲五。君獻卿之時也。若天子命羣臣。則不因常祭之日。特假於廟。釋奠告以受君之命也。○鄉。去聲。舍。音釋。君卷冕立於阼。夫人副褘立于東房。夫人薦豆執校。執醴授之執鐙。尸酢夫人執柄。夫人受尸執足。夫婦相授受。不相襲處。酢必易爵。明夫婦之別也。卷冕副褘見前。校。豆中央直者。執醴。執醴齊之人也。此人兼掌授豆。鐙。豆之下跗也。爵形如雀。柄則尾也。襲處。謂因其處。○卷。音衮。夫。如字。校。音效。鐙。音登。別。必列切。齊。去聲。凡爲俎者。以骨爲主。骨有貴賤。殷人貴髀。周人貴肩。凡前貴於後。俎者所以明祭之必有惠也。是故貴者取貴骨。賤者取賤骨。貴者不重。賤者不虛。示均也。惠均則政行。政行則事成。事成則功立。功之所以立者。不可不知也。俎者所以明惠之必均也。善爲政者如此。故曰見政事之均焉。疏曰。殷質。貴髀之厚。賤肩之薄。周文。貴肩之顯。賤髀之隱。前貴於後。據周言之。○方氏曰。俎者。對豆之器。俎以骨爲主。則豆以肉爲主可知。骨。陽也。肉。陰也。俎之數以奇而從陽。豆之數以偶而從陰。爲是故也。○髀。音俾。重。平聲。奇。音基。凡賜爵。昭爲一。穆爲一。昭與昭齒。穆與穆齒。凡羣有司皆以齒。此之謂長幼有序。爵。行酒之器也。○疏曰。此旅酬時賜助祭者酒。衆兄弟子孫等在昭列者則爲一色。在穆列者自爲一色。各自相旅。長者在前。少者在後。是昭與昭齒。穆與穆齒也。○方氏曰。宗廟之中。授事則以爵。至於賜爵則以齒。何也。蓋授事主義。而行於旅酬之前。賜爵主恩。而行於旅酬之後。以其主恩。故皆以齒也。司士所謂祭祀賜爵呼昭穆而進之是矣。夫齒所以序長幼。故曰此之謂長幼有序。○長。上聲。少。去聲。夫祭有畀煇胞翟閽者。惠下之道也。唯有德之君爲能行此。明足以見之。仁足以與之。畀之爲言與也。能以其餘畀其下者也。煇者。甲吏之賤者也。胞者。肉吏之賤者也。翟者。樂吏之賤者也。閽者。守門之賤者也。古者不使刑人守門。此四守者。吏之至賤者也。尸又至尊。以至尊既祭之末。而不忘至賤。而以其餘畀之。是故明君在上。則竟內之民無凍餒者矣。此之謂上下之際。不使刑人守門。恐是周以前如此。周則墨者使守門也。際，接也。言尊者與賤者恩意相接也。○燀音運。炮音庖。翟音狄。竟上聲。凡祭有四時。春祭曰礿。夏祭曰禘。秋祭曰嘗。冬祭曰烝。周禮。春祠。夏禴。秋嘗。冬烝。鄭氏謂此夏殷之禮。○礿音藥。礿禘，陽義也。嘗烝，陰義也。禘者陽之盛也。嘗者陰之盛也。故曰莫重於禘嘗。方氏曰。陽道常饒。陰道常乏。饒故及於夏。乏故及於秋。已爲盛矣。此禘所以爲陽之盛。嘗所以爲陰之盛歟。以其陰陽之盛。故曰莫重於禘嘗。古者於禘也。發爵賜服。順陽義也。於嘗也。出田邑。發秋政。順陰義也。故記曰。嘗之日發公室。示賞也。草艾則墨。未發秋政。則民弗敢草也。方氏曰。爵命之者也。服，勝於陰者也。故爲順陽義。祿食之者也。田邑，制於地者也。故爲順陰義。嘗之日發公室。因物之成而用之以行賞也。故曰示賞。草刈則墨者。因其枯槁之時。刈之以給爨。刈草謂之草。猶采桑謂之桑歟。墨，五刑之輕者。左氏言賞以春夏。刑以秋冬。而此言嘗之日發公室何也。蓋賞雖以春夏爲主。而亦未始不用刑。月令孟夏斷薄刑。決小罪是也。刑雖以秋冬爲主。亦未始不行賞。此所言是也。○應氏曰。不曰艾草而曰草艾者。草自可艾也。○艾音刈。斷丁玩切。故曰。禘嘗之義大矣。治國之本也。不可不知也。明其義者君也。能其事者臣也。不明其義。君人不全。不能其事。爲臣不全。夫義者所以濟志也。諸德之發也。是故其德盛者其志厚。其志厚者其義章。其義章者其祭也敬。祭敬則竟內之子孫莫敢不敬矣。是故君子之祭也。必身親涖之。有故則使人可也。雖使人也。君不失其義者。君明其義故也。其德薄者其志輕。疑於其義而求祭。使之必敬也。弗可得已。祭而不敬。何以爲民父母矣。中庸言明乎郊社之禮。禘嘗之義。治國如視諸掌。此因上文陽義陰義而申言之。濟，志成其所欲爲也。發，德顯其所當爲也。○方氏曰。大宗伯。若王不與祭祀則攝位。先儒謂王有故。代之行其祭事。正謂是矣。代之雖在乎人。使之則出乎君。代之雖行其事。使之則本乎義。○治平聲。竟上聲。與去聲。夫鼎有銘。銘者自名也。自名以稱揚其先祖之美。而明著之後世者也。爲先祖者。莫不有美焉。莫不有惡焉。銘之義。稱美而不稱惡。此孝子孝孫之心也。唯賢者能之。自名。下文謂自成其名是也。○方氏曰。稱則稱之以言。揚則揚其所爲。明則使之顯而不晦。著則使之見而不隱。○見音現。銘者。論譔其先祖之有德善功烈勳勞慶賞聲名。列於天下。而酌之祭器。自成其名焉。以祀其先祖者也。顯揚先祖。所以崇孝也。身比焉。順也。明示後世。教也。論，說。譔，錄也。王功曰勳。事功曰勞。酌，斟酌其輕重大小也。祭器，鼎彝之屬。自成其名者。自成其顯揚先祖之孝也。比，次也。謂已名次於先祖之下也。順無所違於禮也。示後世而使子孫效其所爲則是教也。○論去聲。譔音撰。比。毗至切。夫銘者。壹稱而上下皆得焉耳矣。是故君子之觀於銘也。既美其所稱。又美其所爲。爲之者。明足以見之。仁足以與之。知足以利之。可謂賢矣。賢而勿伐。可謂恭矣。上。謂先祖。下。謂已身也。見之。見其先祖之善也。非明不能。與之。使君上與已銘也。非仁莫致。利之。利已之得名於下也。非知莫及。○知去聲。故衛孔悝之鼎銘曰。六月丁亥。公假于大廟。公曰。叔舅。乃祖莊叔。左右成公。成公乃命莊叔隨難于漢陽。即宮于宗周。奔走無射。孔悝。衛大夫。周六月。夏四月也。公。衛莊公蒯聵也。假。至也。至廟禘祭也。因祭而賜之銘。蓋德悝之立已。故褒顯其先世也。異姓大夫而年幼。故稱叔舅。莊叔。悝七世祖孔達也。成公爲晉所伐而奔楚。故云隨難于漢陽。後雖反國。又以殺弟叔武。晉人執之歸于京師。寘諸深室。故云即宮于宗周也。射。厭也。○石梁王氏曰。悝乃蒯聵姊之子。蒯聵。悝之舅。而悝則蒯聵甥。今反謂之舅。其放周禮同姓之臣稱伯叔父異姓之臣稱伯叔舅歟。○悝音恢。假音格。大音泰。左右並去聲。難去聲。射音亦。放上聲。啓右獻公。獻公乃命成叔纂乃祖服。獻公。成公之曾孫。名衎。啓。開。右。助也。魯襄十四年。衛孫文子寗惠子逐衛侯。衛侯奔齊。言莊叔餘功流於後世。能右助獻公使之亦得反國也。成叔。莊叔之孫烝鉏也。其時成叔事獻公。故公命其纂繼爾祖舊所服行之事也。○疏曰。按左傳。無孔達之事。獻公反國。亦非成叔之功。○右音佑。乃考文叔。興舊耆欲。作率慶士。躬恤衛國。其勤公家。夙夜不解。民咸曰休哉。公曰。叔舅。予女銘。若纂乃考服。應氏曰。嗜欲者。心志之所存。言其先世之忠。皆以愛君憂國爲嗜欲。文叔孔圉慕尚而能興起之也。作率。奮起而倡率之也。慶。卿也。古卿慶同音。字亦同用。故慶雲亦言卿雲。○耆音嗜。解音懈。予上聲。女音汝。悝拜稽首曰。對揚以辟之。勤大命施于烝彝鼎。此衛孔悝之鼎銘也。對揚至彝鼎十三字止作一句讀。言對答揚舉用吾君殷勤之大命。施及于烝祭之彝尊及鼎也。○辟音壁。古之君子。論譔其先祖之美。而明著之後世者也。以比其身。以重其國家如此。子孫之守宗廟社稷者。其先祖無美而稱之。是誣也。有善而弗知。不明也。知而弗傳。不仁也。此三者。君子之所恥也。動在鼎彝。是國有賢臣也。故足爲國家之重。○比音畀。昔者周公旦有勳勞於天下。周公既沒。成王康王追念周公之所以勳勞者。而欲尊魯。故賜之以重祭。外祭則郊社是也。內祭則大嘗禘是也。夫大嘗禘。升歌清廟。下而管象。朱干玉戚。以舞大武。八佾以舞大夏。此天子之樂也。康周公。故以賜魯也。子孫纂之。至于今不廢。所以明周公之德。而又以重其國也。詩維清奏象舞。嚴氏云。文王之舞謂之象。文舞也。大舞武舞也。管象以管播其聲也。餘見前。

經解第二十六

孔子曰。入其國。其教可知也。其爲人也。溫柔敦厚。詩教也。疏通知遠。書教也。廣博易良。樂教也。絜靜精微。易教也。恭儉莊敬。禮教也。屬辭比事。春秋教也。故詩之失愚。書之失誣。樂之失奢。易之失賊。禮之失煩。春秋之失亂。其爲人也。溫柔敦厚而不愚。則深於詩者也。疏通知遠而不誣。則深於書者也。廣博易良而不奢。則深於樂者也。絜靜精微而不賊。則深於易者也。恭儉莊敬而不煩。則深於禮者也。屬辭比事而不亂。則深於春秋者也。方氏曰。六經之教善矣。然務溫柔敦厚而溺其志。則失於自用矣。故詩之失愚。務疏通知遠而趨於事。則失於無實矣。故書之失誣。務廣博易良而徇其情。則失於好大矣。故樂之失奢。務絜靜精微而蔽於道。則失於毀則矣。故易之失賊。務恭儉莊敬而亡其體。則失於過當矣。故禮之失煩。務屬辭比事而作其法。則失於犯上矣。故春秋之失亂。夫六經之教。先王所以載道也。其教豈有失哉。由其所得有淺深之異耳。○應氏曰。淳厚者未必深察情僞。故失之愚。通達者未必篤確誠實。故失之誣。寬博者未必嚴立繩檢。故失之奢。沉潛思索。多自耗蠹。且或害道。故失之賊。[缺文]故失之煩。弄筆褒貶。易紊是非。且或召亂。故失之亂。惟得之深。則養之固。有以見天地之純全。古人之大體。而安有所謂失哉。○石梁王氏曰。孔子時春秋之筆削者未出。又曰加我數年。卒以學易。性與天道。不可得聞。豈遽以此教人哉。所以教者多言詩書禮樂。且有愚誣奢賊煩亂之失。豈詩書樂易禮春秋使之然哉。此決非孔子之言。○易良之易。去聲。屬。音燭。比。音畀。好。去聲。亡。音無。當。去聲。索。音色。天子者與天地參。故德配天地。兼利萬物。與日月並明。明照四海而不遺微小。其在朝廷則道仁聖禮義之序。燕處則聽雅頌之音。行步則有環佩之聲。升車則有鸞和之音。居處有禮。進退有度。百官得其宜。萬事得其序。詩云。淑人君子。其儀不忒。其儀不忒。正是四國。此之謂也。鸞和皆鈴也。鸞在衡。和在軾前。詩。曹風鳴鳩篇。○石梁王氏曰。此段最粹。發號出令而民說謂之和。上下相親謂之仁。民不求其所欲而得之謂之信。除去天地之害謂之義。義與信。和與仁。霸王之器也。有治民之意而無其器。則不成。馮氏曰。論義信和仁之道。而以王霸並言之。豈孔子之言。○說。音悅。去。上聲。王。去聲。禮之於正國也。猶衡之於輕重也。繩墨之於曲直也。規矩之於方圜也。故衡誠縣。不可欺以輕重。繩墨誠陳。不可欺以曲直。規矩誠設。不可欺以方圜。君子審禮。不可誣以姦詐。方氏曰。輕者禮之小。重者禮之大。若大者不可損。小者不可益是矣。曲者禮之煩。直者禮之簡。若易則易。于則于是矣。方者禮之常。圜者禮之變。若以禮爲體者。禮之常也。以義起禮者。禮之變也。禮之用如是。故君子審禮。不可誣以姦詐也。○縣音玄。圜音圓。是故隆禮由禮。謂之有方之士。不隆禮不由禮。謂之無方之民。敬讓之道也。故以奉宗廟則敬。以入朝廷則貴賤有位。以處室家則父子親。兄弟和。以處鄉里。則長幼有序。孔子曰。安上治民。莫善於禮。此之謂也。篇首孔子曰。記者述孔子之言也。是故以下。是記者之言。故引孝經孔子之言以結之也。○方氏曰。隆言隆之而高。由言由乎其中。隆禮所以極高明。由禮所以道中庸。極高明所以立本。道中庸所以趨時。立本趨時雖若不同。要之不離於道而已。故謂之有方之士也。道無方也。體之於禮則爲有方。此以禮爲主。故謂之方焉。士志於道。故於有方曰士。民無常心。故於無方曰民。○要平聲。離去聲。故朝覲之禮。所以明君臣之義也。聘問之禮。所以使諸侯相尊敬也。喪祭之禮。所以明臣子之恩也。鄉飲酒之禮。所以明長幼之序也。昏姻之禮。所以明男女之別也。夫禮禁亂之所由生。猶坊止水之所自來也。故以舊坊爲無所用而壞之者。必有水敗。以舊禮爲無所用而去之者。必有亂患。壻於婦家日昏。婦於壻家曰姻。○方氏曰。君臣之亂。生於無義。故以朝覲之禮禁之。諸侯之亂。生於不和。故以聘問之禮禁之。臣子之亂。生於無恩。故以喪祭之禮禁之。以至鄉飲之施於長幼。昏姻之施於男女。其義亦若是而已。○坊音防。壞音怪。去上聲。故昏姻之禮廢。則夫婦之道苦。而淫辟之罪多矣。鄉飲酒之禮廢。則長幼之序失。而爭鬭之獄繁矣。喪祭之禮廢。則臣子之恩薄。而倍死忘生者眾矣。聘覲之禮廢。則君臣之位失。諸侯之行惡。而倍畔侵陵之敗起矣。故禮之教化也微。其止邪也於未形。使人日徙善遠罪而不自知也。是以先王隆之也。易曰。君子愼始。差若豪氂。繆以千里。此之謂也。此又自昏姻覆說至聘問朝覲。以明上文之義。所引易曰。緯書之言也。若如也。○鄭氏曰。苦謂不至不答之屬。○辟音僻。行去聲。遠去聲。繆音謬。

禮記卷之九

哀公問第二十七

哀公問於孔子曰。大禮何如。君子之言禮何其尊也。孔子曰。丘也小人。不足以知禮。君曰。否。吾子言之也。哀公魯君名蔣。大禮謂禮之大者。何其尊言稱揚之甚。孔子曰。丘聞之。民之所由生。禮爲大。非禮無以節事天地之神也。非禮無以辨君臣上下長幼之位也。非禮無以別男女父子兄弟之親。昏姻疏數之交也。君子以此之爲尊敬然。此皆禮之大者。故不得不尊敬之。○長上聲。別必列切。數入聲。然後以其所能教百姓。不廢其會節。禮本天秩。聖人因人情而爲之節文。非强之以甚高難行之事也。故曰以其所能教百姓。會節謂行禮之期節。如葬祭有葬祭之時。冠昏有冠昏之時。不可廢也。有成事。然後治其雕鏤文章黼黻以嗣。有成事謂諏日而得卜筮之吉。事可成也。雕鏤祭器之飾。文章黼黻。祭服之飾也。嗣者傳續不絕之義。此器服常存。則此禮必不泯絕矣。其順之。然後言其喪算。備其鼎俎。設其豕腊。脩其宗廟。歲時以敬祭祀。以序宗族。卽安其居。節醜其衣服。卑其宮室。車不雕幾。器不刻鏤。食不貳味。以與民同利。昔之君子之行禮者如此。順之謂上下皆無違心也。言猶明也。喪算五服歲月之數。殯葬久近之期也。卽安其居者隨其所處而安之也。節儉也。醜猶惡也。雕幾見郊特牲。器養器也。自奉如此其薄者。蓋欲不傷財不害民。而與民同其利也。○幾音祈。處上聲。

公曰。今之君子胡莫之行也。孔子曰。今之君子。好實無厭。淫德不倦。荒怠敖慢。固民是盡。午其衆以伐有道。求得當欲。不以其所。昔之用民者由前。今之用民者由後。今之君子莫爲禮也。實貨財也。淫德放蕩之行也。固如固獲之固。言取之力也。盡謂竭其所有也。午與迕同。午其衆違逆衆心也。求得當欲言不過求以稱其私欲而已。不以其所不問其理之所在也。由前由古之道。由後由今之道也。○好。厭。敖。午。當。並去聲。註行去聲。稱去聲。

孔子侍坐於哀公。哀公曰。敢問人道誰爲大。孔子愀然作色而對曰。君之及此言也。百姓之德也。固臣敢無辭而對。人道政爲大。愀然悚動之貌。作色變色也。百姓之德猶言百姓之幸也。敢無辭猶言豈敢無辭。○愀七小切。公曰。敢問何謂爲政。孔子對曰。政者正也。君爲正則百姓從政矣。君之所爲。百姓之所從也。君所不爲。百姓何從。公曰。敢問爲政如之何。孔子對曰。夫婦別。父子親。君臣嚴。三者正。則庶物從之矣。公曰。寡人雖無似也。願聞所以行三言之道。可得聞乎。夫婦。父子。君臣。三綱也。庶物。衆事也。無似。無所肖似。言無德也。○別。
必列切。孔子對曰。古之爲政。愛人爲大。所以治愛人。禮爲大。所以治禮。敬爲大。敬之至矣。大昏爲
大。大昏至矣。大昏既至。冕而親迎。親之也。親之也者。親之也。是故君子興敬爲親。舍敬是遺親
也。弗愛不親。弗敬不正。愛與敬。其政之本與。方氏曰。夫婦有內外之位。故曰別。父子有慈孝之恩。故曰親。君臣有上下之分。故曰嚴。易曰。有夫婦。
然後有父子。有父子。然後有君臣。故先後之序如此。三者之正。一以夫婦爲之本。故後言大昏爲大也。政在養人。故古之爲政。愛人爲大。然而愛之無節。則墨氏之兼愛矣。安能無亂乎。故曰
所以治愛人。禮爲大。禮止於敬而已。故曰所以治禮。敬爲大。禮以敬爲主。而大昏又爲至焉。故曰敬之至矣。大昏爲大。大昏既爲敬之至。故雖天子諸侯之尊。亦必冕而親迎也。已親其人。乃
所以使人之親己而已。故曰親之也者。親之也。冕而親迎。可謂敬矣。故曰與敬爲親。舍敬是遺親也。弗愛則無以相合。而其情疏。故曰弗愛不親。弗敬則無以相別。而其情褻。故曰弗敬不正
愛敬之道。其始本於閨門之內。及擴而充之。其愛至於不敢惡於人。其敬至於不敢慢於人。而德教加于百姓。刑于四海。故曰愛與敬其政之本與。○迎。去聲。舍。上聲。與。平聲。惡。去聲。公
曰。寡人願有言。然冕而親迎。不已重乎。孔子愀然作色而對曰。合二姓之好。以繼先聖之後。以
爲天地宗廟社稷之主。君何謂已重乎。公曰。寡人固。句不固焉得聞此言也。寡人欲問。不得其
辭。請少進。已重。太重也。寡人固。自言其固陋也。不固焉得聞此言者。言若不固陋。則不以此爲問。安得聞此言乎。請少進者。幸孔子更略有以進教我也。○石梁王氏曰。併言天地。
非止諸侯之禮也。○焉。音煙。孔子曰。天地不合。萬物不生。大昏萬世之嗣也。君何謂已重焉。孔子遂言曰。內
以治宗廟之禮。足以配天地之神明。出以治直言之禮。足以立上下之敬。物恥足以振之。國恥
足以興之。爲政先禮。禮其政之本與。直言二字未詳。或云當作朝廷。○陸氏曰。物以不振爲恥。國以不與爲恥。○應氏曰。物恥。謂事物之汙陋。國恥。謂國
體之卑辱。內外之禮交治。則國家安富尊榮。何恥之不伸。是時魯微弱。哀公欲振而興之。而不知禮之爲急。故夫子以是告之。○與。平聲。孔子遂言曰。昔三代明王
之政。必敬其妻子也有道。妻也者。親之主也。敢不敬與。子也者。親之後也。敢不敬與。君子無不
敬也。敬身爲大。身也者。親之枝也。敢不敬與。不能敬其身。是傷其親。傷其親。是傷其本。傷其本。
枝從而亡。三者百姓之象也。身以及身。子以及子。妃以及妃。君行此三者。則愾乎天下矣。大王

之道也。如此則國家順矣。敬吾身以及百姓之身。敬吾子以及百姓之子。敬吾妻以及百姓之妻。愾猶至也。暨也。如朔南暨聲教之意。大王愛民之君也。嘗言不以養人者害人。故曰大王之道也。○方氏曰。冕而親迎。所以敬其妻也。冠於阼階。所以敬其子也。爲主於內者妻也。故曰親之主。傳後於下者子也。故曰親之後。內非有主。則外不足以治其國家矣。下非有後。則上不足以承其祖考矣。此所以不敢不敬也。君子雖無所不敬。又以敬身爲大焉。非苟敬身也。以其爲親之枝故也。身之於親。猶木之有枝。親之於身。猶木之有本。相須而共體。又非特爲主爲後而已。此尤不敢不敬也。○愾音迄。大音泰。

公曰。敢問何謂敬身。孔子對曰。君子過言則民作辭。過動則民作則。君子言不過辭。動不過則。百姓不命而敬恭。如是則能敬其身。能敬其身則能成其親矣。君子以位言也。在上者言雖過。民猶以爲辭。辭者言之成文者也。動雖過。民猶以爲則。則者動之成法者也。所以君子之言動不敢有過。俱無過則民不待命令之及。而自知敬其上矣。民皆敬上。則君之身不爲人所辱。方謂之能敬身。成其親者。不使親名爲人所毀也。

公曰。敢問何謂成親。孔子對曰。君子也者。人之成名也。百姓歸之名。謂之君子之子。是使其親爲君子也。是爲成其親之名也已。孔子遂言曰。古之爲政愛人爲大。不能愛人。不能有其身。不能有其身。不能安土。不能安土。不能樂天。不能樂天。不能成其身。方氏曰。不能愛人。則傷之者至矣。故不能有其身。不能有其身。則一身無所容矣。故不能安土。安土則所居無所擇。樂天則所遭無所怨。俯能無所擇。則仰亦無所怨矣。故不能安土。不能樂天。能樂天則於理無所不順。成身之道。亦順其理而已。○樂音洛。

公曰。敢問何謂成身。孔子對曰。不過乎物。應氏曰。物者實然之理也。性分之內。萬物皆備。仁人孝子不過乎物者。即其身之所履。皆在義理之內。而不過焉。猶大學之止於仁止於孝也。違則過之。止則不過矣。夫物有定理。理有定體。雖聖賢豈能加毫末於此哉。亦盡其當然而止耳。

公曰。敢問君子何貴乎天道也。孔子對曰。貴其不已。如日月東西相從而不已也。是天道也。不閉其久。是天道也。無爲而物成。是天道也。已成而明。是天道也。日月相從不已。繼明照于四方也。不閉其久。窮則變。變則通也。無爲而成。不言而信。不怒而威也。已成而明。爲法於天下。可傳於後世也。○劉氏曰。天道至誠無息。所謂維天之命。於穆不已也。君子貴之。純亦不已焉。然其不已者。一動一靜互爲其根。如日往則月來。月往則日來。是以不窮其久。無思無營而萬物自然各得其成。及其既成。皆粲然可見也。蓋其機緘密運而不已者。雖若難名。而成功則昭著也。無爲而成者。不見其爲之之迹。而但見有成也。此唯天爲大。唯堯則之。蕩蕩乎民無能名焉。巍巍乎其有成功也。煥乎其有文章之謂也。

公曰。寡人惷愚冥煩。子志之心也。惷愚蔽於氣質也。冥者。暗於理。煩者。累於事。志讀如字。哀公自言其不能敏悟所致。欲孔子以簡切之語。志記於我心。故孔子下文所對。是舉其要者言之。○惷戶雍切。孔子蹴然辟席而對曰。仁人不過乎物。孝子不過乎物。是故仁人之事親也如事天。事天如事親。是故孝子成身。公曰。寡人既聞此言也。無如後罪何。孔子對曰。君之及此言也。是臣之福也。蹴然變容爲肅敬貌。無如後罪何。言雖聞此言。然無奈後日過乎物而有罪何。此言是有意於寡過矣。故孔子以爲是臣之福。○方氏曰。仁人者。主事天言之也。孝子者。主事親言之也。親則近而疑其不尊。天則遠而疑其難格。徒以近而不尊。則父子之間。或幾乎褻矣。徒以遠而難格。則天人之際。或幾乎絶矣。故事親如事天者。所以致其尊而不欲其褻也。事天如事親者。所以求其格而不欲其疎也。○石梁王氏曰。仁人之事親也如事天。事天如事親。此兩句非聖人不能言。○蹴音蹙。辟音避。幾平聲。

仲尼燕居第二十八

石梁王氏曰。文雖有首尾。然辭旨散漫處多。未必孔子之言。

仲尼燕居。子張子貢言游侍。縱言至於禮。子曰。居。女三人者。吾語女禮。使女以禮周流無不徧也。子貢越席而對曰。敢問何如。子曰。敬而不中禮謂之野。恭而不中禮謂之給。勇而不中禮謂之逆。子曰。給奪慈仁。縱言。汎言諸事也。周流無不徧者。隨遇而施。無不中節也。敬以心言。恭以容言。禮雖以敬恭爲主。然違於節文。則有二者之弊。給者。足恭便佞之貌。逆者。悖戾爭鬬之事。夫子嘗言恭而無禮則勞。勇而無禮則亂。給則勞。逆則亂矣。夫子於三者之弊。獨言給之爲害。何也。蓋野與逆二者。猶是直情徑行而然。使習於禮。則無此患矣。惟足恭便給之人。是曲意徇物。致飾於外。務以悅人。貌雖類於慈仁。而本心之德則亡矣。故謂之奪慈仁。謂巧言令色鮮矣仁。而恥乎足恭。正此意也。○女音汝。下同。語去聲。中去聲。足去聲。便平聲。鮮上聲。子曰。師爾過。而商也不及。子產猶衆人之母也。能食之。不能教也。子貢越席而對曰。敢問將何以爲此中者也。子曰。禮乎禮。夫禮所以制中也。能食不能教。亦爲不及。故子貢并以中爲問。○食音嗣。下節同。子貢退。言游進曰。敢問禮也者。領惡而全好者與。子曰。然。然則何如。子曰。郊社之義。所以仁鬼神也。嘗禘之禮。所以仁昭穆也。饋奠之禮。所以仁死喪也。射鄉之禮。所以仁鄉黨也。食饗之禮。所以仁賓客也。前言禮釋回增美質。此言領惡全好。大意相類。仁昭穆。謂祭時則羣昭羣穆咸在也。饋奠。喪奠也。非吉祭。鄉射鄉飲酒。皆行之於鄉。故曰仁鄉黨。人而不仁如禮何。此五者之禮。皆發於本心之仁也。○應氏曰。領。謂總攬收拾之也。好惡對立。一長一消。惡者收斂而無餘。則善者渾全而無虧矣。夫禮之制中。非屑屑然與惡爲敵而去之也。養其良心。啓其善端。而不善者自消矣。仁者。善之道也。祭祀聘享。周旋委曲焉者。凡以全此而已。仁心發於中。而後禮文見於外。及禮之既舉。而是心達焉。則幽明之間。咸順其序。驩欣浹洽。皆在吾仁之中。是仁之周流暢達也。○劉氏曰。領惡猶言克己也。視聽言動非禮則勿。所以克去己私之惡。而全天理之善也。一日克己復禮。則天下歸仁。所以鬼神昭穆。死喪鄉黨賓客之禮。無所往而不爲仁也。○與。平聲。長。渾去並上聲。

子曰。明乎郊社之義。嘗禘之禮。治國其如指諸掌而已乎。明乎郊社之義。則事天如事親。明乎嘗禘之禮。則事親如事天。仁人孝子明於此。故能推民胞物與之心。而天下國家。有不難治者矣。○治。平聲。

是故以之居處有禮。故長幼辨也。以之閨門之內有禮。故三族和也。以之朝廷有禮。故官爵序也。以之田獵有禮。故戎事閑也。以之軍旅有禮。故武功成也。三族。父子孫也。上文言郊社以下五者。此又言居處以下五事。皆所以明禮之無乎不在也。○處。長。並上聲。朝。平聲。

是故宮室得其度。量鼎得其象。味得其時。樂得其節。車得其式。鬼神得其饗。喪紀得其哀。辯說得其黨。官得其體。政事得其施。加於身而錯於前。凡衆之動得其宜。

方氏曰。奥爲尊者所居。阼爲主者所在。寢則無侵。房則有方。至是極而中者爲極。自是衰而殺者爲榱。楹以盈而有所任也。檐以瞻而有所至也。櫨若顱然。楣若眉然。如是則宮室得其度矣。若魯莊公丹楹刻桷。臧文仲山節藻棁。蓋失其度故也。量左爲升。以象陽之所升。右爲合。以象陰之所合。仰者爲斛。以象顯而有所承。覆者爲斗。以象隱而有所庇。外圜其形。動以象天也。內方其形。靜以地也。鼎口在上。以象有所安乎上。足在下。以象有所立乎下。大者爲鼐。以象氣之所仍。揜者爲鼒。以象才之所任。足奇其數。參乎天也。耳偶其數。兩乎地也。非特此而已。以兆之則有庣。以既之則有槪。而量之所象又有如此者。以貫之則有耳。以舉之則有鉉。而鼎之所象又有如此者。其音足以中黃鍾。而量又有樂之象焉。其亨足以亨上帝。而鼎又有禮之象焉。易曰以制器者尚其象。蓋謂是矣。然其器疏以達者所以象春。高以粗者所以象夏。廉以深之象秋。閎以奄之象冬。器固無適而非象也。止以量鼎爲言者。蓋量爲器之大者。大者得其象。則小者從可知。鼎爲器之重者。重者得其象。則輕者從可知。若春多酸。夏多苦。秋多辛。冬多鹹。所謂味得其時也。陽而不散。陰而不密。剛氣不怒。柔氣不懾。所謂樂得其節也。車得其式者。六等之數。作車之式也。五路之用。乘車之式也。鬼神得其饗者。若天神皆降。地祇皆出。人鬼皆格。可得而禮是矣。喪紀得其哀者。或發於容體。或發於聲音。或發於言語飲食。或發於居處衣服。而各得其哀也。辯說得其黨。若在官言官。在府言府。在庫言庫。在朝言朝之類。官得其體。若天官掌邦治。地官掌邦教之類。政事得其施。若施典于邦國。施則於都鄙。施法于官府之類。○劉氏曰。禮以制中。無過無不及。克己復禮爲仁。則溥博淵泉而時出之。故凡衆之動。無不得其時中之宜。經禮三百。曲禮三千。無一事之非仁也。○量。去聲。錯。音措。殺。去聲。庣。音挑。亨。音烹。

子曰。禮者何也。即事之治也。君子有其事。必有其治。治國而無禮。譬猶瞽之無相與。倀倀乎其何之。譬如終夜有求於幽室之中。非燭何見。若無禮。則手足無所錯。耳目無所加。進退揖讓無所制。

是故以之居處。長幼失其別。閨門。三族失其和。朝廷。官爵失其序。田獵。戎事失其策。軍旅。武功失其制。宮室失其度。量鼎失其象。味失其時。樂失其節。車失其式。鬼神失其饗。喪紀失其哀。辯說失其黨。官失其體。政事失其施。加於身而錯於前。凡眾之動失其宜。如此則無以祖洽於眾也。倀倀。無定向之貌。祖。始也。洽。合也。言無以率先天下而使之協合也。○洽。平聲。相。去聲。與。平聲。倀。音昌。錯。音措。處。長。並上聲。別。必列切。朝。音潮。量。去聲。先。去聲。子曰。慎聽之。女三人者。吾語女禮。猶有九焉。大饗有四焉。苟知此矣。雖在畎畝之中事之。聖人已。兩君相見。揖讓而入門。入門而縣興。揖讓而升堂。升堂而樂闋。下管象武。夏籥序興。陳其薦俎。序其禮樂。備其百官。如此而后君子知仁焉。行中規。還中矩。和鸞中采齊。客出以雍。徹以振羽。是故君子無物而不在禮矣。入門而金作。示情也。升歌清廟。示德也。下而管象。示事也。是故古之君子不必親相與言也。以禮樂相示而已。知者。知其理也。事者。習其儀也。聖人已者。言可以進於聖人禮樂之道也。兩君相見。諸侯相朝也。縣。樂器之懸於筍簴者也。興。作也。升堂而樂闋者。既升堂。主人獻賓酒。賓卒爵而樂止也。此饗禮之一節也。賓酢主君又作樂。主君飲畢則樂止。此饗禮之二節也。下管象武之上。鈌升歌清廟一句。或記者略耳。升堂而歌清廟之詩。是三節也。堂下以管吹象武之曲。是四節也。夏籥。禹大夏之樂曲。以籥吹之也。與象武交序更迭而作。故云夏籥序興。言禮而必曰君子知仁。使三子求節文於天理之中也。行中規。第五節也。還中矩。第六節也。采齊。樂章名。和鸞。車上之鈴也。車行整綏。則鈴聲與樂聲相中。蓋出門迎賓之時。此第七節也。客出之時。歌雍詩以送之。此第八節也。振羽。即振鷺。禮畢徹器。則歌振鷺之詩。九節也。九者之禮。大饗有其四。一是賓卒爵而樂闋。二是賓酢主卒爵則樂又闋。三是升歌清廟。四是下管象武。餘五者則非饗禮所得專也。○方氏曰。雍禘大祖之詩也。其用為大。故歌之以送客。振鷺助祭之詩。其用為小。故歌之以徹器而已。二詩本主於禘太祖與助祭。而又用之於此者。猶鹿鳴本以燕羣臣。而又用於鄉飲也。然論語言以雍徹其用與此不同。又何也。蓋彼言天子饗神之事。此言諸侯饗賓之事。重輕固可知矣。示情者欲賓主以情相接也。示德者。欲賓主以德相讓也。示事者。欲賓主以事相成也。○劉氏曰。仁者天下之正理。禮序樂和。天下之正理不外是矣。故曰如此而後君子知仁。○縣。音玄。闋。音鈌。夏。上聲。中。去聲。還。音旋。齊。音慈。振。平聲。更。平聲。子曰。禮也者理也。樂也者節也。君子無理不動。無節不作。不能詩。於禮繆。不能樂。於禮素。薄於德。於禮虛。樂記言樂者天地之和也。禮者天地之序也。此言禮者理也。樂者節也。蓋禮得其理。則有序而不亂。樂得其節。則雖和而不流。君子無理不動。防其亂也。無節不作。防其流也。人而不為周南召南。猶正牆面而立。不能詩者。能不繆於禮乎。禮之用。和爲貴。不能樂。則無從容委曲之度。是達於禮而不達於樂。謂之素也。素謂質朴也。忠信之人。可以學禮。薄於德者。必不能充於禮也。○繆去聲。呂音郃。子曰。制度在禮。文爲在禮。行之其在人乎。子貢越席而對曰。敢問夔其窮與。子曰。古之人與。古之人也。達於禮而不達於樂。謂之素。達於樂而不達於禮。謂之偏。夫夔達於樂而不達於禮。是以傳於此名也。古之人也。文謂文章之顯設者。苟非其人。則禮不虛道。是以行之在人也。子貢之意。謂夔以樂稱。而不言其知禮。其不通於禮乎。窮不通也。夫子再言古之人。亦微示不可貶之意。言夔以偏於知樂。是以傳此不達禮之名於後世耳。然而畢竟是古之賢者也故又終之以古之人也之言。然則禮樂之道。學者能知其相爲用之原。則無素與偏之失矣。

子張問政。子曰。師乎。句前吾語女乎。君子明於禮樂。舉而錯之而已。前吾語女。謂昔者已嘗告汝矣。舉而錯之。謂舉禮樂之道而施之政事也。子張復問。子曰。師。爾以爲必鋪几筵。升降酌獻酬酢。然後謂之禮乎。爾以爲必行綴兆。興羽籥。作鐘鼓。然後謂之樂乎。言而履之。禮也。行而樂之。樂也。君子力此二者。以南面而立。夫是以天下大平也。諸侯朝。萬物服體。而百官莫敢不承事矣。筵。席也。綴兆。舞者之行列也。萬物服體。謂萬事皆從其理。○復扶又切。綴音拙。而樂樂音洛。大音泰。朝音潮。行音杭。禮之所興。衆之所治也。禮之所廢。衆之所亂也。目巧之室則有奧阼。席則有上下。車則有左右。行則有隨。立則有序。古之義也。衆之治亂。由禮之興廢。此所以爲政先禮也。目巧。謂不用規矩繩墨。但據目力相視之巧也。言雖苟簡爲之。亦必有奧阼之處。蓋室之有奧。所以爲尊者所處。堂之有阼。所以爲主人之位也。席或以南方爲上。或以西方爲上。詳見曲禮。車之尊位在左。父之齒隨行。貴賤長幼。各有所立之位。此皆古聖人制禮之義也。○相去聲。處上聲。室而無奧阼。則亂於堂室也。席而無上下。則亂於席上也。車而無左右。則亂於車也。行而無隨。則亂於塗也。立而無序。則亂於位也。昔聖帝明王諸侯。辨貴賤長幼遠近男女外內。莫敢相踰越。皆由此塗出也。三子者既得聞此言也於夫子。昭然若發矇矣。此言禮之爲用無所不在。失之則隨事致亂。爲政者可舍之而他求乎。貴賤以爵言。長幼以齒言。遠近以親疏言。男女以同異言。外內以位序言也。○方氏曰。發矇者。若目不明。爲人所發而有所見也。○石梁王氏曰。篇末二句。是記者自作結語。

孔子閒居第二十九

孔子閒居。子夏侍。子夏曰。敢問詩云。凱弟君子。民之父母。何如斯可謂民之父母矣。孔子曰。夫民之父母乎。必達於禮樂之原。以致五至。而行三無。以橫於天下。四方有敗。必先知之。此之謂民之父母矣。詩大雅泂酌之篇。凱。樂也。弟。易也。橫者。廣被之意。言三無五至之道。廣被於天下也。四方將有禍敗之釁而必能先知者。以其切於憂民。是以能審治亂之幾也。○弟音悌。子夏曰。民之父母既得而聞之矣。敢問何謂五至。孔子曰。志之所至。詩亦至焉。詩之所至。禮亦至焉。禮之所至。樂亦至焉。樂之所至。哀亦至焉。哀樂相生。是故正明目而視之。不可得而見也。傾耳而聽之。不可得而聞也。志氣塞乎天地。此之謂五至。五至三無者。至則極盛而無以復加。無則至微而不泥於迹之謂也。在心爲志。發言爲詩。志盛則言亦盛。故曰志之所至。詩亦至焉。詩有美刺。可以興起好善惡惡之心。興於詩者必能立於禮。故曰詩之所至。禮亦至焉。禮貴於序。樂貴於和。有其序則有其和。無其序則無其和。故曰禮之所至。樂亦至焉。樂至則樂民之生。而哀民之死。故曰樂之所至。哀亦至焉。君能如此。故民亦樂君之生。而哀君之死。是哀樂相生也。樂民之樂者。民亦樂其樂。憂民之憂者。民亦憂其憂。卽下文無聲之樂。無服之喪是也。目正視則明全。耳傾聽則聰審。今正視且不見。傾聽且不聞。是五至無體無聲。而惟其志氣之充塞乎天地也。塞乎天地。卽所謂橫於天下也。○哀樂樂音洛。塞。入聲。復扶又切。泥。去聲。子夏曰。五至既得而聞之矣。敢問何謂三無。孔子曰。無聲之樂。無體之禮。無服之喪。此之謂三無。子夏曰。三無既得略而聞之矣。敢問何詩近之。孔子曰。夙夜其命宥密。無聲之樂也。威儀逮逮。不可選也。無體之禮也。凡民有喪。匍匐救之。無服之喪也。夙。早也。基。始也。宥。寬也。密。寧也。周頌昊天有成命篇。言文王武王夙夜憂勤。以肇基天命。惟務行寬靜之政以安民。夫子以喩無聲之樂者。言人君政善。則民心自然喜悅。不在於鐘鼓管絃之聲也。逮逮。詩作棣棣。盛也。選。擇也。邶風柏舟之篇。言仁人威儀之盛。自有常度。不容有所選擇。初不待因物以行禮而後可見。故以喩無體之禮也。手行爲匍。伏地爲匐。邶風谷風之篇言凡人有死喪之禍。必汲汲然往救助之。此非爲有服屬之親。特周救其急耳。故以喩無服之喪也。○其音基。子夏曰。言則大矣。美矣。盛矣。言盡於此而已乎。孔子曰。何爲其然也。君子之服之也。猶有五起焉。疏曰。服。習也。言君子習此三無。猶有五種起發其義。○種。上聲。子夏曰。何如。孔子曰。無聲之樂。氣志不違。無體之禮。威儀遲遲。無服之喪。內恕孔悲。無聲之樂。氣志既得。無體之禮。威儀翼翼。無服之喪。施及四國。無聲之樂。氣志既從。無體之禮。上下和同。無服之喪。以畜萬邦。無聲之樂。日聞四方。無體之禮。日就月將。無服之喪。施于孫子。方氏曰。無聲之樂。始之以氣志不違者。言內無所戾也。無所戾。則無所失。故繼之以氣志既得。得之於身。則人亦與之。故繼之以氣志既從。人從之矣。則聲聞于外。故繼之以日聞四方。日聞不已。則方與而未艾。故繼之以氣志既起。無體之禮。始之以威儀遲遲者。言緩而不迫也。緩或失之於怠。故繼之以威儀翼翼。威儀得中。則無乖離之心。故繼之以上下和同。和同而無乖離。則久而愈大。故繼之以日就月將。愈大則不特施于近而可以及乎遠。故終之以施及四海。無服之喪。始之以內恕孔悲者。言其以仁存心也。仁者愛人。故繼之以施及四國。以仁及人。則所養者眾。故繼之以以畜萬邦。所養者眾。則其德發揚于外。故繼之以純德孔明。德既發揚于外。則澤足以被于後世。故終之以施于孫子。其序如此。謂之五起。不亦宜乎。○應氏曰。大抵援詩句以發揚詠歎之。蓋贊美之不已也。○劉氏曰。志氣塞乎天地。則是君之志動天地之氣也。氣志不違以下。則是君心和樂之氣感天下之志也。○施音異。聞音問。子夏曰。三王之德參於天地。敢問何如斯可謂參天地矣。孔子曰。奉三無私以勞天下。子夏曰。敢問何謂三無私。孔子曰。天無私覆。地無私載。日月無私照。奉斯三者以勞天下。此之謂三無私。其在詩曰。帝命不違。至於湯齊。湯降不遲。聖敬日齊。昭假遲遲。上帝是祗。帝命式于九圍。是湯之德也。三王之德參於天地。蓋古語。故子夏舉以為問。詩商頌長發之篇。孔子引之以證湯無私之德。○嚴氏曰。商自契以來。天命所嚮。未嘗去之。然至湯而後與天齊。謂王業至此而成。天命至此而集。天人適相符合也。湯之謙抑。所以自降下者甚敏而不遲。故聖敬之德。日以躋升也。敬為聖人之敬。言至誠也。日躋言至誠無息也。德日新又日新。是聖敬日躋之盛。即文王之純亦不已也。其昭格於天。遲遲甚緩。言湯無心於得天。付之悠悠也。湯無所覬倖。故唯上帝是敬。其誠專一。然天自命之以為法於天下。使為王也。○勞去聲。覆去聲。上齊如字。下齊音躋。假音格。天有四時。春秋冬夏。風雨霜露。無非教也。地載神氣。神氣風霆。風霆流形。庶物露生。無非教也。上章引詩以明王道之無私。此言天地之無私也。春夏之啓。秋冬之閉。風雨之發生。霜露之肅殺。無非天道至公之教也。載。猶承也。由神氣之變化。致風霆之顯設。地順承天施。故能發育羣品。形。猶迹也。流形。所以運造化之迹。而庶物因之以生。此地道至公之教也。聖人之至德。與天道之至教。均一無私而已。清明在躬。氣志如神。耆欲將至。有開必先。天降時雨。山川出雲。其在詩曰。嵩高維嶽。峻極于天。維嶽降神。生甫及申。維申及甫。為周之翰。四國于蕃。四方于宣。此文武之德也。清明在躬。氣志如神。即至誠前知之謂也。耆欲。所願欲之事也。有開必先。言先有以開發其兆朕者。如將興必有禎祥。若時雨將降。山川必先為之出雲也。國家將興。天必為之篤生賢佐。故引大雅嵩高之篇。言文武有此無私之德。故天為之生賢佐以興周。而文武無此詩。故致宣王詩為喻。而曰此文武之德也。○嚴氏曰。嵩然而高竦者嶽也。其山峻大。極至于天。維此嶽降其神靈。以生仲山甫及申伯。此申伯及山甫皆爲周室之翰幹。四國則于以蕃藙其患難。四方則于以宣布其德澤。○耆音嗜。爲之爲去聲。三代之王也。必先其令聞。詩云。明明天子。令聞不已。三代之德也。弛其文德。協此四國。大王之德也。子夏蹶然而起。負牆而立曰。弟子敢不承乎。先其令聞者。未王之先。其祖宗積德。已有令善之聲聞也。詩大雅江漢之篇。弛猶施也。詩作矢。陳也。協詩作洽。詩美宣王。此亦取以爲喻。子夏問三王之德。夫子但舉殷周言之者。禹以禪無可疑。殷周放伐。故特明其非私也。蹶然喜躍之貌。負牆而立者。問竟則退後背壁而立。以避進問之人也。承者奉順不失之意。○應氏曰。嵩高生賢。本於文武德洽四國。始於大王。其積累豈一日哉。○王聞並去聲。大音泰。蹶音鱖。禪背並去聲。

坊記第三十

子言之。君子之道。辟則坊與。坊民之所不足者也。大爲之坊。民猶踰之。故君子禮以坊德。刑以坊淫。命以坊欲。辟讀爲譬。坊與防同。言君子以道防民之失。猶以隄防過水之流也。○應氏曰。理欲相爲消長。人欲熾盛而有餘。則天理消滅而不足。禮則防其所不足。而制其所有餘焉。性之善爲德。禮以防之而養其源。情之蕩爲淫。刑以防之而遏其流。聖人防民之具至矣。然人之欲無窮。而非防閑之所能盡也。聖人於是而有命之說焉。命出於天。各有分限。而截然不可踰也。天之命令。人力莫施。以是防之。則覬覦者塞。羨慕者止。而欲不得肆矣。○辟音譬。坊音防。與平聲。長上聲。分音問。塞入聲。

子云。小人貧斯約。富斯驕。約斯盜。驕斯亂。禮者。因人之情而爲之節文。以爲民坊者也。故聖人之制富貴也。使民富不足以驕。貧不至於約。貴不慊於上。故亂益亡。方氏曰。小人無道以安貧。故貧斯約。無德以守富。故富斯驕。約者不獲忞。則有羨彼之志。故約斯盜。驕者不能遜。則有犯上之心。故驕斯亂。凡此皆人之情也。而禮則因而爲之節文。富者不以有餘而慢於人。貧者不以不足而窮其身。貴者不以在上而慊於物。皆由有禮故也。若家富不過百乘。所以制富而不使之驕也。一夫受田百畝。所以制貧而不使之約也。伐冰之家。不畜牛羊。所以制貴而不使之慊也。○慊口簟切。乘去聲。

子云。貧而好樂。富而好禮。衆而以寧者。天下其幾矣。詩云。民之貪亂。寧爲荼毒。故制國不過千乘。都城不過百雉。家富不過百乘。以此坊民。諸侯猶有畔者。衆而以寧。謂家族衆盛而不以悖亂致禍敗也。天下其幾。言此三者不多見也。詩大雅桑柔之篇。貪猶欲也。荼苦菜也。毒螫蟲也。刺厲王。言民苦政亂。欲其亂亡。故寧爲荼苦毒螫之行以相侵暴而不之恤也。千乘諸侯之國。其地可出兵車千乘也。都城卿大夫都邑之城也。雉度名也。高一丈長三丈爲一雉。家富卿大夫之富也。不過百乘。其采地所出之兵車。不得過此數也。○石梁王氏曰。貧而好樂。添一好字。恐非孔子語。○好去聲。樂音洛。幾上聲。乘去聲。行去聲。采去聲。

子云。夫禮者。所以章疑別微。以爲民坊

者也。故貴賤有等，衣服有別，朝廷有位，則民有所讓。疑者惑而未決，微者隱而不明，惟禮足以章明之，分別之也。○別，必列切，下節同。

子云：天無二日，土無二王，家無二主，尊無二上，示民有君臣之別也。春秋不稱楚越之王喪，禮君不稱天，大夫不稱君，恐民之惑也。詩云：相彼盍旦，尚猶患之。

子云：君不與同姓同車，與異姓同車不同服，示民不嫌也。以此坊民，民猶得同姓以弒其君。楚越之王喪，書卒不書葬，夷之也。君不稱天，避天子也。大夫不稱君而稱主，避國君也。詩逸詩也。盍旦，夜鳴求旦之鳥。患猶惡也。言視彼盍旦之夜鳴以求曉，是欲反夜作晝，求所不當求者，人尚且惡之，況人臣而求犯其上乎。不同車，遠害也。篡弒之禍，常起於同姓，故與異姓同車則不嫌。○相，去聲。盍音渴。惡，去聲。遠，去聲。

子云：君子辭貴不辭賤，辭富不辭貧，則亂益亡。故君子與其使食浮於人也，寧使人浮於食。食，祿也。浮，在上也。才德薄而受祿厚，是食浮於人也。

子云：觴酒豆肉，讓而受惡，民猶犯齒；衽席之上，讓而坐下，民猶犯貴；朝廷之位，讓而就賤，民猶犯君。詩云：民之無良，相怨一方；受爵不讓，至于已斯亡。

子云：君子貴人而賤己，先人而後己，則民作讓。故稱人之君曰君，自稱其君曰寡君。詩，小雅角弓之篇。爵，酒器也。嚴氏云：兄弟有因杯酒得罪而怨者，此為持平之論以解之。言凡人之不善者，其相怨各執一偏，而不能參彼已之曲直，故但知怨其上而不恩已過。然其端甚微，或止因受爵失辭遜之節，而或至於亡其身，亦可念矣。○方氏曰：禮，六十以上籩豆有加，故酒肉以犯齒言；三命不齒，席于尊東，故衽席以犯貴言；族人不得戚君位，故朝廷以犯君言。

子云：利祿先死者而後生者，則民不偝；先亡者而後存者，則民可以託。詩云：先君之思，以畜寡人。以此坊民，民猶偝死而號無告。詩，邶風燕燕之篇。畜，詩作勗，勉也。莊姜言歸妾戴嬀思念先君莊公，以婦道勗勉寡人。寡人，莊姜自謂。此以勗為畜者，言能容畜我於心而不忘，是不偝死忘生之意也。○疏曰：財利榮祿之事，假令死之與生並合俱得，君上則先與死者，後與生者，以此化民，則民皆不偝於死者。亡謂身為國事而出亡在外，存謂存在國內者。君有利祿，先與在外亡者，而後與國內存者，以此化民，民皆仁厚，可以大事相付託也。偝死而號無告者，言民偝棄死者，其生者老弱號呼無所控告也。○偝音佩。號，平聲。令，平聲。呼，去聲。

子云：有國家者貴人而賤祿，則民興讓；尚技而賤車，則民興藝。故君子約言，小人先言。貴人，貴有德之人也。言君能貴有德者而不吝於爵祿，則民興於讓善；尚有能者而不吝於賜車，則民興於習藝。賤祿賤車，非輕祿器也，特以貴賢尚能而不吝於所當與耳。讀者不以辭害意可也。言之不怍，則為之也難，故君子之言常約。小人則先言而後行，不必其言行之相顧也。○鄭氏曰：約與先互言，君子約則小人多矣，小人先則君子後矣。

子云：上酌民言，則下天上施；上不酌民

言則犯也。下不天上施則亂也。故君子信讓以涖百姓。則民之報禮重。詩云。先民有言。詢于芻蕘。上酌民言。謂人君將施政教。必斟酌參挹乎輿論之可否。如此則政教所加。民尊戴之如天所降下者矣。否則民必違犯也。民不天上之所施。則悖慢之亂作矣。信則不欺於民。讓則不侍乎已。以此臨民。民得不親其上。死其長乎。故曰民之報禮重也。詩大雅板之篇。詢于芻蕘。商于取草取薪之賤者也。引此以明酌民言之意。○施去聲。長上聲。

子云。善則稱人。過則稱已。則民不爭。善則稱人。過則稱已。則怨益亡。詩云。爾卜爾筮。履無咎言。詩衞風氓之篇。履當依詩作體。謂卜之於龜筮之於蓍。其卦兆之體。皆無凶咎之辭也。以無咎明不爭不怨之意。○石梁王氏曰。鄭箋詩。既以體爲卦兆之體。何故於此曲附履字之訛。

子云。善則稱人。過則稱已。則民讓善。詩云。考卜惟王。度是鎬京。惟龜正之。武王成之。詩大雅文王有聲之篇。言稽考龜卜者武王也。謀度鎬京之居。蓋武王之志已先定矣。及以吉凶取正於龜。而龜亦協從。武王遂以龜爲正而成此都焉。是武王不自以爲功而讓之龜卜也。故引以爲讓善之證。然此兩節所引詩意義皆不甚協。○度入聲。

子云。善則稱君。過則稱已。則民作忠。君陳曰。爾有嘉謀嘉猷。入告爾君于內。女乃順之于外。曰此謀此猷。惟我君之德。於乎。是惟良顯哉。君陳。周書。與今書文小異。引以證善則稱君之義。○女音汝。於乎音嗚呼。

子云。善則稱親。過則稱已。則民作孝。大誓曰。予克紂。非予武。惟朕文考無罪。紂克予。非朕文考有罪。惟予小子無良。泰誓。周書。引以證善則稱親之義。○大音泰。

子云。君子弛其親之過。而敬其美。論語曰。三年無改於父之道。可謂孝矣。高宗云。三年其惟不言。言乃讙。弛猶棄忘也。三年不言。見商書說命篇。讙今周書無逸篇作雍。與歡同。言天下喜悅之也。此條引論語近之。引書義不協。○石梁王氏曰。既有子云。又引論語曰。不應孔子自言。因知皆後人爲之。且不應孔子發言段段引證如此齊同。○說音悅。

子云。從命不忿。微諫不倦。勞而不怨。可謂孝矣。詩云。孝子不匱。從命不忿。謂承受父母命令之時。不可有忿戾之色。蓋或以他事致忿。而其色未平也。一說。忿當作怠。亦通。詩大雅既醉之篇。言孝子事親無乏止之時。

子云。睦於父母之黨。可謂孝矣。故君子因睦以合族。詩云。此令兄弟。綽綽有裕。不令兄弟。交相爲瘉。因睦以合族。謂會聚宗族爲燕食之禮。因以致其和睦之情也。詩小雅角弓之篇。令善也。綽綽寬容之貌。瘉病也。○瘉音庾。

子云。於父之執。可以乘其車。不可以衣其衣。君子以廣孝也。子云。小人皆能養其親。君子不敬。何以辨。子云。父子不同位。以厚敬也。書云。厥辟不辟。忝厥祖。父之執。與父執志同者也。車所同。衣所獨。故車可乘。衣不可衣。廣孝。謂敬之同於父。亦錫類之義也。辨別也。同位則尊卑相等。是不敬也。故不同位者。所以厚敬親之道。書。商書太甲篇。今書文無上厥字。言君不君而與臣相褻。則辱其先祖。以諭父不自尊而與卑者同位。亦為忝祖也。○上衣。去聲。養。去聲。辟。音璧。別。必列切。子云。父母在不稱老。言孝不言慈。閨門之內。戲而不歎。君子以此坊民。民猶薄於孝而厚於慈。曲禮云。恒言不稱老。與此意同。孝所以事親。慈所以畜子。言孝不言慈者。慮其厚於子而薄於親故也。可以娛人而使之樂者戲也。可以感人而使之傷者歎也。閨門之內。謂父母之側。戲而不歎。非專事於戲也。謂為孺子之容此。或足以娛親。猶云可爾。恨歎之聲則傷親。故不為也。子云。長民者。朝廷敬老。則民作孝。子云。祭祀之有尸也。宗廟之有主也。示民有事也。脩宗廟。敬祀事。教民追孝也。以此坊民。民猶忘其親。方氏曰。為親之死。故為尸以象其生。為神之亡。故為主以寓其存。經曰。事死如事生。事亡如事存。此所以言示民有事也。追孝與祭統言追養繼孝同義。○長。上聲。子云。敬則用祭器。故君子不以菲廢禮。不以美沒禮。故食禮。主人親饋則客祭。主人不親饋則客不祭。故君子苟無禮。雖美不食焉。易曰。東鄰殺牛。不如西鄰之禴祭。寔受其福。詩云。既醉以酒。既飽以德。以此示民。民猶爭利而忘義。籩豆簠簋之屬皆祭器。用之賓客。以寓敬也。非薄而廢禮與過文而沒禮。皆不得為敬。主人親饋。是敬客也。客祭其饌。是敬主也。易。既濟九五爻辭。禴。薄也。詩。大雅既醉之篇。○方氏曰。食者。利之所存。禮則義之所出。故言爭利以忘義。○食。音嗣。子云。七日戒。三日齊。承一人焉以為尸。過之者趨走。以教敬也。醴酒在室。醍酒在堂。澄酒在下。示民不淫也。尸飲三。眾賓飲一。示民有上下也。因其酒肉。聚其宗族。以教民睦也。故堂上觀乎室。堂下觀乎上。詩云。禮儀卒度。笑語卒獲。承。奉事之也。醴齊。醍齊。澄酒。此三酒味薄者在上。味厚者在下。貴薄而賤厚。是示民以不貪淫於味也。尸飲三。主人主婦賓長各一獻也。然後主人獻賓。是眾賓飲一也。尊上者得酒多。卑下者少。是示民以上下之等也。祭禮之末。序昭穆相獻酬。此以和睦之道教民也。堂上者觀室中之禮儀。堂下者又觀堂上之禮儀。其容有不肅者乎。詩。小雅楚茨之篇。卒。盡也。言禮儀盡合於法度。笑語盡得其宜也。○齊音劑。醍。音體。醴齊醍齊之齊。去聲。子云。賓禮每進以讓。喪禮每加以遠。浴於中霤。飯於牖下。小斂於戶內。大斂於阼。殯於客位。祖於庭。葬於墓。所以示遠也。殷人弔於壙。周人弔於家。示民不背也。子云。死民之卒事也。吾從周。以此坊民。諸侯猶有薨而不葬者。賓自外而入。其禮不可以不讓。喪自內而出。其禮不容於不遠。其進其加。皆以漸致。禮之道也。章首賓喪並言。下獨言喪禮者。重卒葬而言。餘說見檀弓。○飯。壙。並上聲。子云。升自客階。受弔於賓位。教民追孝也。未沒喪不稱君。示民不爭也。故魯春秋記晉喪曰。殺其君之子奚齊。及其君卓。以此坊民。子猶有弒其父者。魯僖公九年。晉侯詭諸卒。冬。里克弒其君之子奚齊。十年。里克弒其君卓子。○方氏曰。升自客階而不敢由於主人之階。受弔於賓位。而不敢居於主人之位。所以避父之尊。盡為子之孝而已。父既往而猶未忍升其階居其位焉。故曰敎民追孝也。居君之位而未敢稱君之號。則推讓之心固可見矣。故曰示民不爭也。子云。孝以事君。弟以事長。示民不貳也。故君子有君不謀仕。唯卜之日稱二君。推事父之道以事君。推事兄之道以事長。皆誠實之至。豈敢有副貳其上之心乎。欲貳其君是與尊者相敵矣。故云示民不貳也。君子。人君之子也。有君。君在也。不謀仕。嫌欲急於為政也。世子他事皆不得稱君貳。唯命龜之時。或君有故而已代之。則自稱曰君之貳某。左傳卜貳圉。止謂君之貳。故鄭引之云。二當為貳也。○弟去聲。長上聲。喪父三年。喪君三年。示民不疑也。疏曰。君無骨肉之親。若不為重服。民則疑君不尊。今與喪父同。示民不疑於君之尊也。父母在。不敢有其身。不敢私其財也。示民有上下也。與曲禮不許友以死。不有私財意同。有上下。謂卑當統於尊也。故天子四海之內無客禮。莫敢為主焉。故君適其臣。升自阼階。卽位於堂。示民不敢有其室也。父母在。饋獻不及車馬。示民不敢專也。以此坊民。民猶忘其親而貳其君。曲禮云。三賜不及車馬。故州閭鄉黨稱其孝。以上四節。皆明事君事親之道。故總結之曰。忘其親而貳其君。子云。禮之先幣帛也。欲民之先事而後祿也。先財而後禮則民利。無辭而行情則民爭。故君子於有饋者。弗能見則不視其饋。易曰。不耕穫。不菑畬。凶。以此坊民。民猶貴祿而賤行。禮之先幣帛。謂先行相見之禮。後用幣帛以致其情也。此是欲教民以先任事而後得祿之義。若先用財而後行禮。則民必貪於財利矣。無辭。無辭讓之節也。行情。直行己情也。禮略而利行。民不能無爭奪矣。人有饋遺於己。禮也。己或以他故。或以疾病。不能出見於人。則不視其饋。視。猶納也。此蓋不敢以無禮而當人之禮。易无妄六二爻辭。今文無凶字。田一歲曰菑。三歲曰畬。不耕而穫。不菑而畬。以喻人臣無功而食君之祿。引之以證不行禮而貪利也。○穫戶郭切。菑音緇。畬音余。賤行行去聲。遺去聲。子云。君子不盡利以遺民。詩云。彼有遺秉。此有不斂穧。伊寡婦之利。故君子仕則不稼。田則不漁。食時不力珍。大夫不坐羊。士不坐犬。詩云。采葑采菲。無以下體。德音莫違。及爾同死。以此坊民。民猶忘義而爭利以亡其身。詩小雅大田之篇。秉。禾之束。為把者。穧。鋪而未束者。言彼處有遺餘之秉把。此處有不收斂之鋪穧。寡婦之不能耕者。取之以為利耳。伊。語辭。與今詩文顛倒不同。仕則不稼。祿足以代耕也。田則不漁。有禽獸不可再取魚鼈也。食時。食四時之膳也。不力珍。不更用力務求珍羞也。坐羊。坐犬。殺食而坐其皮也。皆言不盡利之道。詩衛風谷風之篇。葑。蔓菁。菲。亦菜名。詩之意與此所引之意不同。詩意謂如葑菲常食之菜。不可以其近地黃腐之莖葉。遂棄其上而不采。猶夫婦之閒。亦不當以小過而棄其善。此引以爲不盡利之喻者。謂采葑菲者。但當采取其葉。不可以其根本之美而并取之。如此則人君盛德之聲遠播。無有違之者。而人皆知親其上。死其長矣。詩則以及爾同死爲偕老也。○儕才乂切。并去聲。

子云。夫禮坊民所淫。章民之別。使民無嫌。以爲民紀者也。故男女無媒不交。無幣不相見。恐男女之無別也。詩云。伐柯如之何。匪斧不克。取妻如之何。匪媒不得。蓺麻如之何。橫從其畝。取妻如之何。必告父母。以此坊民。民猶有自獻其身。章。明也。無嫌。無自嫌之行也。詩齊風南山之篇。今詩作析薪如之何。而豳風伐柯篇。言伐柯如何。匪斧不克。克。能也。橫從其畝。言從橫耕治其田畝也。自獻其身。謂女自進其身於男子也。以此坊民以下十一字。舊本在詩云之上。今以類推之。當在所引詩下。○別。必列切。取。去聲。下節並同。從。茲弓切。行。去聲。

子云。取妻不取同姓。以厚別也。故買妾不知其姓則卜之。以此坊民。魯春秋猶去夫人之姓曰吳。其死曰孟子卒。厚別。厚其有別之禮也。卜之。卜其吉凶也。吳。太伯之後。魯同姓也。昭公取吳女。又見論語。○去。上聲。夫。如字。下節同。

子云。禮非祭男女不交爵。以此坊民。陽侯猶殺繆侯而竊其夫人。故大饗廢夫人之禮。陽侯。繆侯。兩君之謚也。鄭云。其國未聞。○方氏曰。大饗者。兩君相見之饗也。因陽侯之事。而廢夫人之禮。則陽侯以前。夫人固與乎大饗。而有交爵之禮矣。乃云非祭不交爵者。先儒謂同姓則親獻。異姓則使人攝。此云不交爵。謂饗異姓國君耳。○石梁王氏曰。陽侯繆侯既同是侯。則殺字當如字讀。鄭既未聞其國。何以知陽侯爲弒君。○繆音穆。

子云。寡婦之子。不有見焉。則弗友也。君子以辟遠也。故朋友之交。主人不在。不有大故。則不入其門。以此坊民。民猶以色厚於德。寡婦之子見曲禮。避遠者。以避嫌。故遠之也。○見音現。辟音避。遠。去聲。

子云。好德如好色。鄭云。此句似不足。○好。並去聲。諸侯不下漁色。故君子遠色以爲民紀。故男女授受不親。御婦人則進左手。姑姊妹女子子已嫁而反。男子不與同席而生。寡婦不夜哭。婦人疾。問之不問其疾。以此坊民。民猶淫泆而亂於族。諸侯不內娶。若下娶本國卿大夫士之女。則是如漁者之於魚。但以貪欲之心求之也。故云漁色。荒於色。則紀綱弛。民之昏禮亦化之而廢。故遠色者。所以立民之紀。使不以色而廢禮亂常也。餘並見前。○遠。去聲。

子云。昏禮。壻親迎。見於舅姑。舅姑承子以授壻。恐事之違也。以此坊民。婦猶有不至者。舅姑。女之父母也。承。進也。子。女也。論語註云。送與之也。儀禮。父戒女曰。夙夜無違命。母戒女曰。無違宮事。皆恐事之違也。末世禮壞。故有男行而女不隨者。亦有親迎而女不至者。○成氏曰。婦人謂夫之父母曰舅姑。男子亦謂妻之父母曰舅姑。但加外字耳。夫婦齊體。父母互相敬也。

○迎去聲。見音現。

中庸第三十一

朱子章句。大學中庸已列四書。故不具載。

表記第三十二

鄭氏曰。記君子之德。見於儀表者。

子言之。歸乎。君子隱而顯。不矜而莊。不厲而威。不言而信。方氏曰。此篇稱子言之者八。皆總其大同之略也。稱子曰者四十五。皆列其小異之詳也。○應氏曰。歸乎之嘆。聖人周流不遇。覩世道之益衰。念儀刑之有本。何必歷聘駕說而後足以行道哉。隱而顯。即中庸所謂潛雖伏矣。亦孔之昭是也。不矜而莊。不厲而威。不言而信。即所謂不動而敬。不言而信是也。中庸以是終篇。蓋示人以進德之事。表記以是為始。蓋發明聖人立教之故。

子曰。君子不失足於人。不失色於人。不失口於人。是故君子貌足畏也。色足憚也。言足信也。甫刑曰。敬忌而罔有擇言在躬。疏曰。甫刑。呂刑也。甫侯為穆王說刑。故稱甫刑。○馬氏曰。見其所可行而不慮其所可止。則失足於人。見其所可喜而不慮其所可怒。則失色於人。見其所可語而不慮其所可默。則失口於人。不失足於人。故貌足畏。不失色於人。故色足憚。不失口於人。故言足信。○劉氏曰。君子謹獨。不待矜而莊。故不失足於人而貌足畏。不待厲而威。故不失色於人而色足憚。不待言而信。故不失口於人而言足信也。蓋其尋常敬忌。故動處無不中節如此。文引書以證之。而義益顯矣。○為去聲。處上聲。中去聲。

子曰。裼襲之不相因也。欲民之毋相瀆也。裼襲見曲禮。○應氏曰。裼襲以示文質。各有異宜。所謂不相因者。恐一時或有異事。必易服從事。各存其敬。不以襲衣而因為裼。不以裼衣而因為襲。蓋節文既辨。而又不憚其勞。則無相褻之患。

子曰。祭極敬。不繼之以樂。朝極辨。不繼之以倦。呂氏曰。極敬者。誠意至也。苟至於樂。則敬弛。極辨者。節文明也。苟至於倦。則苟簡。○樂音洛。朝音潮。

子曰。君子慎以辟禍。篤以不揜。恭以遠恥。馬氏曰。篤者。居其厚。不居其薄。處其實。不處其華。則輝光發於外。而人不能揜也。○應氏曰。君子經德不回。所以正行。則其戒謹篤恭。皆非有為而為之也。豈區區於避禍患防揜恥乎。記禮之垂是言。亦以曉人知避困辱之道耳。○辟音避。遠去聲。

子曰。君子莊敬日強。安肆日偷。君子不以一日使其躬儳焉如不終日。馬氏曰。莊敬所以自強。而有進德之漸。故日強。安肆所以自棄。而有敗度

之漸故曰偷○應氏曰儳者參錯不齊之貌心無所檢束而紛紜雜亂遂至儳焉錯出外旣散亂
而不整則內亦拘迫而不安故不能終日也若主一以直內而心廣體胖何至於如不終日乎○
儳仕鑑切子曰齊戒以事鬼神擇日月以見君恐民之不敬也幽明之交上下之際尤其所當敬者故並言之○齊側皆切見音現子曰
狎侮死焉而不畏也馬氏曰狎侮至於死而不畏者蔽其所褻也子曰無辭不相接也無禮不相見也欲民之毋相褻
也易曰初筮告再三瀆瀆則不告易蒙卦辭謂凡古者初筮則誠敬必全若以明而治蒙必其學者如初筮之誠則當告之若如再筮三筮之瀆慢則不必告之
矣引此以言賓主之交際當愼始敬終如初筮之誠不可如再三筮之瀆慢也○呂氏曰辭者相
接之言如公與客宴曰寡人有不腆之酒以請吾子之與寡人須臾焉使某也以請之類是也禮
者相見之摯如羔鴈雉鶩之類是也必以辭必以禮者交際不可苟也苟則褻褻則不敬此交所以易疎也○告入聲子言之仁者天下之表也義者天下
之制也報者天下之利也應氏曰仁之體大而尊聦揭眾善而人心儼然知所敬故曰表義之體方而嚴裁制事物而人心凜然知所畏故曰制報之爲禮以交際往來
彼感此應而有不容已者所以使人有文以相接有恩以相愛其何利如之子曰以德報德則民有所勸以怨報怨則民有所懲詩曰
無言不讎無德不報太甲曰民非后無能胥以寧后非民無以辟四方子曰以德報怨則寬身之
仁也以怨報德則刑戮之民也以論語以直報怨以德報德之言觀之此章恐非夫子之言○方氏曰以德報怨則忘人之怨雖不足以有懲而眾將德之而有裕
矣故曰寬身之仁以怨報德則忘人之德旣不足以有所勸而眾且怨之而不容矣故曰刑戮之民子曰無欲而好仁者無畏而惡不仁者天下一
人而已矣是故君子議道自己而置法以民呂氏曰安仁者天下一人而已則非聖人不足以性仁苟志於仁矣無惡也則眾人皆可以爲仁以
聖人所性而議道則道無不盡以眾人之可爲而制法則法無不行○方氏曰欲而好仁則知者利仁之事也畏而惡不仁則畏罪者強仁之事也若所好生於無欲所惡生於無畏非中心
安仁者不能故曰天下一人而已○好惡並去聲子曰仁有三與仁同功而異情與仁同功其仁未可知也與仁同過
然後其仁可知也仁者安仁知者利仁畏罪者強仁仁者右也道者左也仁者人也道者義也
厚於仁者薄於義親而不尊厚於義者薄於仁尊而不親呂氏曰安仁利仁強仁三者之功同歸於仁而其情則異此堯舜性之湯
武身之五霸假之所以異也桓公九合諸侯一匡天下雖湯武之舉不過乎是而其情則不同故其仁未可知也過者人所避有不幸而致焉周公使管叔以殷畔過於愛兄而已孔子對陳
司敗以昭公知禮過於諱君而已皆出乎情而其仁可知也道非仁不立義非人不行凡人之舉動必右先而後左隨之故曰仁右道左○知音智強上聲道有至有義有

考。至道以王。義道以霸。考道以爲無失。應氏曰。至道。卽仁也。至道渾而無迹。故得其渾全精粹以爲王。義道嚴而有方。故得其裁制斷制以爲霸。蓋積考之道。而事不輕擧焉。亦可以無失矣。○石梁王氏曰。義道以霸。非孔子之言。○渾。上聲。斷。丁玩切。子言之。仁有數。義有長短小大。中心憯怛。愛人之仁也。率法而強之。資仁者也。詩云。豐水有芑。武王豈不仕。詒厥孫謀。以燕翼子。數世之仁也。國風曰。我今不閱。皇恤我後。終身之仁也。仁有數。言行仁之道。非止一端。蓋爲器重。爲道遠。隨其所擧之多寡。所至之遠近。皆可謂之仁也。義有長短小大。言義無定體。在隨事而制其宜也。中心憯怛。惻隱之端也。故爲愛人之仁。率循古人之成法而勉強行之。此爲求仁之事。資仁。取諸人以爲善也。卽上文強仁之意。詩大雅文王有聲之篇。言豐水之傍。以潤澤生芑穀。喩養成人才也。武王豈不官使之乎。言無遺才也。聖人爲後嗣計。莫大於遺之以人才。是欲傳其孫之謀而燕安翼輔其子耳。曾玄以下皆孫也。故夫子以爲數世之仁。蓋中心憯怛。所發者深。故所及者遠也。國風。邶風谷風之篇。今詩作躬。閱。容也。言我身且不見容。何暇憂後事乎。此但欲以仁終其身而已耳。蓋勉強資仁。所發者淺。故所及者近也。○有數數。如字。憯。七感切。怛。多八切。強。上聲。數世數。上聲。遺才遺。如字。遺之遺。去聲。子曰。仁之爲器重。其爲道遠。擧者莫能勝也。行者莫能致也。取數多者仁也。夫勉於仁者。不亦難乎。是故君子以義度人。則難爲人。以人望人。則賢者可知已矣。呂氏曰。管仲之功。微子之去。箕子之囚。比干之死。皆得以仁名之。語仁之盡。則堯舜其猶病諸。此仁所以取數之多也。以義度人。盡義以度人者也。以人望人者。擧今之人相望也。盡義以求人。非聖人不足以當之。故難爲人。擧今之人相望。則大賢愈於小賢。故賢者可知已。○勝。平聲。夫。音扶。度。入聲。子曰。中心安仁者。天下一人而已矣。大雅曰。德輶如毛。民鮮克擧之。我儀圖之。惟仲山甫擧之。愛莫助之。小雅曰。高山仰止。景行行止。子曰。詩之好仁如此。鄕道而行。中道而廢。忘身之老也。不知年數之不足也。俛焉日有孳孳。斃而后已。大雅烝民之篇。言德之在人。其輕如毛。非難能也。而民少能擧之者。尹吉甫於儀匹中圖謀之。求其能擧德者。乃惟仲山甫能擧之。我愛其人。使其或有不及。我思效忠以助之。今吉甫雖愛山甫而欲助之。而山甫全德。吉甫無可以致其助者也。小雅車舝之篇。言有高山則人瞻望而仰之。有景大之德行。則人視法而行之。二止字。皆語辭。夫子引此兩詩而贊之曰。詩人之好仁如此哉。中道而廢。言力竭而止。若非力竭。則不止也。不足。少也。人老則未來之歲月少矣。俛焉。無他顧之意。孳孳。勤勉之貌。斃。死也。○應氏曰。前章言仁重且遠。而人不可以全責。此又總敘而勸勉之。斃。上聲。上行。去聲。好。鄕。並去聲。子曰。仁之難成久矣。人人失其所好。故仁者之過易辭也。子曰。恭近禮。儉近仁。信近情。敬讓以行此。雖有過。其不甚矣。夫恭寡過。情可信。儉易容也。以此失之者不亦鮮乎。詩云。溫溫恭人。維德之基。仁之難成。私欲間之也。私意行。則所好非所當好。故曰失其所好也。苟志於仁。雖或有過。其情則善。故不待多
言而可辨。故曰易辭也。恭儉信三者未足以爲仁。而亦行仁之資。曰不甚。曰鮮。皆勉人致力於此。可以由此寡過而進德也。詩大雅抑之篇。○石梁王氏曰。信近情。當爲情近信。○好去聲。易
去聲。下同。夫平聲。辟上聲。間去聲。子曰。仁之難成久矣。唯君子能之。是故君子不以其所能者病人。不以人之所
不能者愧人。是故聖人之制行也。不制以已。使民有所勸勉愧恥以行其言。禮以節之。信以結之。
容貌以文之。衣服以移之。朋友以極之。欲民之有壹也。小雅曰。不愧于人。不畏于天。呂氏曰。聖人制行以立教。
必以天下之所能行者爲之法。所以爲達道也。惟不制乎已。故民知跂乎此而有所勸勉。知不及乎此而有所愧恥。則於仁也知所向矣。非特此也。制禮以節其行而使之齊。立信以結其志而使
之固。容貌以驗其文之著於外。衣服以稱其德之有於中。朋友切磋相成以至於極而後已。○應氏曰。五者輔道而夾持之。欲其趨向之專壹也。縱有懈怠而欲爲惡者。獨不愧于人而畏于天乎。
小雅何人斯之篇。○制行行去聲。移讀爲稱。去聲。是故君子服其服。則文以君子之容。有其容。則文以君子之辭。遂其辭。
則實以君子之德。是故君子恥服其服而無其容。恥有其容而無其辭。恥有其辭而無其德。恥有
其德而無其行。是故君子衰絰則有哀色。端冕則有敬色。甲冑則有不可辱之色。詩云。維鵜在梁。
不濡其翼。彼其之子。不稱其服。此承上文容貌衣服而言。欲有其德行以實之也。德謂得之於已。行謂見之於事。詩曹風候人之篇。鵜鶘也。俗名淘河。鵜鶘當入
水中食魚。今乃在魚梁之上。竊人之魚以食。未嘗濡濕其翼。如小人居高位以竊祿而不稱其服也。○行去聲。衰音催。稱去聲。子言之。君子之所謂義者。貴賤皆
有事於天下。天子親耕粢盛秬鬯以事上帝。故諸侯勤以輔事於天子。應氏曰。義者截然正方而無偏私也。知賤之事貴而
不知貴之率賤。豈絜矩之道哉。故天子竭力致敬以事乎上帝。則諸侯亦服勤以輔乎天子也。○盛平聲。絜胡結切。子曰。下之事上也。雖有庇民之大德。不
敢有君民之心。仁之厚也。是故君子恭儉以求役仁。信讓以求役禮。不自尚其事。不自尊其身。儉
於位而寡於欲。讓於賢。卑已而尊人。小心而畏義。求以事君。得之自是。不得自是。以聽天命。詩云。
莫莫葛藟。施于條枚。凱弟君子。求福不回。其舜禹文王周公之謂與。有君民之大德。有事君之小
心。詩云。惟此文王。小心翼翼。昭事上帝。聿懷多福。厥德不回。以受方國。役猶爲也。得之不得。卽中庸獲乎上不獲乎上也。詩

大雅旱麓之篇。莫莫葛藟也。藟似葛。枝曰條。榦曰枚。嚴氏云。是葛也。藟也。乃蔓於木之枝榦。喻文王憑先祖之功而起也。文王凱樂弟易。其求福不回邪也。表記言得之自是。不得自是。以聽天命。遂引此章。蓋有一毫覬倖之心則邪矣。詩。大雅大明之篇。言文王小心翼翼。然恭敬以明事上帝。遂能懷來多福。蓋其德不回邪。故受此四方侯國之歸也。○應氏曰。數章之內自恭近禮儉近仁。信近情之役。又言恭儉役仁。信讓役禮。曰自卑而尊人。又曰自卑而民敬尊之。曰不自尚其事。不自尊其身。又曰不自大其事。不自尚其功。○藟音壘。施音異。弟音悌。與平聲。

子曰。先王謚以尊名。節以壹惠。恥名之浮於行也。是故君子不自大其事。不自尚其功。以求處情。過行弗率以求處厚。彰人之善。而美人之功。以求下賢。是故君子雖自卑而民敬尊之。子曰。后稷天下之為烈也。豈一手一足哉。唯欲行之浮於名也。故自謂便人。謚以尊名。為美謚以尊顯其聲名也。壹專也。惠善也。善行雖多。難以枚舉。但節取其大者以專其善。故曰節以壹惠也。以求處情。謂君子所以不自大尚其事功者。以求處情實。不肯虛為矯飾也。過行弗率以求處厚者。謂若有過高之行。則不敢率循。惟求以處乎篤厚之道而已。本分上不可加毫末也。后稷教民稼穡。為周之始祖。其功烈之在天下。豈一人之手。一人之足。遵而用之哉。固當以仁聖自居矣。惟欲行過於名也。故自謂便習民事之人而已。○行。去聲。處。上聲。分。去聲。

子言之。君子之所謂仁者其難乎。詩云。凱弟君子。民之父母。凱以強教之。弟以說安之。樂而毋荒。有禮而親。威莊而安。孝慈而敬。使民有父之尊。有母之親。如此而后可以為民父母矣。非至德其孰能如此乎。呂氏曰。強教之者。以道驅之。如佚道使民。雖勞不怨者也。說安之者。得其心之謂也。說以使民。民忘其勞。說以犯難。民忘其死者也。樂。說安也。毋荒則有教矣。威莊。強教也。安則說矣。孝慈。說也。敬則有教矣。強教則父之尊存焉。說安則母之親存焉。此言君子仁民之道如此。非聖人莫能與也。○弟音悌。強。平聲。說音悅。樂音洛。犯難。難去聲。與。去聲。今父之親子也。親賢而下無能。母之親子也。賢則親之。無能則憐之。母親而不尊。父尊而不親。水之於民也。親而不尊。火尊而不親。土之於民也。親而不尊。天尊而不親。命之於民也。親而不尊。鬼尊而不親。下無能。賤其無能之子也。○應氏曰。命者造化所以示人者也。顯而易見。故人玩之。鬼幽而難測。故人畏之。或曰。命謂君之教令。故下文言夏道尊命。○易。去聲。夏。上聲。

子曰。夏道尊命。事鬼敬神而遠之。近人而忠焉。先祿而後威。先賞而後罰。親而不尊。其民之敝。惷而愚。喬而野。朴而不文。殷人尊神。率民以事神。先鬼而後禮。先罰而後賞。尊而不親。其民之敝。蕩而不靜。勝而無恥。周人尊禮尚施。事鬼敬神而遠之。近

人而忠焉。其賞罰用爵列。親而不尊。其民之敝。利而巧。文而不慚。賊而蔽。先祿後威。先賞後罰皆是忠厚感人之意

故民雖知親其上。而尊君之意則未也。故曰親而不尊。蠢愚驕傲鄙野質朴之敝。皆忠之末流也。殷人欲矯其敝。故以敬畏爲道。以事神之道率民。先其鬼之不可知者。後其禮之可知者。先其罰之可畏。後其賞之可慕。尊則尊矣。而親愛之情。則無由生也。故曰尊而不親。流蕩而不知靜定之所者。尊上鬼神之敝。務自勝以免刑而無恥者。先罰後賞之敝也。周人見其然。故尊禮爲以矯後禮之失。尚施惠以爲恩。亦如夏時之近人而忠。其賞罰亦無先後。但以爵列之高下爲準。如車服土田之賞有命數之異。刑罰之施有八辟之議。及命夫命婦不躬坐獄訟之類。皆是也。故亦如夏世之親而不尊。其後民皆便利而多機巧。美文辭而言之不怍。賊害而蔽於理。皆尊禮太過。文沒其實之所致。○應氏曰。三代之治。其始各有所尊。其終各有所敝。夏之道。惟思盡心於民。惟恐人之有所不正。不得不重其文告之命。遠神近人。後威先祿。皆其忠實之過而徇於近也。近則失之玩。故商矯之而尊神焉。君民上下情不相接。率民事神。先鬼先罰。後禮後賞。而遠於物也。遠則失於亢。故周矯之而尊禮焉。禮文委曲而徇人。禮繁文勝。利巧而賊。其敝又有甚者焉。凡此非特見風氣既開。而澆漓之日異。抑亦至德之不復見而已歟。○石梁王氏曰。此一章。未敢信以爲孔子之言。○夏。上聲。下並同。遠。去聲。惷。尸容切。喬。音驕。施。去聲。辟。音闢。復。扶又切。

子曰。夏道未瀆辭。不求備。不大望於民。民未厭其親。殷人未瀆禮。而求備於民。周人強民。未瀆神。而賞爵刑罰窮矣。未瀆辭。以其尊命也。未瀆禮。以其後禮也。

未瀆神。以其敬神而遠之也。不求備。不大望於民。卽省刑罰薄稅斂之事。未厭其親。尊君親上之心自不能忘也。言夏之民未厭其親。則殷周之民不然矣。強民。言殷民不服。而成王周公化之之難也。賞爵刑罰之制。至周而詳悉備具。無以復加。故曰窮矣。窮。極也。一說。賞爵不能勸善。刑罰不能止惡。故曰窮。○強。上聲。斂。復。並去聲。

子曰。虞夏之道。寡怨於民。殷周之道。不勝其敝。子曰。虞夏之質。殷周之文。至矣。虞夏之文不勝其質。殷周之質不勝其文。前章言夏殷周之事。此又兼言虞氏以起下章。○上勝。音升。下二如字。

子言之曰。後世雖有作者。虞帝弗可及也已矣。君天下。生無私。死不厚其子。子民如父母。有憯怛之愛。有忠利之教。親而尊。安而敬。威而愛。富而有禮。惠而能散。其君子尊仁畏義。恥費輕實。忠而不犯。義而順。文而靜。寬而有辨。甫刑曰。德威惟威。德明惟明。非虞帝其孰能如此乎。呂氏曰。憯怛之愛。猶慈母之愛。非責報於其子也。非要譽於他人也。發於誠心而已。忠利之教者。若使契爲司徒。敎以人倫。作爲衣裳舟楫臼杵弧矢宮室棺槨書契。使天下利用而不倦。是皆有敎人以善之誠。無所不利之功者也。富而有禮。節於物者也。惠而能散。周於物者也。義以相正而不傷乎割。文以相接而不傷乎動。故寬裕有容。而容之中有辨焉。○應氏曰。生無私。有天下而不與也。死不厚其子。傳諸賢而爲天下得人也。生死無所私。而心乎斯民。眞若父母之於子。親而尊。至惠而能散

猶元氣之運。妙用無迹。此中庸所謂用其中於民也。其君子化之。皆爲全德。尊仁畏義。不敢犯
天下之公理。恥費輕實。不敢徇一己之私欲。恥費用者。儉於自奉也。輕財實者。薄於言利也。自
庶民大德而下凡三章。言臣道之難於盡仁。惟舜禹文王周公可以爲仁之厚。而后稷庶幾近
之。自凱弟君子而下凡四章。言君道之難於盡仁。惟虞帝可以爲德之至。而夏商周皆未免有
所偏也。

子言之。事君先資其言。拜自獻其身。以成其信。是故君有責於其臣。臣有死於其言。故其受祿不誣。其受罪益寡。應氏曰。資。憑藉也。古之爲臣。其經世之學。皆豫定於胷中。至於事君。則
前定之規模。先形於言。以爲藉。然後自獻其身。以成其信。自獻者。非屈
已以求售也。如書之自靖自獻。致命而無所愧也。畎畝蟠然之數語。說命對揚之三篇。此伊傅
先資之言也。齊桓問答而爲書。燕昭命下而有對。此管樂先資之言也。言於先而信於後。無一
不酬者。後世若登壇東向之答。草廬三顧之策。
亦庶幾焉。○馬氏曰。受祿不誣。言不素餐也。

子曰。事君大言入則望大利。小言入則望小利。故君子不以小言受大祿。不以大言受小祿。易曰。不家食吉。不家食吉。大畜之象辭也。謂大畜
之君子。才德所蘊者大。則當食祿
於朝。以有爲於天下。而不食於家則吉。此言不以大言受小祿。所謂達可行於天下而後行之
者也。○呂氏曰。大言所言者大也。小言所言者小也。利及天下。澤及萬世。大利也。進一介之善。
治一官之事。小利也。諫行言聽。利斯從之矣。先儒謂利爲祿賞。人臣事君。各效其忠而已。言入
而遂望其祿賞。乃小人之道。非所以事君也。所謂不以小言受大祿。不以大言受小祿者。此君
之所以報臣。非臣之所以望君也。受之有義。亦稱其大小而已。小言而大祿。則報
踰其分。大言而小祿。則君不我知。亦不可受也。○石梁王氏曰。此非孔子之言。

子曰。事君不下達。不尚辭。非其人弗自。小雅曰。靖共爾位。正直是與。神之聽之。式穀以女。下達。謂趨乎汙下。
如曰吾君不能如
曰。長君之惡。逢君之惡。皆是也。伊尹使君爲堯舜之君。孟子非堯舜之道不陳。則謂之上達也。
尚辭。利口捷給也。自所由以進者也。小雅。小明之篇。言人臣能安靖恭敬其職位。惟正直之道
是與。則神明聽之。將用福祿與汝矣。
以與也。○共音恭。女音汝。長上聲。

子曰。事君遠而諫。則諂也。近而不諫。則尸利也。子曰。邇臣守和。宰正百官。大臣慮四方。呂氏曰。陵節犯分。以求自達。故曰諂。懷祿固寵。主於爲利。故曰尸
利也。○方氏曰。所謂守和者。過於和。則流而爲同。不及於和。則乖
而爲異。故在於能守。守則適中而無過與不及之患矣。○應氏曰。宰。以職言。大臣。以位言。自三
公以下皆是。不特六卿。其序則先君而後朝廷。先朝廷而後天下也。○石梁王氏曰。遠而諫
則諂。非孔子之言。○諂音
詔。分。去聲。爲利。爲。去聲。

子曰。事君欲諫不欲陳。詩云。心乎愛矣。瑕不謂矣。中心藏之。何日忘之。諫者止君之失。陳者揚君之失也。詩小雅隰桑之篇。瑕詩作遐。本謂我心愛慕此賢者。思相
與語。以其相去遐遠。故不得共語。然欲發之言。藏於我心。何日而忘之乎。此記者借以爲喻。
言我有愛君之心。欲諫其過。胡不言乎。縱未得進
諫。亦藏於心而不忘。但不以語他人耳。○語去聲。

子曰。事君難進而易退。則位有序。易進而難

退則亂也故君子三揖而進一辭而退以遠亂也呂氏曰所謂有序者小德役大德小賢役大賢之謂也所謂亂者賢不肖倒置之謂也君
信我可以爲師非學焉而後臣之則不進也信我可以執國政雖待以季孟之間亦不進也臨內不至而卽行靈公問陳而卽行君子之道正君而已枉己者未有能直人者也人之相見三
揖至于階三讓以賓升而其退也一辭而出主人拜送賓去不顧若主人之敬未至而强進主人之意已懈而不辭則賓主之分亂矣可仕可已可見可辭進退之義一也○易遠並去聲强
上聲分去聲子曰事君三違而不出竟則利祿也人雖曰不要吾弗信也違猶去也不出竟實無去志也謂非要利可乎○呂
氏曰孔子去魯遲遲吾行以不忍於父母之國也孟子去齊三宿出晝冀與齊王之悔悟也然卒出竟以去君子之義可見矣○竟上聲要平聲子曰事君愼始而敬終
子曰事君可貴可賤可富可貧可生可殺而不可使爲亂馬氏曰在物者有命故可貴可賤可生可殺在己者有義故不可使爲亂
也子曰事君軍旅不辟難朝廷不辭賤處其位而不履其事則亂也故君使其臣得志則愼慮
而從之否則孰慮而從之終事而退臣之厚也易曰不事王侯高尚其事呂氏曰亂者如絲之不治而無緒也臣受
君命雖有所合不敢以得志而自滿故愼慮而從之乃臨事而懼好謀而成者也有所不合又非所宜辭亦不敢怨於不得志故孰慮而從之卒事則致爲臣而去故可以自免而不累於上
故曰臣之厚也易蠱之上九事之終且無位也有似乎仕焉而已者故曰不事王侯乃可以高尚其事而不見役于人也○辟音避難去聲朝音潮處上聲孰熟通好去聲子曰唯
天子受命于天士受命于君故君命順則臣有順命君命逆則臣有逆命詩曰鵲之姜姜鶉之
賁賁人之無良我以爲君詩衛風鶉之奔奔篇嚴氏云鶉之奔奔然鬭者不亂其匹也鵲之彊彊然剛者不淫其匹也刺宣姜與公子頑非匹偶也人之不善者我
乃以爲小君乎○呂氏曰天道無私莫非理義君所以代天而治者推天之理義以治斯人而已天叙天秩天命天討莫非天也臣之受命于君者命合乎理義爲順天命不合則爲逆天命
順則爲臣者將不合而行逆則爲臣者雖令不從矣○而治治如字以治治平聲子曰君子不以辭盡人故天下有道則行有枝葉天
下無道則辭有枝葉不以辭盡人謂不可以言辭而盡見其人之實蓋有言者不必有德也行有枝葉根本盛而條達者也辭有枝葉則蕪辭蔓說而已此皆世教盛衰
所致故以有道無道言之○行去聲是故君子於有喪者之側不能賻焉則不問其所費於有病者之側不能饋
焉則不問其所欲有客不能館則不問其所舍故君子之接如水小人之接如醴君子淡以成
小人甘以壞小雅曰盜言孔甘亂是用餤三者不能則不問不可以虛言待人也接交也小雅巧言之篇盜言小人讒賊之言也餤進也○餤音炎

子曰。君子不以口譽人。則民作忠。故君子問人之寒則衣之。問人之飢則食之。稱人之善則爵之。國風曰。心之憂矣。於我歸說。譽者。揚人之善而過其實者也。國風曹風蜉蝣之篇。詩人憂昭公之無所依。故曰其於我而歸稅乎。說讀爲稅。舍息也。○譽平聲。衣。去聲。食。音嗣。說。音稅。子曰。口惠而實不至。怨菑及其身。是故君子與其有諾責也。寧有已怨。國風曰。言笑晏晏。信誓旦旦。不思其反。反是不思。亦已焉哉。國風。衛風氓之篇。晏晏。和柔也。旦旦。明也。始焉不思其反覆。今之反覆。是始者不思之過也。今則無如之何矣。故曰亦已焉哉。○呂氏曰。有求而不許。始雖拂人之意。而終不害乎信。故其怨小。諾人而不踐。始雖不拂人意。而終害乎信。故其責大。○菑音災。子曰。君子不以色親人。情疏而貌親。在小人則穿窬之盜也與。子曰。情欲信。辭欲巧。情欲信。卽大學意誠之謂也。巧。當作考。卽曲禮則古昔稱先王之謂也。否則爲無稽之言矣。○呂氏曰。穿窬之盜。欺人之不見以爲不義而已。色親人者。巧言令色足恭。無誠心以將之。情疏貌親。主於爲利。亦欺人之不見也。孔子曰。色厲而內荏。譬諸小人。其猶穿窬之盜也與。孟子曰。士未可以言而言。是以言餂之也。是皆穿窬之類也。二者亦欺人之不見以爲不義。故所以爲穿窬也。○石梁王氏曰。辭欲巧。決非孔子之言。巧言令色鮮矣仁。子言之。昔三代明王。皆事天地之神明。無非卜筮之用。不敢以其私褻事上帝。是以不犯日月。不違卜筮。卜筮不相襲也。不相襲。說見曲禮。○劉氏曰。此段經文。言事天地神明。無非卜筮之用。而又云大事有時日。呂氏以爲冬夏至祀天地。四時迎氣用四立。他祭祀之當卜日者。不可犯此素定之日。非此。則其他自不可違卜筮也。然曲禮止云大饗不問卜。周官太宰祀五帝卜日。祀大神示亦如之。太卜太祭祀眡高命龜。春秋魯禮又有卜郊之文。郊特牲又有郊用辛之語。是蓋互相牴牾。未有定說。又如卜筮不相襲。大事卜。小事筮。而洪範有龜從筮從。龜從筮逆之文。簭人有凡國之大事。先簭而後卜。太卜又凡事涖卜。又如外事用剛日。內事用柔日。而特牲社用甲。召誥丁巳郊。戊午社。洛誥戊辰烝祭歲。凡此皆不合禮家之說。未知所以一之也。姑闕以俟知者。○示。祇同。眡。視同。簭。筮同。召音邵。大事有時日。小事無時日。有筮。外事用剛日。內事用柔日。不違龜筮。子曰。牲牷禮樂齊盛。是以無害乎鬼神。無怨乎百姓。大事祭大神也。小事祭小神也。外剛內柔。見曲禮。詳文理不違龜筮四字。當在牲牷禮樂齊盛之下。以其一聽於龜筮。故神人之心皆順也。○齊音粢。盛音成。子曰。后稷之祀易富也。其辭恭。其欲儉。其祿及子孫。詩曰。后稷兆祀。庶無罪悔。以迄于今。富。備也。詩大雅生民之篇。兆。詩作肇。始也。以迄于今。明其祿及子孫也。○易。去聲。子曰。大人之器威敬。天子無筮。諸侯有守筮。天子道以筮。諸侯非其國不以筮。卜宅寢室。天子不卜處大廟。龜筴之爲器。聖人所以寓神道之教。故言大人之器也。以其威敬而不敢玩褻。故大事則用。小事則否。天子無筮。惟用卜也。而又云道以筮者。謂在道途中則用筮也。守筮。謂在國居守。有事則用筮也。龜亦曰守龜。左傳國之守龜。何事不卜。非其國不筮。謂出行在他國。不欲人疑其吉凶之問也。宅居也。諸侯出行。則必卜其所處之地。慮他故也。大廟。天子所必當處之地。故不卜也。○守去聲。處上聲。太音泰。**子曰。君子敬則用祭器。是以不廢日月。不違龜筮。以敬事其君長。是以上不瀆於民。下不褻於上。**敬其禮。故用祭器。敬其事。故詢龜筮。不瀆不褻。以其敬故也。○疏曰。敬事君長。謂諸侯朝天子。及小國之於大國。

緇衣第三十三

子言之曰。為上易事也。為下易知也。則刑不煩矣。呂氏曰。上好信則民莫敢不用情。易事者。以好信故也。易知者。以用情故也。若上以機心待民。則民亦以機心待其上。姦生詐起。欲刑之不煩。不可得矣。○易去聲。**子曰。好賢如緇衣。惡惡如巷伯。則爵不瀆而民作愿。刑不試而民咸服。大雅曰。儀刑文王。萬國作孚。**緇衣。鄭國風首篇。美鄭武公之詩。小雅巷伯。寺人刺幽王之詩。大雅文王之篇。國詩作邦。○呂氏曰。好賢必如緇衣之篤。則人知上之誠好賢矣。不必爵命之數勸。而民自起愿心以敬上。故曰爵不瀆而民作愿。惡惡必如巷伯之深。則人知上之誠惡惡矣。不必刑罰之施。而民自畏服。故曰刑不試而民咸服。文王好惡得其正。而一出乎誠心。故為天下之所儀刑。德之所以孚乎下也。○愿願同。數入聲。**子曰。夫民教之以德。齊之以禮。則民有格心。教之以政。齊之以刑。則民有遯心。故君民者。子以愛之。則民親之。信以結之。則民不倍。恭以涖之。則民有孫心。甫刑曰。苗民匪用命。制以刑。惟作五虐之刑曰法。是以民有惡德。而遂絕其世也。**遯謂逃遯苟免也。○應氏曰。命當依書作靈。善也。石梁王氏曰。倣論語為此。言意便不足。○孫去聲。**子曰。下之事上也。不從其所令。從其所行。上好是物。下必有甚者矣。故上之所好惡。不可不慎也。是民之表也。**大學曰。其所令反其所好。而民不從。○好惡並去聲。**子曰。禹立三年。百姓以仁遂焉。豈必盡仁。詩云。赫赫師尹。民具爾瞻。甫刑曰。一人有慶。兆民賴之。大雅曰。成王之孚。下土之式。**豈必盡仁者。言不必朝廷盡是仁人而後足以化民也。此所以禹以一仁君立三年。而百姓皆以仁遂。故引詩書以明之。詩小雅節南山之篇。赫赫顯盛貌。師尹。周太師尹氏也。具俱也。大雅下武之篇。言武王能成王者之德。孚信于民。而天下皆法式之。○節音截。**子曰。上好仁。則下之為仁爭先人。故長民者。章志貞教。尊仁以子愛百姓。民致行己**

以說其上矣。詩云。有梏德行。四國順之。章志者。明吾好惡之所在也。貞教者。身率以正也。所志所教莫非尊仁之事。以此爲愛民之道。是以民皆感其子愛之心。致力於行己之善。而悅其上。如子從父母之命也。詩。大雅抑之篇。梏當依詩作覺。言有能覺悟人以德行者。則四國皆服從之也。○好。去聲。長。上聲。說。音悅。梏。讀作覺。行。去聲。

子曰。王言如絲。其出如綸。王言如綸。其出如綍。故大人不倡游言。可言也不可行。君子弗言也。可行也不可言。君子弗行也。則民言不危行。而行不危言矣。詩云。淑愼爾止。不諐于儀。綸。綬也。疏云。如宛轉繩。綍。引棺大索也。危。高也。詩。大雅抑之篇。止。容止也。諐。過也。○呂氏曰。大人。王公之謂也。游言無根不定之言也。易曰。誣善之人。其辭游。爲人上者。倡之以誠慤篤實之言。天下猶有欺詐以罔上者。苟以游言倡之。則天下蕩然虛浮之風作矣。可不愼乎。可言而不可行。過言也。可行而不可言。過行也。君子弗言弗行。則言行不越乎中。民將效之。言不敢高於行。而言之必可行也。行不敢高於言。而必爲可繼之道也。○綍。音弗。行。去聲。諐。愆同。

子曰。君子道人以言。而禁人以行。故言必慮其所終。而行必稽其所敝。則民謹於言而愼於行。詩云。愼爾出話。敬爾威儀。大雅曰。穆穆文王。於緝熙敬止。道。化誨之也。道人以言。而必慮其所終。恐其行之不能至。則爲虛誕也。禁。謹飭之也。禁人以行。而必稽其所敝。慮其末流之或偏也。如是則民皆謹言而愼行矣。詩。大雅抑之篇。大雅。文王之篇。朱子云。穆穆。深遠之意。於。歎美辭。緝。繼續也。熙。光明也。敬止。無不敬而安所止也。兩引詩。皆爲謹言行之證。○呂氏曰。進取於善者。夷考其行而不掩。猶不免於狂。況不在於善者乎。故曰言必慮其所終。夷惠之淸和。其末猶爲隘與不恭。故曰行必稽其所敝。文王之德。亦不越敬其容止而已。○道。行。並去聲。話。胡快切。於。音烏。

子曰。長民者衣服不貳。從容有常。以齊其民。則民德壹。詩云。彼都人士。狐裘黃黃。其容不改。出言有章。行歸于周。萬民所望。詩。小雅都人士之篇。周。忠信也。○馬氏曰。狐裘黃黃。服其服也。其容不改。文以君子之容也。出言有章。遂以君子之辭也。行歸於周。實以君子之德也。○從。音聰。行。去聲。

子曰。爲上可望而知也。爲下可述而志也。則君不疑於其臣。而臣不惑於其君矣。尹吉曰。惟尹躬及湯。咸有壹德。詩云。淑人君子。其儀不忒。君之待臣。表裏如一。故曰可望而知。臣之事君。一由忠誠。其職業皆可稱述而記志。此所以上下之間。不疑不惑也。尹告。伊尹告太甲之書也。今咸有一德篇文。詩。曹風鳲鳩之篇。引書以證君臣相得。又引詩以證壹德之義。○吉。讀作告。

子曰。有國家者章善癉惡。以示民厚。則民情不貳。詩云。靖共爾位。好是正直。鄭本作章義。今從書作善。○呂氏曰。章。明也。癉。病也。明之斯好之矣。明之斯惡之矣。善居其厚。惡居其薄。此所以示民厚也。好善惡惡之分定。民情所以不貳也。詩。小雅小明之篇。引之以明章善之義。○癉。丁但切。共。平聲。

子曰。上人疑則百姓惑。下難知則君長勞。故君民者。

章好以示民俗。慎惡以御民之淫。則民不惑矣。臣儀行。不重辭。不援其所不及。不煩其所不知。則君不勞矣。詩云。上帝板板。下民卒癉。小雅曰。匪其止共。維王之卭。詩大雅板之篇。板板。反戾之意。卒。盡也。癉。詩作癉。病也。假上帝以言幽王反其常道。使下民盡病也。小雅巧言之篇。卭。病也。言此讒人非止於敬。徒爲王之卭病耳。板詩證君道之失。巧言詩證臣道之失也。○呂氏曰。以君之力所不能及而援其君。則君難從。以君之智所不能知而煩其君。則君難聽。徒爲難從難聽以勞其君而無益。非所以事君也。○方氏曰。示民不以信。則爲上之人可疑。可疑則百姓其有不惑者乎。事君不以忠。則爲下之人難知。難知則君長其有不勞者乎。章其所好之善。故足以示民而成俗。慎其所惡之惡。故足以御民而不淫。若是則上下無可疑者。故曰民不惑矣。臣有可儀之行。而所重者不在乎辭。則凡有所行者無僞行矣。苟有所言者。無虛辭矣。○癉。丁但切。卭。音窮。子曰。政之不行也。教之不成也。爵祿不足勸也。刑罰不足恥也。故上不可以褻刑而輕爵。康誥曰。敬明乃罰。甫刑曰。播刑之不迪。康誥。甫刑。皆周書。播。布也。不字衍。言伯夷布刑以啓迪斯民也。○呂氏曰。政不行。教不成。由上之人爵祿刑罰之失當也。爵祿非其人。則善人不足勸。刑罰非其罪。則小人不足恥。此之謂褻刑輕爵。子曰。大臣不親。百姓不寧。則忠敬不足。而富貴已過也。大臣不治。而邇臣比矣。故大臣不可不敬也。是民之表也。邇臣不可不慎也。是民之道也。君毋以小謀大。毋以遠言近。毋以內圖外。則大臣不怨。邇臣不疾。而遠臣不蔽矣。葉公之顧命曰。毋以小謀敗大作。毋以嬖御人疾莊后。毋以嬖御士疾莊士大夫卿士。大臣不見親信。則民不服從其令。故不寧也。此蓋由臣之忠不足於君。君之敬不足於臣。徒富貴之太過而然耳。由是邇臣之黨相比以奪大臣之柄。而使之不得治其事。故大臣所以不可不敬者。以其爲民所瞻望之儀表也。邇臣所以不可不慎者。以君之好惡係焉。乃民之所從以爲道者也。人君不使小臣謀大臣。則大臣不至於怨乎不以。不使遠臣間近臣。則近臣不至於疾其君。不使內之寵臣圖四方宣力之士。則遠臣之賢無所壅蔽。而得見知於上矣。葉公。楚葉縣尹沈諸梁。字子高。僭稱公。顧命。臨死回顧之言也。毋以小謀敗大作。謂不可用小臣之謀。而敗大臣所作之事也。疾。毀惡之也。莊。猶正也。敬也。君所取正而加敬之謂也。○比。毗至切。葉。失涉切。子曰。大人不親其所賢。而信其所賤。民是以親失。而教是以煩。詩云。彼求我則。如不我得。執我仇仇。亦不我力。君陳曰。未見聖。若已弗克見。既見聖。亦不克由聖。親善遠惡。人心所同。所謂舉直錯諸枉則民服。今君既不親賢。故民亦不親其上。教令徒煩。無益也。詩小雅正月之篇。言彼小人初用事求我以爲法則。惟恐不得。既而不合。則空執畱之。視如仇讎然。不用力於我矣。仇仇者。言不一仇之。無往而不忤其意也。君陳。周書。兼引之。皆爲不親賢之證。子曰。小人溺於水。君子溺於口。大人溺於民皆在其所褻也。夫水近於人而溺人。德易狎而難親也。易以溺人。口費而煩。易出難悔。易以溺人。夫民閉於人而有鄙心。可敬不可慢。易以溺人。故君子不可以不慎也。小人。民也。溺。爲其所陷也。水爲柔物。人易近之。然其德雖可狎。而勢不可親。忘險而不知戒。則溺矣。君子。士大夫也。言行君子之樞機。出好興戎。皆由於口。於已費。則於人煩。出而名禍。不可悔矣。大人。謂天子諸侯也。國以民存。亦以民亡。蓋惟其蔽於情而不可以理喻。故鄙陋而不通。書言可畏非民。此所以不可慢也。棄而不保。則離叛繼之矣。三者皆在其所褻。故曰君子不可不愼也。○易。去聲。閉。讀爲蔽。爲其爲。去聲。太甲曰。毋越厥命以自覆也。若虞機張。往省括于度則釋。兌命曰。惟口起羞。惟甲冑起兵。惟衣裳在笥。惟干戈省厥躬。太甲曰。天作孽可違也。自作孽不可以逭。尹吉曰。惟尹躬先見于西邑夏。自周有終。相亦惟終。毋。書作無。伊尹告太甲。不可顚越其命。以自取覆亡。虞。虞人也。機。弩牙也。括。矢括也。度者。法度。射者之所準望。釋。發也。言如虞人之射。弩機既張。必往察其括之合於法度。然後發之。則無不中也。傅說告高宗。謂言語所以文身。輕出則有起羞之患。甲冑所以衛身。輕動則有起戎之憂。衣裳所以命有德。謹於在笥者。戒輕與也。干戈所以討有罪。嚴於省躬者。戒輕動也。孽。災也。逭。逃也。夏都安邑。在亳之西。故曰西邑夏。國語曰。忠信爲周。言夏之先王以忠信有終。故其輔相者亦能有終也。凡四引書。皆明不可不愼之意。○省。悉井切。兌。音悅。逭。乎亂切。吉。讀爲告。先。舊本作天。今從書。相。去聲。中。去聲。

子曰。民以君爲心。君以民爲體。心莊則體舒。心肅則容敬。心好之。身必安之。君好之。民必欲之。心以體全。亦以體傷。君以民存。亦以民亡。詩云。昔吾有先正。其言明且清。國家以寧。都邑以成。庶民以生。誰能秉國成。不自爲正。卒勞百姓。君雅曰。夏日暑雨。小民惟曰怨。資冬祁寒。小民亦惟曰怨。此承上文大人溺於民之意而言。昔吾有先正以下五句。逸詩也。下三句。今見小雅節南山之篇。言今日誰人秉持國家之成法乎。師尹實秉持之。乃不自爲政。而信任羣小。終勞苦百姓也。君牙。周書。資。書作咨。此傳寫之誤。而下復缺一咨字。鄭不取書文爲定。乃讀資爲至。今從書。以資字屬上句。○方氏曰。民以君爲心者。言好惡從於君也。君以民爲體者。言休戚同於民也。體雖致用於外。然由於心之所使。故曰心好之。身必安之。心雖爲主於內。然資乎體之所保。故曰心以體全。亦以體傷。○雅。讀爲牙。資。咨同。

子曰。下之事上也。身不正。言不信。則義不壹。行無類也。子曰。言有物而行有格也。是以生則不可奪志。死則不可奪名。故君子多聞。質而守之。多志。質而親之。精知。略而行之。君陳曰。出入自爾師虞。庶言同。詩云。淑人君子。其儀一也。義不壹。或從或違也。行無類。或善或否也。君陳書言謀政事者。當出入反覆與衆人共虞度其可否。而觀庶言之同異也。詩曹風鳲鳩之篇。引以證義壹行類。○呂氏曰。有物則非失實之言。有格則無踰矩之行。歸於一而不可變。生乎由是。死乎由是。故志也。名也。不可得而奪也。多聞。所聞博也。多志。多見而識之者也。質。正也。不敢自信而質正於衆人之所同。然後用之也。守之者。服膺勿失也。親之者。問學不厭也。雖由多聞多知而得之。又當精思以求其至約而行之。略者約也。此皆義壹行類之道也。○行去聲。

子曰。唯君子能好其正。小人毒其正。故君子之朋友有鄉。其惡有方。是故邇者不惑。而遠者不疑也。詩云。君子好仇。舊讀正爲匹。今從呂氏說讀如字。蓋君子與君子以同道爲朋。小人與小人以同利爲朋。君子固好其同道之朋矣。小人亦未嘗不好其同利之朋。不當言毒害其匹也。小人覩君子如仇讎。常有禍之之心。此所謂毒其正也。君子所好不可以非其人。故曰朋友有鄉。所惡不可以及善人。故曰其惡有方。前章言章善癉惡以示民厚。則民情不貳。今好惡既明。民情歸一。故邇者不惑。遠者不疑也。詩周南關雎之篇。言君子有良善之仇匹。引以證同道之朋。○好鄉惡並去聲。好仇。好如字。

子曰。輕絕貧賤。而重絕富貴。則好賢不堅。而惡惡不著也。人雖曰不利。吾不信也。詩云。朋友攸攝。攝以威儀。詩大雅既醉之篇。言朋友所以相檢攝者在威儀。以踰不在貧賤富貴也。○馬氏曰。賢者宜富貴。而富貴者未必皆賢。惡者宜貧賤。而貧賤者未必皆惡。於其貧賤而輕有以絕之。則是好賢不堅也。於其富貴而重有以絕之。則是惡惡不著也。是志在於利而不在於道。人雖曰不利者。吾不信也。

子曰。私惠不歸德。君子不自留焉。詩云。人之好我。示我周行。上文言好惡皆當循公道。故此言人有私惠於我。而不合於德義之公。君子決不留之於己也。詩小雅鹿鳴之篇。周行。大道也。言人之好愛我者。示我以大道而已。引以明不留私惠之義。○好去聲。行如字。

子曰。苟有車。必見其軾。苟有衣。必見其敝。人苟或言之。必聞其聲。苟或行之。必見其成。葛覃曰。服之無射。呂氏曰。此言有是物必有是事。登車而有所禮則憑軾。有軾則有車。無車則何所憑而式之乎。衣之久必敝。有衣然後可敝。無衣則何敝之有。言必有聲。行必有成。亦猶是也。蓋誠者物之終始。不誠無物。引葛覃言實有是服乃可久服而無厭也。○射音亦。

子曰。言從而行之。則言不可飾也。行從而言之。則行不可飾也。故君子寡言而行。以成其信。則民不得大其美而小其惡。詩云。白圭之玷。尚可磨也。斯言之玷。不可爲也。小雅曰。允也君子。展也大成。君奭曰。在昔上帝。周田觀文王之德。其集大命于厥躬。從順也。謂順於理也。言順於理而行之。則言爲可用。而非文飾之言矣。行順於理而言之。則行爲可稱。而非文飾之行矣。言之不怍。則爲之也難。寡言而行。卽訥於言而敏於行之意。以成其信。謂言行皆不妄也。大其美者。所以要譽。小其惡者。所以飾非。皆言之所爲也。君子寡言以示敎。故民不得如此。詩大雅抑之篇。玷。缺也。小雅車攻之篇。允。信也。展。誠也。君奭。周書。言昔者上帝降割罰于殷。而申重獎勸文王之德。集大命於其身使有天下抑詩證言不可飾車攻詩證行不可飾引書亦言文王之實有此德也○上行如字下二行去聲寡售讀爲顧今如字周田觀讀爲割申勸寧平聲子曰南
人有言曰人而無恆不可以爲卜筮古之遺言與龜筮猶不能知也而況於人乎詩云我龜既
厭不我告猶兌命曰爵無及惡德民立而正事純而祭祀是爲不敬事煩則亂事神則難易曰
不恆其德或承之羞恆其德偵婦人吉夫子凶論語言不可以作巫醫是爲巫爲醫此言爲卜筮乃是求占於卜筮龜筮猶不能知言無常之
人雖先知如龜筴亦不能定其吉凶況於人乎詩小雅小旻之篇猶謀也言卜筮煩數龜亦厭之不復告以所謀之吉凶也易恆卦三五爻辭承進也婦人之德從一而終故吉夫子制義故
從婦則凶也○應氏曰引兌命有誤當依今書文○馮氏曰此篇多依倣聖賢之言而理有不純義有不足者多矣○與平聲兌音悅偵貞同

奔喪第三十四

奔喪之禮始聞親喪以哭答使者盡哀問故又哭盡哀遂行日行百里不以夜行唯父母之喪
見星而行見星而舍若未得行則成服而后行過國至竟哭盡哀而止哭辟市朝望其國竟哭
始聞親喪總言五服之親也不以夜行避患害也未得行若奉君命而使事未竟也辟市朝爲驚衆也○使去聲竟音境辟音避朝音潮至於家入門左升自西階
殯東西面坐哭盡哀括髮袒降堂東即位西鄉哭成踊襲絰于序東絞帶反位拜賓成踊送賓
反位此言奔父喪之禮爲人子者升降不由阼階今父新死未忍異於生故入自門左升自西階也在家而親死則笄纚小斂畢乃括髮此自外而至故即括髮而袒衣也鄭云已殯者
位在下此奔喪在殯後故自西階降而即其堂下東之位也襲絰者掩其袒而加要絰也序東者在堂下而當堂上序牆之東也不散麻者亦異於在家之節也此絞帶即襲絰之絰非象革
帶之絞帶也絰重象革帶之絞帶輕反位復先所即之位也凡拜賓皆就賓之位而拜之拜竟則反已之位而哭踊也成踊說見前○鄉去聲散上聲有賓後至者則拜
之成踊送賓皆如初衆主人兄弟皆出門出門哭止闔門相者告就次於又哭括髮袒成踊於
三哭猶括髮袒成踊三日成服拜賓送賓皆如初皆如初者如先次之拜賓成踊與送賓反位也次倚廬也在中門外又哭明日之朝也三
哭又其明日之朝也皆升堂而括髮且袒如始至時三日三哭之明日也○相去聲奔喪者非主人則主人爲之拜賓送賓奔喪者自齊
衰以下入門左中庭北面哭盡哀免麻于序東即位袒與主人哭成踊於又哭三哭皆免袒有

賓則主人拜賓送賓。丈夫婦人之待之也。皆如朝夕哭位。無變也。非主人。其餘或親或疏之屬也。故下云齊衰以下。亦入自門之左。而不升階。但於中庭北面而哭也。免麻。謂加免于首。加絰于要也。上文言襲絰于序東。此言免麻于序東。輕重雖殊。皆是堂下序牆之東。凡袒與襲不同位也。待之。謂待此奔喪者。以其非賓客。故不變所哭之位也。○爲。去聲。免。音問。奔母之喪。西面哭盡哀。括髮袒。降堂東即位。西鄉哭成踊。襲免絰于序東。拜賓送賓。皆如奔父之禮。於又哭不括髮。父喪襲絰于序東。此言襲免絰于序東。即加免輕於父也。○疏曰。此謂適子。故云拜賓送賓。皆如奔父之禮也。婦人奔喪。升自東階。殯東西面坐。哭盡哀。東髽。即位。與主人拾踊。婦人。謂姑姊妹女子子。東階。東面階。非阼階也。婦人入者由闈門。闈門是東邊之門。東階。即雜記所謂側階也。髽。說見小記。東髽。髽於東序。不髽於房。變於在室者也。拾。更也。主人與之更踊。賓客之也。○髽。側瓜切。拾。其劫切。更。平聲。奔喪者不及殯。先之墓。北面坐。哭盡哀。主人之待之也。即位於墓左。婦人墓右。成踊盡哀括髮。東即主人位。絰絞帶。哭成踊。拜賓反位成踊。相者告事畢。不及殯。葬後乃至也。尸柩既不在家。則當先哭墓。此奔喪者是適子。故其衆主人之待之者。與婦人皆往墓所。就墓所分左右之位。奔者括髮。而於東偏即其主人之位。禮畢。則相者以畢事告。遂冠歸。入門左。北面哭盡哀。括髮袒成踊。東即位。拜賓成踊。賓出。主人拜送。有賓後至者。則拜之成踊。送賓如初。衆主人兄弟皆出門。出門哭止。相者告就次。於又哭括髮成踊。於三哭猶括髮成踊。三日成服。於五哭。相者告事畢。遂冠而歸者。不可以括髮行於道路也。冠。謂素委貌。入門出門。皆謂殯宮門也。五哭者。初至象始死爲一哭。明日象小斂爲二哭。又明日象大斂爲三哭。又明日成服之日爲四哭。又明日爲五哭。皆數朝哭。不數夕哭。鄭云。既期而至者則然。故相者告事畢。若未期。則猶朝夕哭。不五哭而畢也。哭雖五。而括髮成踊則止於三。下文免成踊亦同。○冠。如字。爲母所以異於父者。壹括髮。其餘免以終事。他如奔父之禮。疏曰。壹括髮。謂歸入門哭時也。及殯壹括髮。不及殯亦壹括髮。○爲。去聲。齊衰以下不及殯。先之墓。西面哭盡哀。免麻于東方。即位。與主人哭成踊。襲。有賓則主人拜賓送賓。賓有後至者。拜之如初。相者告事畢。遂冠歸。入門左。北面哭盡哀。免袒成踊。東即位。拜賓成踊。賓出。主人拜送。於又哭。免袒成踊。於三哭。猶免袒成踊。三日成服。於五哭。相者告事畢。疏曰。齊衰以下。有大功小功緦麻。月日多少不同。若奔在葬後。而三月之外。大功以上。則有免麻東方。三日成服。若小功緦麻。則不得有三日成服。小功以下不稅。無追服之理。若葬後通葬前未滿五月。小功則亦三日成服其緦麻者止臨喪節而來亦得三日成服也東即位拜賓成踊者東即位謂奔喪者於東方就哭位拜賓則是主人代之拜此奔喪者當主人代拜賓時已則成踊也又曰經直言免麻于東方即位不稱袒而下云成踊襲襲則有袒理經若言袒恐齊衰以下皆袒故不得總言袒而稱襲者容齊衰重得爲之襲也又按上文爲父不及殯於又哭括髮成踊不言袒今齊衰以下之喪經文於又哭三哭乃更言袒故知二袒字衍文也○又哭三哭二袒字衍文。

聞喪不得奔喪哭盡哀問故又哭盡哀乃爲位括髮袒成踊襲絰絞帶即位拜賓反位成踊賓出主人拜送于門外反位若有賓後至者拜之成踊送賓如初於又哭括髮袒成踊於三哭猶括髮袒成踊三日成服於五哭拜賓送賓如初。篇首言若未得行則成服而后行此乃詳言其節次餘見前章。

若除喪而后歸則之墓哭成踊東括髮袒絰拜賓成踊送賓反位又哭盡哀遂除。句

於家不哭主人之待之也無變於服與之哭不踊。袒絰者袒而襲襲而加絰也遂除即於墓除之也主人無變於服謂在家者但著平常吉服也雖與之哭於墓而不爲踊以服除哀殺也故云與之哭不踊。

自齊衰以下所以異於免麻。齊衰大功小功緦之服其奔喪在除服之後者惟首免要麻絰於墓所哭罷即除無括髮等禮也故云所異者免麻。

凡爲位非親喪齊衰以下皆即位哭盡哀而東免絰即位袒成踊襲拜賓反位哭成踊送賓反位相者告就次三日五哭卒主人出送賓衆主人兄弟皆出門哭止相者告事畢成服拜賓若所爲位家遠則成服而往。人臣奉君命以出而聞父母之喪則固爲位而哭其餘不得爲位也此言非親喪而自齊衰以下亦得爲位者必非奉君命以出而爲私事未奔者也此以上言五哭者四前三節言五哭皆止計朝哭故五日乃畢獨此所言三日五哭卒者謂初聞喪一哭明日朝夕二哭又明日朝夕二哭幷計夕哭者以私事可以早畢而亟謀奔喪故也曰主人出送賓者謂既奔喪至家則喪家之主人爲之出送賓也所謂奔喪者非主人則主人爲之出送賓是也衆主人兄弟亦謂在喪家者成服拜賓者謂三日五哭卒之明日爲成服其後有賓亦與之哭而拜之也前兩節五哭後不言拜賓者省文耳若所爲位者之家道遠則成服而后往亦可蓋外喪緩可容辦集而行也。

齊衰望鄉而哭大功望門而哭小功至門而哭緦麻即位而哭。雜記云大功望鄉而哭者謂本是齊衰降而服大功也故與此不同。

哭父之黨於廟母妻之黨於寢師於廟門外朋友於寢門外所識於野張帷凡爲位不奠。檀弓云師吾哭諸寢又云有殯聞遠兄弟之喪哭於側室若無殯則在寢矣舊說異代之禮所以不同不然記者所聞或誤歟○鄭氏曰不奠以其精神不存乎是也。

哭天子九諸侯七卿大夫五士三大夫哭諸侯不敢拜賓諸臣在他國爲位而哭不敢拜賓與諸侯爲兄

弟。亦爲位而哭。凡爲位者壹袒。九。九哭也。七。七哭也。九哭者九日。七哭者七日。餘倣此。此以尊卑爲日數之差也。大夫哭諸侯。哭其舊君也。不敢拜賓。避爲主也。在他國爲使而出也。與諸侯爲兄弟。亦謂在異國者。壹袒。謂爲位之日也。明日以往不袒矣。若父母之喪。則必三袒。所識者弔。先哭于家而後之墓。皆爲之成踊。從主人北面而踊。已所知識之人死。而往弔之時。已在葬後矣。必先哭于其家者。情雖由於死者。而禮則施於生者故也。主人墓左西向。賓北面向墓而踊。固賓主拾之。然必主人先而賓從之。故曰從主人也。言皆者。必于家于墓皆踊也。○爲去聲。拾其劫切。凡喪。父在父爲主。父沒兄弟同居。各主其喪。親同。長者主之。不同。親者主之。此言父在而子有妻子之喪。則父主之。統於尊也。父沒之後。兄弟雖同居。各主妻子之喪矣。同宮猶然。則異宮從可知也。親同長者主之。謂父母之喪。長子爲主。其同父母之兄弟死。亦推長者爲主也。不同親者主之。謂從父兄弟之喪。則彼親者爲之主也。聞遠兄弟之喪。既除喪而后聞喪。免袒成踊。拜賓則尚左手。此言小功緦麻之兄弟死。而聞訃在本服月日之外。雖不稅。而初聞之亦必免袒而成其踊者。以倫屬之親。不可不爲之變也。但拜賓則從吉拜。而左手在上耳。無服而爲位者。唯嫂叔。及婦人降而無服者麻。檀弓云。子思之哭嫂也爲位。婦人降而無服。謂姑姊妹在室者緦麻。嫁則降在無服也。哭之亦爲位。麻者。弔服而加緦之環絰也。○鄭氏曰。正言嫂叔。尊嫂也。兄公於弟之妻則不能也。○疏曰。既云無服。又云麻。故知弔服加麻也。凡奔喪有大夫至。袒拜之成踊而后襲。於士襲而后拜之。此言大夫士來弔此奔喪之人也。尊卑禮異。

禮記卷之十

問喪第三十五

親始死雞斯徒跣扱上衽交手哭惻怛之心痛疾之意傷腎乾肝焦肺水漿不入口三日不舉火故鄰里爲之糜粥以飲食之夫悲哀在中故形變於外也痛疾在心故口不甘味身不安美也雞斯讀爲笄纚笄骨笄也纚韜髮之繒也親始死孝子先去冠惟留笄纚也徒空也徒跣無屨而空跣也上衽深衣前襟也以號踊履踐爲妨故扱之於帶也交手哭謂兩手交以拊心而哭也糜厚而粥薄薄者以飲之厚者以食之也○雞音笄斯色買切扱音插乾音干飲去聲食音嗣號平聲三日而斂在牀曰尸在棺曰柩動尸舉柩哭踊無數惻怛之心痛疾之意悲哀志懣氣盛故袒而踊之所以動體安心下氣也哭踊本有數此言無數者又在常節之外也懣煩也○懣謨本切婦人不宜袒故發胸擊心爵踊殷殷田田如壞牆然悲哀痛疾之至也故曰辟踊哭泣哀以送之送形而往迎精而反也發開也爵踊似爵之跳足不離地也殷殷田田擊之聲也辟拊心也○殷上聲壞音怪辟婢尺切離去聲其往送也望望然汲汲然如有追而弗及也其反哭也皇皇然若有求而弗得也故其往送也如慕其反也如疑求而無所得之也入門而弗見也上堂又弗見也入室又弗見也亡矣喪矣不可復見已矣故哭泣辟踊盡哀而止矣望望瞻望之意也汲汲促急之情也皇皇猶彷徨之意盡哀而止者他無所寓其情也○上上聲喪去聲復扶又切心悵焉愴焉惚焉愾焉心絕志悲而已矣祭之宗廟以鬼享之徼幸復反也成壙而歸不敢入處室居於倚廬哀親之在外也寢苫枕塊哀親之在土也故哭泣無時服勤三年思慕之心孝子之志也人情之實也此言反哭至終喪之情惚猶恍惚也愾猶嘆恨也勤謂憂苦也○壙上聲枕去聲或問曰死三日而后斂者何也曰孝子親死悲哀志懣故匍匐而哭之若將復生然安可得奪而斂之也故曰三日而后斂者以俟其生也三日而不生亦不生矣孝子之心亦益衰矣家室之計衣服之具亦可以成矣親戚之遠者亦可以至矣是故聖人爲之斷決以三日爲之禮制也此記者設問以明三

日而斂之義。○斂之斂，如字。人為，為去聲。斷，丁玩切。或問曰。冠者不肉袒。何也。曰。冠至尊也。不居肉袒之體也。故為之免以代之也。然則禿者不免。傴者不袒。跛者不踊。非不悲也。身有錮疾。不可以備禮也。故曰喪禮唯哀為主矣。女子哭泣悲哀。擊胸傷心。男子哭泣悲哀。稽顙觸地無容。哀之至也。免而袒。袒而踊。先後之次也。有一疾則廢一禮。女子不踊。則惟擊胸。男子不踊。則惟稽顙觸地。皆可以為哀之至也。○免音問。傴。於縷切。跛。補火切。或問曰。免者以何為也。曰。不冠者之所服也。禮曰。童子不緦。唯當室緦。緦者其免也。當室則免而杖矣。劉氏曰。已冠者為喪變而去冠。則必著免。蓋雖去冠。猶嫌於不冠。故加免也。童子初未冠。則雖為喪亦不免。以其未冠。故不嫌於不冠也。若為孤子而當室。則雖童子亦免。以其為喪主而當成人之禮也。如童子不杖。以其不能病也。而當室則杖。童子不緦。幼不能知疏遠之哀也。而當室則緦。緦者。以其當室而為成人之免。且杖。則亦可為成人之緦矣。故曰緦者以其免也。或問曰。杖者何也。曰。竹桐一也。故為父苴杖。苴杖竹也。為母削杖。削杖桐也。或問曰。杖者以何為也。曰。孝子喪親。哭泣無數。服勤三年。身病體羸。以杖扶病也。則父在不敢杖矣。尊者在故也。堂上不杖。辟尊者之處也。堂上不趨。示不遽也。此孝子之志也。人情之實也。禮義之經也。非從天降也。非從地出也。人情而已矣。苴杖圓而象天。削杖方而象地。又以桐為同之義。言哀戚同於喪父也。堂上不趨。亦謂父在時也。急遽則或動父之情。故示以寬暇。○為。去聲。苴。七須切。羸。力垂切。辟音避。處。去聲。遽。其慮切。

服問第三十六

傳曰。有從輕而重。公子之妻為其皇姑。有屬從。有徒從。故皆以從言。○疏曰。公子。諸侯之妾子也。皇姑。即公子之母也。諸侯在。尊厭妾子。使為母練冠。諸侯沒。妾子得為母大功。而妾子之妻。則不論諸侯存沒。為夫之母期也。其夫練冠。是輕也。而妻為之期。是重。故云有從輕而重也。皇。君也。此妾既賤。若惟云姑。則有嫡女君之嫌。今加皇字。明非女君。而此婦尊之與女君同。故云皇姑也。○傳。去聲。為。去聲。註中與下四節並同。厭音壓。論。去聲。有從重而輕。為妻之父母。妻為其父母齊衰。是重也。夫從妻而服之。乃緦麻。是從重而輕也。有從無服而有服。公子之妻為公子之外兄弟。外家。疏曰。公子被厭。不服己母之外家。是無服也。妻猶從公子而服公子外祖父母從母緦麻。是從無服而有服也。經惟云公子外兄弟。而知其非公子姑之子者。以喪服小記云。夫之所為兄弟服。妻皆降一等。夫為姑之子緦麻。妻則無服。今公子之妻為之有服。故知其為公子外祖父母從母也。此等皆小功之服。凡小功者謂為兄弟。若同宗直稱兄弟。以外族故稱外兄弟也。○從母。從。去聲。有從有服而無服。公子為其妻之父母。

鄭氏曰。凡公子厭於君。降其私親。女君之子不降。○疏曰。雖為公子之妻。猶為父母期。是有服也。公子被厭。不從妻而服之。是從有服而無服也。

傳曰。母出則為繼母之黨服。母死則為其母之黨服。為其母之黨服。則不為繼母之黨服。

母死。謂繼母死也。其母。謂出母也。○鄭氏曰。雖外親亦無二統。

三年之喪既練矣。有期之喪既葬矣。則帶其故葛帶。經期之經。服其功衰。

疏曰。謂三年之喪練祭之後。又當期喪既葬之節也。故葛帶。謂三年喪之練葛帶也。今期喪既葬。男子則應著葛帶。此葛帶與三年之葛帶麤細正同。而以父葛為重。故帶其故葛帶也。經期之經者。謂三年之喪練後。首經既除。故經期之葛經。若婦人練後。麻帶除矣。則經其故葛經。帶期之麻帶。以婦人不葛帶故也。功衰者。父喪練後之衰也。雜記疏云。三年喪練後之衰升數與大功同。故云功衰也。○期音基。

有大功之喪亦如之。小功無變也。

疏曰。三年喪練後。有大功喪。亦既葬。亦帶其故葛帶而經期之葛經也。故云亦如之。小功無變者。言先有大功以上喪服。今遭小功之喪。無變於前服。不以輕服減累於重也。

麻之有本者。變三年之葛。

疏曰。大功以上為帶者。麻之根本并留之。合糾為帶。如此者得變三年之練葛。小功以下。其經澡麻斷本。不得變三年之葛也。言變三年之葛。舉其重者。其實期之葛有本者。亦得變之。

既練。遇麻斷本者。於免經之。既免去經。每可以經必經。既經則去之。

疏曰。斬衰既練之後。遭小功之喪。雖不變服。得為之加經也。於免經之者。以練無首經。於此小功喪有事於免之時。則為之加小功之經也。既免之後。則脫去其經。每可以經之時。必為之加經。既經則去之。自練服也。○斷音短。去上聲。

小功不易喪之練冠。如免。則經其緦小功之經。因其初葛帶。緦之麻不變小功之葛。小功之麻不變大功之葛。以有本為稅。

疏曰。言小功以下之喪。不合變易三年喪之練冠。其期之練冠。亦不得易也。如當緦小功著免之節。則首經其緦與小功之經。所以為後喪緦經者。以前喪練冠首經已除故也。要中所著。仍因其初喪練之葛帶。輕喪之麻。本服既輕。雖初喪之麻。不變前重喪之葛也。稅謂變易也。緦與小功麻經既無本。不合稅變前喪。唯大功以上麻經有本者。得稅變前喪也。○稅吐外反。著入聲。要平聲。

殤長中。變三年之葛。終殤之月算。而反三年之葛。是非重麻。為其無卒哭之稅。下殤則否。

疏曰。殤長中者。謂本服大功。今乃降在長中殤。男子則為之小功。婦人為長殤小功。中殤則緦麻。如此者得變三年之葛。著此殤服之麻。終竟此殤月數。如小功則五月。緦則三月。還反服其三年之葛也。既服麻不改。又變三年之葛。不是重此麻也。以殤服質略。自初死服麻以後。無卒哭時稅麻服葛之禮也。下殤則否者。以大功以下之殤。男子婦人俱為之緦麻。其情輕。不得變三年之葛也。按上文麻有本者得變三年之葛。則齊衰下殤。雖是小功。亦是麻之有本者。故喪服小記云。下殤小功帶澡麻不絕本。然齊衰下殤乃變三年之葛。今大功長殤麻既無本。得變三年之葛者。以無虞卒哭之稅。故特得變之。若成人小功緦麻。麻既無本。故不得變也。○長上聲。為去聲。

君為天子三年。夫人如外宗之為君也。世子

不爲天子服。諸侯爲天子服斬衰三年。外宗見前篇。諸侯外宗之婦爲君期。夫人爲天子亦期。故云夫人如外宗之爲君也。世子有繼世之道。不爲天子服者。遠嫌也。○爲去聲。遠去聲。君所主。夫人妻。大子。適婦。夫人者。君之適妻。故云夫人妻。大子適子也。其妻爲適婦。三者皆正。故君主其喪。○大音泰。大夫之適子。爲君夫人大子如士服。鄭氏曰。士爲國君斬。小君期。大子君服斬。臣從服期。○疏曰。大夫無繼世之道。其子無嫌。故得爲君與夫人及君之大子。著服如士服也。○爲去聲。大子大。音泰。君之母非夫人。則羣臣無服。唯近臣及僕驂乘從服。唯君所服服也。疏曰。君母是適夫人。則羣臣服期。非夫人則君服緦。故羣臣無服也。近臣。閽寺之屬。僕。御車者。驂乘。車右也。唯君所服服者。君緦則此等人亦緦也。○乘去聲。期平聲。公爲卿大夫錫衰以居。出亦如之。當事則弁經。大夫相爲亦然。爲其妻往則服之。出則否。疏曰。君爲卿大夫之喪。成服之後著錫衰以居也。出。謂以他事而出。非至喪所。亦著錫衰。首則皮弁也。當事。若大斂及殯。幷將葬啓殯等事。則首著弁經。身衣錫衰。若於士則首服皮弁也。大夫相爲亦然者。亦如君於卿大夫也。若君於卿大夫之妻。及卿大夫相爲其妻而往臨其喪。亦服錫衰。但不常著之以居。或以他事出則不服也。○錫衰之布以緦布而加灰治。弁經制如爵弁。素爲之。加環經其上。凡見人無免經。雖朝於君無免經。唯公門有稅齊衰。傳曰。君子不奪人之喪。亦不可奪喪也。見人。往見於人也。經重故不可釋免。入公門雖稅齊衰。亦不稅經也。此謂不杖齊衰。若杖齊衰及斬衰。雖入公門亦不稅。○免如字。稅音脫。傳曰。辠多而刑五。喪多而服五。上附下附列也。罪重者附於上刑。罪輕者附於下刑。此五刑之上附下附也。大功以上附於親。小功以下附於疏。此五服之上附下附也。等列相似。故云列也。

閒傳第三十七

鄭氏曰。名閒傳者。以其記喪服之閒輕重所宜。

斬衰何以服苴。苴惡貌也。所以首其內而見諸外也。斬衰貌若苴。齊衰貌若枲。大功貌若止。小功緦麻容貌可也。此哀之發於容體者也。斬衰服苴。苴經與苴杖也。麻之有子者。以爲苴經。竹杖亦曰苴杖。惡貌者。疏云。苴是黎黑色。又小記疏云。至痛內結。必形色外章。所以衰裳經杖。俱備苴色也。首者。標表之義。蓋顯示其內心之哀痛於外也。枲。牡麻也。枯黯之色似之。大功之喪。雖不如齊斬之痛。然其容貌亦若有所拘止而不得肆者。蓋亦變其常度也。○見音現。枲音徙。斬衰之哭若往而不反。齊衰之哭若往而反。大功之哭三曲而偯。小功緦麻哀容可也。此哀之發於聲音者也。若如也。往而不反。一舉而至氣絕。似不回聲也。三曲。一舉聲而三折也。偯。餘聲之委曲也。小功緦麻情輕。雖哀聲之從容亦可也。○偯，於豈切。從，七容切。斬衰唯而不對，齊衰對而不言，大功言而不議，小功緦麻議而不及樂，此哀之發於言語者也。唯，應辭也。不對，不答人以言也。不言，不先發言於人也。不議，不泛論他事也。○唯，上聲。斬衰三日不食，齊衰二日不食，大功三不食，小功緦麻再不食，士與斂焉則壹不食。故父母之喪，既殯食粥，朝一溢米，莫一溢米；齊衰之喪，疏食水飲，不食菜果；大功之喪，不食醯醬；小功緦麻，不飲醴酒。此哀之發於飲食者也。一溢，二十四分升之一也。疏食，粗飯也。○與，去聲。莫音暮。食音嗣。父母之喪，既虞卒哭，疏食水飲，不食菜果；期而小祥，食菜果；又期而大祥，有醯醬；中月而禫，禫而飲醴酒。始飲酒者，先飲醴酒；始食肉者，先食乾肉。中月，間一月也。前篇中一以上亦訓為間。二十五月大祥，二十七月而禫也。○疏曰：孝子不忍發初御醇厚之味，故飲醴酒、食乾肉。○中，如字。間，去聲。乾音干。父母之喪，居倚廬，寢苫枕塊，不稅絰帶。齊衰之喪，居堊室，苄翦不納。大功之喪，寢有席。小功緦麻，牀可也。此哀之發於居處者也。倚廬、堊室見喪大記。苄，蒲之可為席者，但翦之使齊，不編納其頭而藏於內也。○枕，去聲。稅音脫。苄音下。處，上聲。父母之喪，既虞卒哭，柱楣翦屏，苄翦不納。期而小祥，居堊室，寢有席。又期而大祥，居復寢。中月而禫，禫而牀。柱楣，謂舉倚廬之木拄之於楣，使稍寬明也。翦屏者，翦去戶旁兩廂屏之餘草也。自上章唯而不對以下至此，有與雜記、喪大記、喪服小記之文不同者，記者所聞之異，亦或各有義與。○柱音主。斬衰三升，齊衰四升、五升、六升；大功七升、八升、九升；小功十升、十一升、十二升；緦麻十五升去其半，有事其縷，無事其布曰緦。此哀之發於衣服者也。每一升凡八十縷。斬衰正服三升，義服三升半。齊衰降服四升，正服五升，義服六升。大功降服七升，正服八升，義服九升。小功降服十升，正服十一升，義服十二升。緦麻降正義同用十五升布，去其七升半之縷，蓋十五升者，朝服之布，其幅之經一千二百縷也。今緦布用其半，六百縷為經，是去其半也。有事其縷者，事，謂煑治其紗縷而後織也。無事其布者，及織成則不洗治其布，而即以製緦服也。若用為錫衰，則加灰以洗治之。故前經云加灰錫也。然則緦服是熟縷生布，其小功以上皆生縷以織矣。○去，上聲。治，平聲。斬衰三升，既虞卒哭，受以成布六升，冠七升；為母疏衰四升，受以成布七升，冠八升。去麻服葛，葛帶三重。期而小祥，練冠縓緣，要絰不除。五服惟斬衰、齊衰、大功有受者。葬後以冠之布升數為衰服。如斬衰冠六升，則葬後以六升布為衰。齊衰冠七升，則葬後以七升布為衰也。謂之成布者，三升以下之布，麤疏之甚，若未成然。六升以下，則漸精細，與吉服之布相近，故稱成也。去麻服葛者，葬後男子去要之麻絰而繫葛絰。婦人去首之麻絰而著葛絰也。葛帶三重。謂男子也。葬後以葛絰易要之麻絰。差小於前。四股糾之。積而相重。則三重也。蓋單糾爲一重。兩股合爲一繩。是二重。二繩又合爲一繩。是三重也。○疏曰。至小祥。又以卒哭後冠受其衰。而以練易其冠。又以練爲中衣。以縓爲領緣也。要絰。葛絰也。縓緣。見檀弓。○縓。七眷切。緣。去聲。要。平聲。

男子除乎首。婦人除乎帶。男子何爲除乎首也。婦人何爲除乎帶也。男子重首。婦人重帶。除服者先重者。易服者易輕者。小祥。男子除首絰。婦人除要帶。此除先重也。居重喪而遭輕喪。男子則易要絰。婦人則易首絰。此易輕者也。

又期而大祥。素縞麻衣。中月而禫。禫而纖。無所不佩。疏曰。二十五月大祥祭。此日除脫。則首服素冠。以縞紕之。身著朝服而祭。祭畢而哀情未除。更反服微凶之服。首著縞冠。以素紕之。身著十五升麻深衣。未有采緣。故云素縞麻衣也。大祥之後。更間一月而爲禫祭。禫祭之時。玄冠朝服。祭乾。則首著纖冠。身著素端黃裳。以至吉祭。平常所服之物。無不佩也。黑經白緯曰纖。○紕。音皮。緣。去聲。

易服者。何爲易輕者也。斬衰之喪。既虞卒哭。遭齊衰之喪。輕者包。重者特。鄭氏曰。卑可以兩施。而尊者不可貳。○疏曰。斬衰受服之時。而遭齊衰初喪。男子所輕要者。得著齊衰要帶。而兼包斬衰之帶。婦人輕首。得著齊衰首絰。而包斬衰之絰。故云輕者包也。男子重首。特留斬衰之絰。婦人重要。特留斬衰要帶。是重者特也。愚謂特者。單獨而無所兼之義。非謂特留也。

既練。遭大功之喪。麻葛重。子曰。斬衰既練。男子惟有要帶。婦人惟有首絰。是單也。今遭大功之喪。男子首空。著大功麻絰。又以大功麻帶易練之葛帶。婦人要空。著大功麻帶。又以大功麻絰易練之葛絰。是重麻也。至大功既虞卒哭。男子帶以練之故葛帶。首著期之葛絰。婦人絰其練之故葛絰。著期之葛帶。是重葛也。○疏言期之葛絰。期之葛帶。謂麤細與期同。其實是大功葛絰葛帶也。○又按檀弓云。婦人不葛帶者。謂斬衰齊衰服也。喪服大功章。男女並陳。有卽葛九月之文。是大功婦人亦受葛也。又士虞禮餞尸章。註云。婦人大功小功者葛帶。

齊衰之喪。既虞卒哭。遭大功之喪。麻葛兼服之。此據男子言之。以大功麻帶易齊衰之葛帶。而首猶服齊衰葛絰。首有葛。要有麻。是麻葛兼服之也。

斬衰之葛。與齊衰之麻同。齊衰之葛。與大功之麻同。大功之葛。與小功之麻同。小功之葛。與緦之麻同。麻同則兼服之。兼服之。服重者則易輕者也。同者。前喪既葬之葛。與後喪初死之麻。麤細無異也。兼服者。服後麻。兼服前葛也。服重者。卽上章重者特之說也。易輕者。卽輕者包是也。服問篇云。緦之麻。不變小功之葛。小功之麻。不變大功之葛。言成人之喪也。此言大功以下同則兼服者。是據大功之長殤中殤也。○疏曰。兼服之但施於男子。不包婦人。今言易輕者。則是男子易於要。婦人易於首也。○重。平聲。長。上聲。易。去聲。要。平聲。

三年問第三十八

三年之喪。何也。曰。稱情而立文。因以飾羣。別親疏貴賤之節。而弗可損益也。故曰。無易之道也。創鉅者其日久痛甚者其愈遲三年者稱情而立文所以爲至痛極也斬衰苴杖居倚廬食粥寢苫枕塊所以爲至痛飾也三年之喪二十五月而畢哀痛未盡思慕未忘然而服以是斷之者豈不送死有已復生有節也哉人不能無羣羣不可無別立文以飾之則親疏貴賤之等明矣弗可損益者中制不可不及亦不可過是所謂無易之道也治親疏貴賤之節者惟喪服足以盡其詳服莫重於斬衰時莫久於三年故此篇列言五服之輕重而自重者始○石梁王氏曰二十四月再期其月餘日不數爲二十五月中月而禫註謂間一月則所間之月是空一月爲二十六月出月禫祭爲二十七月徙月則樂矣○稱去聲別必列切創平聲枕去聲斷丁玩切治平聲數上聲間空並去聲凡生天地之間者有血氣之屬必有知有知之屬莫不知愛其類今是大鳥獸則失喪其羣匹越月踰時焉則必反巡過其故鄉翔回焉鳴號焉蹢躅焉踟躕焉然後乃能去之小者至於燕雀猶有啁噍之頃焉然後乃能去之故有血氣之屬者莫知於人故人於其親也至死不窮鳥獸知愛其類而不如人之能充其類此所以天地之性人爲貴也○喪去聲號平聲蹢直亦切躅直六切踟音馳躕音廚啁音周噍音啾知去聲將由夫患邪淫之人與則彼朝死而夕忘之然而從之則是曾鳥獸之不若也夫焉能相與羣居而不亂乎患猶害也邪淫之害性如疾痛之害身故云患邪淫也不如鳥獸爲無禮也無禮則亂矣○與平聲曾音層焉音煙爲去聲將由夫脩飾之君子與則三年之喪二十五月而畢若駟之過隙然而遂之則是無窮也故先王焉爲之立中制節壹使足以成文理則釋之矣先王制禮蓋欲使過之者俯而就之送死有已復生有節不至者跂而及之則不至於鳥獸之不若矣壹使足以成文理謂無分君子小人皆使之遵行禮節以成其飾羣之文理則先王憂世立教之心遂矣故曰釋之也○爲去聲然則何以至期也曰至親以期斷是何也曰天地則已易矣四時則已變矣其在天地之中者莫不更始焉以是象之也疏曰父母本三年何以至期是問其一期應除之義故答云至親以期斷是明一期可除之節故期而練男子除絰婦人除帶下文云加隆故至三年○期平聲斷去聲然則何以三年也曰加隆焉爾也焉使倍之故再期也又問既是以期斷矣何以三年也答謂孝子加隆厚於親故如此也焉語辭猶云所以也○期平聲由九月以下何也曰焉使弗及也故三年以爲隆緦小功以爲殺期九月以爲間上取象於天下取法於地中取則於人人之所以羣居和壹之理盡矣故三年之喪人道之至文者

也。夫是之謂至隆。是百王之所同。古今之所壹也。未有知其所由來者也。孔子曰。子生三年。然後免於父母之懷。夫三年之喪。天下之達喪也。弗及、恩之殺也。三月不及五月。五月不及九月。九月不及期也。期與大功在隆殺之間。故云期九月以爲閒也。取象於天地者。三年象閏。期象一歲。九月象物之三時而成。五月象五行。三月象一時也。取則於人者。始生三月而翦髮。三年而免父母之懷也。和以情言。謂情無不睦也。壹以禮言。謂禮無不至也。人之所以相與羣居而情和禮壹者。其理於喪服盡之矣。父母之喪無貴賤。故曰天下之達喪也。達論語作通。○殺去聲。閒如字。

深衣第三十九

古者深衣。蓋有制度。以應規矩繩權衡。短毋見膚。長毋被土。續衽鉤邊。要縫半下。朝服祭服喪服皆衣與裳殊。惟深衣不殊。則其被於體也深邃。故名深衣。制同而名異者有四焉。純之以采曰深衣。純之以素曰長衣。純之以布曰麻衣。著在朝服祭服之內曰中衣。但大夫以上助祭用冕服。自祭用爵弁服。則以素爲中衣。士祭用朝服。則以布爲中衣也。皆謂天子之大夫與士也。喪服亦有中衣。檀弓云。練衣黃裏縓緣是也。但不得繼揜尺耳。○楊氏曰。深衣制度。惟續衽鉤邊一節難考。鄭註續衽二字文義甚明。特疏家亂之耳。鄭註云。續猶屬也。衽在裳旁者也。屬連之不殊裳前後也。鄭意蓋言凡裳前三幅後四幅。既分前後。則其旁兩幅分開而不相屬。惟深衣裳十二幅交裂裁之。皆名爲衽。所謂續衽者。指在裳旁兩幅言之。謂屬連裳旁兩幅不殊裳之前後也。又衣圖云。既合縫了。又再覆縫。方便於著。以合縫者爲續衽。覆縫爲鉤邊。○要縫七尺二寸。是比下齊之一丈四尺四寸爲半之也。玉藻云。縫齊倍要是也。○要平聲。縫去聲。純音准。齊音咨。袼之高下。可以運肘。袂之長短。反詘之及肘。帶。下毋厭髀。上毋厭脅。當無骨者。劉氏曰。袼袖與衣接。當腋下縫合處也。運。回轉也。玉藻云。袂可以回肘是也。肘。臂中曲節。袂。袖也。袼之高下與衣身齊二尺二寸。言者布幅亦二尺二寸。而深衣裁身用布八尺八寸。中屈而四疊之。則正方。袖本齊之而漸圜殺以至袪。則廣一尺二寸。故下文云。袂圜應規也。衣四幅而要縫七尺二寸。又除負繩之縫與領旁之屈積各寸。則兩腋之餘前後各三寸許。續以二尺二寸幅之袖。則二尺有五寸也。然周尺二尺五寸。不滿今省尺二尺。僅足齊手。無餘可反屈也。曰反屈及肘。則接袖初不以一幅爲拘矣。凡經言短毋見膚。長毋被土。及袼可運肘。袂反及肘。皆以人身爲度。而不言尺寸者。良以尺度布幅有古今之異。而人身亦有大小長短之殊故也。朱子云。度用指尺。中指中節爲寸。則各自度與身相稱矣。玉藻。朝祭服之帶。三分帶下。紳居二焉。而紳長制。士三尺。則帶下四尺五寸矣。深衣之帶下。不厭髀骨。上不可當脅骨。惟當其間無骨之處。則少近下也。然此不言帶之制。玉藻云。士練帶。率下辟等。皆言朝祭服之帶也。朱子深衣帶。蓋亦彷彿玉藻之文。但禪複異耳。○袼音各。詘音屈。厭音壓。髀音俾。稱去聲。制。十有二幅。以應十有二月。袂圜以應規。曲袷如矩以應方。負繩及踝以應直。下齊如權衡以應平。袷交領也。衣領既交。自有如矩之象。

踝，足跟也。衣之背縫及裳之中縫，上下相接如繩之直，故云負繩也。下齊，裳末緝處也。欲其齊如衡之平。○袷音劫。踝胡瓦切。齊音咨。

故規者，行舉手以為容。負繩抱方者，以直其政，方其義也。故易曰：坤六二之動，直以方也。下齊如權衡者，以安志而平心也。五法已施，故聖人服之。故規矩取其無私，繩取其直，權衡取其平，故先王貴之。故可以為文，可以為武，可以擯相，可以治軍旅，完且弗費，善衣之次也。

疏曰：所以袂圜中規者，欲使行者舉手揖讓以為容儀也。抱方，領之方也。以直其政，解負繩。以方其義，解抱方也。○呂氏曰：深衣之用，上下不嫌同名，吉凶不嫌同制，男女不嫌同服。諸侯朝朝服，夕深衣。大夫士朝玄端，夕深衣。庶人吉服深衣而已。此上下同也。有虞氏深衣而養老。將軍文子除喪受弔，練冠深衣。親迎女在塗而壻之父母死，深衣縞總以趨喪。此吉凶男女之同也。蓋簡便之服，非朝祭，皆可服之也。○方氏曰：十二幅應十二月者，仰觀於天也。直其政，方其義者，俯察於地也。袼之高下可以運肘者，近取諸身也。應規矩繩權衡者，遠取諸物也。其制度固已深矣。然端冕則有敬色，所以為文；介冑則有不可辱之色，所以為武。端冕不可以為武，介冑不可以為文，兼之者惟深衣而已。玉藻曰：夕深衣。深衣，燕居之服也。端冕雖所以脩禮容，亦有時而燕處，則深衣可以為文矣。介冑雖所以臨戎事，亦有時而燕處，則深衣可以為武矣。雖可為文，非若端冕可以視朝臨祭，特可贊禮而為擯相而已。雖可為武，非若介冑可以臨衝，特可運籌以治軍旅而已。制有五法，故曰完。其質則布，其色則白，故曰弗費。吉服以朝祭為上，燕衣則居其次焉，故曰善衣之次也。○相去聲。治平聲。朝朝服下朝音潮。

具父母、大父母，衣純以繢。具父母，衣純以青。如孤子，衣純以素。純袂、緣純邊，廣各寸半。

繢，畫文也。純，衣之緣也。袂緣，緣袖口也。純邊，緣襟旁及下也。各廣一寸半。袷則廣二寸也。○呂氏曰：三十以下無父者，可以稱孤。若三十之上有為人父之道，不言孤也。純袂、緣、純邊，三事也。謂袂口、裳下、衣裳邊皆純也。亦見既夕禮。○大音泰。純音準。繢音會。緣廣並去聲。

投壺第四十

投壺之禮，主人奉矢，司射奉中，使人執壺。主人請曰：某有枉矢哨壺，請以樂賓。賓曰：子有旨酒嘉肴，某既賜矣，又重以樂，敢辭。主人曰：枉矢哨壺，不足辭也，敢固以請。賓曰：某既賜矣，又重以樂，敢固辭。主人曰：枉矢哨壺，不足辭也，敢固以請。賓曰：某固辭不得命，敢不敬從。

中者，盛算之器。或如鹿，或如兕，或如虎，或如閭。閭如驢形，一角而岐蹄。或如皮樹。皮樹亦獸名。其狀未聞。皆刻木為之。上有圜圈以盛算。枉，枉不直也。哨，口不正也。此篇投壺是大夫士之禮。左傳晉侯與齊侯燕投壺，則諸侯亦有之也。○奉上聲。哨七笑切。以樂樂音洛。餘並音岳。盛平聲。

賓再拜受，主人般還曰辟。主人阼階上拜送，賓般還曰辟。

方氏曰般還言不敢直前則辟之容也曰辟則告之使知其不敢當也○般音盤還音旋辟音避 **已拜受矢進卽兩楹閒退反位揖賓就筵** 主人拜送矢之後主人之贊者持矢授主人主人於阼階上受之而進就楹閒視投壺之處所復退反阼階之位西向揖賓以就投壺之席也賓主之席皆南向 **司射進度壺** 句 **閒以二矢半反位設中東面執八算興** 疏曰司射於西階上於執壺之人處受壺來賓主筵前量度而置壺於賓主筵之南閒以二矢半者投壺有三處室中堂上及庭中也日中則於室日晚則於堂太晚則於庭中各隨光明故也矢有長短亦隨地之廣狹室中狹矢長五扶堂上稍廣矢長七扶庭中太廣矢長九扶四指曰扶扶廣四寸五扶者二尺也七扶者二尺八寸也九扶者三尺六寸也矢雖有長短而度壺則皆使去賓主之席各二矢半也是室中去席五尺堂上去席七尺庭中則去席九尺也度壺畢仍還西階上之位而取中以進而設之既設中乃於中之西而東面手執八算而起○上上聲度入聲閒如字 **請賓曰順投爲入比投不釋勝飲不勝者正爵既行請爲勝者立馬一馬從二馬三馬既立請慶多馬請主人亦如之** 疏曰司射執八算起而告于賓曰投矢於壺以矢本入者乃名爲入則爲之釋算若以末入則不名爲入亦不爲之釋算也比頻也賓主要更遞而投不得以前既入而喜不待後人投之而已頻投頻投雖入亦不爲之釋算也若投壺之勝者則酌酒以飲不勝者正爵即此勝飲不勝之爵也以其正禮故謂之正爵既行行爵竟也爲勝者立馬者謂取算以爲馬表其勝之數也謂算爲馬者馬是威武之用投壺及射亦是習武故云馬也一馬從二馬者每一勝輒立一馬禮以三馬爲成若專三馬則爲一成但勝偶未必專頻得三若勝偶得二劣偶得一既劣於二故徹取劣偶之一以足勝偶之二爲三故云一馬從二馬若頻得三成或取彼足爲三馬是其勝已成又酌酒以慶賀多馬之人也此告賓之辭其告主人亦此辭也故曰請主人亦如之○比毘至反飲去聲請爲爲去聲 **命弦者曰請奏貍首閒若一大師曰諾** 司射命樂工奏詩章以爲投壺之節貍首詩篇名也今亡閒若一者詩樂作止所閒疏數之節均平如一也大師樂官之長也○閒去聲大音泰 **左右告矢具請拾投有入者則司射坐而釋一算焉賓黨於右主黨於左** 主賓席皆南向則主居左賓居右司射告主賓以矢具又請更迭而投於是乃投壺也若矢入壺者則司射乃坐而釋一算於地司射東面而立釋算則坐也賓黨於右者在司射之前稍南主黨於左者在司射之前稍北蓋司射東面則南爲右北爲左矣○拾其劫切 **卒投司射執算曰左右卒投請數二算爲純一純以取一算爲奇遂以奇算告曰某賢於某若干純奇則曰奇鈞則曰左右鈞** 疏曰純全也二算合爲一全地上取算之時二純則別而取之一算謂不滿純者奇隻也故云一算爲奇以奇算告者奇餘也左右數鈞等之餘算手執之而告曰某賢於某若干純賢謂勝也勝者若有雙數則云若干純假令十算則云五純也奇則曰奇者假令九算則曰九奇也鈞則曰左右鈞者鈞猶等也等則左右各執一算以告○數上聲純音全奇居衣切令平聲 **命酌曰請行觴酌者曰諾當飲者**

皆跪奉觴曰。賜灌。勝者跪曰。敬養。司射命酌酒者行罰爵。酌者。勝黨之弟子也。既諾。乃於西階上南面設豐洗觶升酌。坐而奠於豐之上。其當飲者。跪取豐上之酒手捧之。而言賜灌。灌。猶飲也。謂蒙賜之飲也。服善而爲尊敬之辭也。其勝者。則跪而言敬以此觴爲奉養也。雖行罰爵。猶爲尊敬之辭。以答賜灌之辭也。○飲。去聲。奉。上聲。養。去聲。

正爵既行。請立馬。馬各直其算。一馬從二馬。以慶。慶禮曰。三馬既備。請慶多馬。賓主皆曰。諾。正爵既行。請徹馬。正禮罰酒之爵既行。飲畢。司射乃告賓主。請爲勝者樹立其馬。直。當也。所立之馬。各當其初釋算之前。投壺與射禮。皆三番而止。每番勝則立一馬。假令賓黨三番俱勝則立三馬。或兩勝而立二馬。其主黨但一勝。立一馬。即舉主之一馬。益賓之二馬。所以助勝者爲樂也。以慶謂以此慶賀多馬也。飲正禮慶爵之後。司射即請徹去其馬。以投壺禮畢也。禮畢則行無算爵。○鄭氏曰。飲慶爵者。偶親酌。不使弟子。無豐。○疏曰。請立馬者。是司射請辭。馬各直其算。一馬從二馬以慶。是禮家陳事之言。慶禮曰。三馬既備。請慶多馬者。此還是司射請辭。○樂。音洛。

算多少視其坐。籌。室中五扶。堂上七扶。庭中九扶。算長尺二寸。壺頸脩七寸。腹脩五寸。口徑二寸半。容斗五升。壺中實小豆焉。爲其矢之躍而出也。壺去席二矢半。矢以柘若棘。毋去其皮。算之多少。視坐上之人數每人四矢。亦四算也。籌。矢也。扶。與膚同。室中五扶以下三句。說見上章。○呂氏曰。棘柘之心實。其材堅且重也。毋去其皮。質而已矣。○扶。音膚。長。去聲。爲。去聲。去。上聲。

魯令弟子辭曰。毋幠。毋敖。毋偝立。毋踰言。偝立踰言有常爵。薛令弟子辭曰。毋幠。毋敖。毋偝立。毋踰言。若是者浮。司射庭長及冠士立者。皆屬賓黨。樂人及使者童子。皆屬主黨。石梁王氏曰。司射至主黨二十四字。與上文薛令弟子若是者浮相屬。今從之。○弟子。賓黨主黨之年稺者。投壺時立於堂下。以其或相褻狎。故戒令之。魯薛之辭意同而文小異。故記者並列之。幠。亦敖也。偝立。不正所向也。踰言。遠談他事也。有常爵。謂有常例罰爵也。○疏曰。浮。亦罰也。一說。謂罰爵之盈滿而浮泛也。庭長。卽司正也。冠士。外人來觀投壺成人加冠之士也。樂人。國子之能爲樂者。非作樂之瞽人也。使者。主人所使薦羞者也。○幠。音呼。敖。音傲。長。上聲。冠。去聲。使。如字。

鼓○□○○□□○□○○□半○□○□○○□□○□○魯鼓○□○○○□□○□○○□□○□○○□□○半○□○○○□□○薛鼓。取半以下爲投壺禮。盡用之爲射禮。魯鼓○□○○□□○○半○□○○□○○○○□○□○薛鼓○□○○○□○□○□○○□○□○○□○半○□○□○○○○□○鄭氏曰。圓者擊鼙。方者擊鼓。○疏曰。記者因魯薛擊鼓之異。圖而記之。但年代久遠。無以知其得失。用半鼓節爲投壺。用全鼓節爲射禮。

儒行第四十一

魯哀公問於孔子曰。夫子之服。其儒服與。孔子對曰。丘少居魯。衣逢掖之衣。長居宋。冠章甫之冠。丘聞之也。君子之學也博。其服也鄉。丘不知儒服。

鄭氏曰。逢。猶大也。大掖之衣。○疏曰。謂肘掖之所寬大。故鄭云大袂襌衣也。○應氏曰。儒之名始見於周官。曰儒以道得名。末世不充其道。而徒於其服。哀公覩孔子之被服儒雅而威儀進趨。皆有與俗不同者。怪而問之。孔子不敢以儒自居也。故言不知儒服。○郊特牲云。章甫。殷道也。蓋緇布冠。殷世則名章甫。章。明也。所以表明丈夫。故謂之章甫耳。○少。去聲。上衣。去聲。長。上聲。上冠。去聲。

哀公曰。敢問儒行。孔子對曰。遽數之不能終其物。悉數之。乃留。更僕。未可終也。哀公命席。孔子侍。曰。儒有席上之珍以待聘。夙夜強學以待問。懷忠信以待舉。力行以待取。其自立有如此者。

卒遽而數之。則不能終言其事。詳悉數之。非久留不可。僕臣之擯相者。久則疲倦。雖更代其僕。亦未可得盡言之也。公於是命設席。使孔子坐待而言之。○呂氏曰。席上之珍。自貴而待賈者也。儒者講學於閒燕。從容乎席上。而知所以自貴以待天下之用。強學以待問。懷忠信以待舉。力行以待取。皆我自立而有待也。德之可貴者人必禮之。學之博者人必問之。忠信可任者人必舉之。力行可使者人必取之。故君子之用於天下。有所待而不求焉。○行。去聲。數。上聲。更。平聲。強。上聲。

儒有衣冠中。動作慎。其大讓如慢。小讓如僞。大則如威。小則如愧。其難進而易退也。粥粥若無能也。其容貌有如此者。

中。猶正也。論語曰。君子正其衣冠。○方氏曰。衣冠中者。言衣之在身。冠之在首。皆中於禮也。動作慎者。言心之所動。事之所作。皆慎其德也。大讓所以自抗。故如慢而不敬。小讓所以致曲。故如僞而不誠。方其容貌之大也。則有所不可犯。故如威。及其容貌之小也。則有所不敢爲。故如愧。三揖而後進。故曰難進。一辭而遂退。故曰易退。粥粥者。柔弱之狀。故若無能也。是皆禮之所脩。道之所與也。○易。去聲。粥。音燭。

儒有居處齊難。其坐起恭敬。言必先信。行必中正。道塗不爭險易之利。冬夏不爭陰陽之和。愛其死以有待也。養其身以有爲也。其備豫有如此者。

鄭氏曰。齊難。齊莊可畏難也。○呂氏曰。事豫則立。不豫則廢。儒者之學皆豫也。擬之而後言。議之而後動。故學有豫則義精。義精則用不匱。若其始也不敬。則身不立。不立則道不充。仲弓問仁。子曰。出門如見大賓。使民如承大祭。己所不欲。勿施於人。居處齊難。坐起恭敬。言必先信。行必中正。所謂如見大賓。如承大祭。敬也。道塗不爭險易之利。冬夏不爭陰陽之和。所謂己所不欲。勿施於人。恕也。惟敬與恕。則忿懲欲窒。身立德充。可以當天下之變而不避。任天下之重而不辭。備豫之至有如此者也。○劉氏曰。不爭。非特恕也。亦以愛死養身以有待有爲。不爭小者近者。以害大者遠者也。○處。上聲。齊。音齋。難。行。並去聲。易。去聲。

儒有不寶金玉。而忠信以爲寶。不祈土地。立義以爲土地。

不祈多積。多文以爲富。難得而易祿也。易祿而難畜也。非時不見。不亦難得乎。非義不合。不亦難畜乎。先勞而後祿。不亦易祿乎。其近人有如此者。呂氏曰。儒者之於天下。所以自爲者德而已。所以應世者義而已。趙孟之所貴。趙孟能賤之。我之所可貴。人不得而奪也。此金玉土地多積。不如信義多文之貴也。難得難畜。主於義而所以自貴也。雖曰自貴。時而行。義而合。勞而食。求始遠於人而自異也。○積。茲四切。易。去聲。畜。許六切。見音現。自爲。爲去聲。應。去聲。

儒有委之以貨財。淹之以樂好。見利不虧其義。劫之以眾。沮之以兵。見死不更其守。鷙蟲攫搏不程勇者。引重鼎不程其力。往者不悔。來者不豫。過言不再。流言不極。不斷其威。不習其謀。其特立有如此者。過言出於己之失。知過則改。故不再。流言出於人之毀。禮義不𠎝。故不極。極。猶終也。言不終爲所毀也。不斷其威者。言其威容不可得而挫折也。不習其謀者。言其謀必可成。不待嘗試而後見於用也。○鄭氏曰。淹。謂浸漬之。劫。脅也。沮。恐怖之也。鷙蟲。猛鳥獸也。○方氏曰。鷙猛之蟲。當攫搏之。不程量其勇而後往。此況儒者勇足以犯難而無顧也。引重鼎不程其力。又以況儒者材足以任事而有所勝也。往者不悔。非有所吝而不改也。爲其動則當理而未嘗至於悔。來者不豫。非有所忽而不防也。爲其機足以應變而不必豫耳。過言則失其正。流言則失其原。過言不免乎出。然一之爲甚也。矧可再而二乎。流言不免乎聞。必止之以智也。詎可極而窮乎。○樂。五教切。好。去聲。沮。上聲。斷。音短。𠎝。與愆同。

儒有可親而不可劫也。可近而不可迫也。可殺而不可辱也。其居處不淫。其飲食不溽。其過失可微辨而不可面數也。其剛毅有如此者。呂氏曰。儒者之立。立於義理而已。剛毅而不可奪。以義理存焉。以義交者。雖疏遠必親。非義加之。雖強禦不畏。故有可親可近可殺之理。而不可劫迫辱也。淫。侈溢也。溽。濃厚也。侈其居處。厚其飲食。欲勝之也。欲勝則義不得立。不淫不溽。所以立義也。其過失可微辨而不可面數。此一句尚氣好勝之言。於義理未合。所貴於儒者。以見義必爲。聞過而改者也。何謂可微辨不可面數。待人可矣。自待則不可也。子路聞過則喜。孔子幸人之知過。成湯改過不吝。推是心也。苟有過失。雖怨詈且將受之。況面數乎。○數。上聲。

儒有忠信以爲甲胄。禮義以爲干櫓。戴仁而行。抱義而處。雖有暴政。不更其所。其自立有如此者。鄭氏曰。甲鎧。胄兜鍪也。干櫓。小楯大楯也。○呂氏曰。忠信則不欺。不欺者人亦莫之欺也。禮者敬人。敬人者人亦莫之侮也。忠信禮義。所以禦人之欺侮。猶甲胄干櫓可以捍患也。行則尊仁。居則守義。所以自信者篤。雖暴政加之。有所不變也。自立之至者也。首章言自立。論其所信所守。足以更天下之變而不易。二者皆自立也。有本末先後之差焉。○處。上聲。更。平聲。差。楚宜切。

儒有一畝之宮。環堵之室。篳門圭窬。蓬戶甕牖。易衣而出。并日而食。上答之不敢以疑。上不答不敢以諂。其仕有如此者。疏曰。一畝。謂徑一步長百步也。折而方之。則東西南北各十步。宮。牆垣也。牆方六丈。環。周廻也。方丈爲堵。東西南北各一堵。篳門。以荊竹織門也。圭窬。穿牆爲之。門旁小戶也。上銳下方，狀如圭。蓬戶，編蓬爲戶也。甕牖者，牖圓如甕口也。又云以敗甕口爲牖。易衣而出者，合家共一衣，出則更著之也。并日而食者，謂不日日得食，或三日二日并得一日之食也。○上答之不敢以疑者，道合則就，即信之而不疑，無患失之心也。上不答不敢以諂者，不合則去，即安之而不諂，無患得之心也。○篳音畢。窬，讀作豆。著，入聲。

儒有今人與居，古人與稽，今世行之，後世以爲楷。適弗逢世，上弗援，下弗推，讒諂之民有比黨而危之者，身可危也，而志不可奪也。雖危起居，竟信其志，猶將不忘百姓之病也。其憂思有如此者。楷，法式也。上弗援，在上者不引我以升也。下弗推，在下者不舉我以進也。危起居，謂因事中傷之也。信其志，謂志不可奪也。時有否泰，道有通塞，然其憂思則未嘗一日而忘生民之患也。○比音畀。信音申。思，去聲。中，去聲。否，音丕。塞，入聲。

儒有博學而不窮，篤行而不倦，幽居而不淫，上通而不困。禮之以和爲貴，忠信之美，優游之法。慕賢而容衆，毀方而瓦合。其寬裕有如此者。博學不窮，溫故知新之益也。篤行不倦，賢人可久之德也。幽居不淫，窮不失義也。上通不困，達不離道也。禮之體嚴，而用貴於和。忠信，禮之質也，故以忠信爲美。優游，用之和也，故以優游爲法。賢雖在所當慕，衆亦不可不容。況愛衆而親仁，亦是意也。毀方而瓦合者，陶瓦之事，其初則圓，剖而爲四，其形則方。毀其圓以爲方，合其方而復圓。蓋於涵容之中，未嘗無分辨之意也。故曰其寬裕有如此者。

儒有內稱不辟親，外舉不辟怨，程功積事，推賢而進達之，句不望其報。君得其志，苟利國家，不求富貴。其舉賢援能有如此者。疏曰：君得其志，謂此賢者輔助其君，使君得遂其志也。○應氏曰：程算其功，積累其事。不輕薦也。下不求報於人，上不求報於國。○辟音避。援，平聲。累，上聲。

儒有聞善以相告也，見善以相示也。爵位相先也，患難相死也。久相待也，遠相致也。其任舉有如此者。呂氏曰：舉賢援能，儒者所以待天下之士也。任舉者，所以待其朋友而已。必同其好惡也，故聞善相告，見善相示，必同其憂樂也。故爵位相先，患難相死。彼雖居下，不待之同升則不升；彼雖疏遠，不致之同進則不進。此任舉朋友加重於天下之士者，義有厚薄故也。

儒有澡身而浴德，陳言而伏，靜而正之，上弗知也。麤而翹之，又不急爲也。不臨深而爲高，不加少而爲多。世治不輕，世亂不沮。同弗與，異弗非也。其特立獨行有如此者。翹與招其君之過招字同，舉也。舉其過而諫之也。○呂氏曰：惟大人能格君心之非，在我者未正，未有能正人者也。故澡身浴德者，所以正己也。陳言而伏者，入告嘉謀而順之于外也。靜而正之者，將順其美，匡救其惡，常在於未形也。故曰上弗知也。○方氏曰：靜而正之者，隱進之也。麤而翹之者，明告之也。靜而正之，既不見知，然後麤而翹之。然亦緩而不失節，故曰不急爲也。其行之高，皆自然而已，不必臨深以相形，然後顯其爲高。其文之多，皆素有而已，不必加少以相益，然後成其爲多。世治而德常見重，故曰不輕。世亂而志常自若，故曰不沮。與其所可與。不必同乎已也。非其所可非。不必異乎已也。○應氏曰。治不輕進。若伯夷不仕於武王。亂不退。沮。若孔子歷聘於諸國。非但處而特立於一身。亦出而獨行於一世。○澡音早。沮上聲。儒有上不臣天子。下不事諸侯。慎靜而尚寬。強毅以與人。博學以知服。近文章。砥厲廉隅。雖分國如錙銖。不臣不仕。其規爲有如此者。慎靜者。謹飭而不妄動。守身之道也。尚寬者。寬裕以有容。待人之道也。強毅以與人。不苟詭隨於人也。知服。知力行之要也。博學知服。卽博文約禮之謂也。遠於文。則質勝而野。近文章。則亦不使文掩其質也。砥厲廉隅者。求切磋琢磨之益。不刓方以爲圓也。算法十黍爲絫。十絫爲銖。二十四銖爲兩。八兩爲錙。言人君好賢。雖分其國以祿賢者。視之如錙銖之輕。猶不臣不仕也。其所謀度。其所作爲。有如此者。儒有合志同方。營道同術。並立則樂。相下不厭。久不相見。聞流言不信。句 其行本方立義。同而進。不同而退。其交友有如此者。合志以所向言。營道以所習言。方。卽術也。並立。爵位相等也。相下。以尊位相讓而已處其下也。流言。惡聲之傳播也。聞之不信。不以爲實也。其行本方立義。謂所本者必方正。所立者必得其宜也。同於爲義則進而從之。不同。則退而避之。故曰同而進。不同而退。○樂音洛。行去聲。處上聲。溫良者。仁之本也。敬慎者。仁之地也。寬裕者。仁之作也。孫接者。仁之能也。禮節者。仁之貌也。言談者。仁之文也。歌樂者。仁之和也。分散者。仁之施也。儒皆兼此而有之。猶且不敢言仁也。其尊讓有如此者。仁之本。謂根本於仁也。地。猶踐履也。作。充廣也。能。能事也。八者皆仁之發見。哀公問儒行。夫子旣歷數以告之矣。仁包四德百行之原。故於其終也以仁爲說焉。兼有此仁之行而不敢自以爲仁。是尊仁而讓善也。故曰尊讓有如此者。○孫去聲。儒有不隕穫於貧賤。不充詘於富貴。不慁君王。不累長上。不閔有司。故曰儒。今眾人之命儒也妄。句 常以儒相詬病。孔子至舍。哀公館之。聞此言也。言加信。行加義。終沒吾世。不敢以儒爲戲。隕者。如有所隊失。穫者。如有所割刈。充者。驕氣之盈。詘者。吝氣之歉。○鄭氏曰。隕穫。困迫失志之貌。充詘。喜失節之貌。慁猶辱也。累。猶係也。閔。病也。言不爲天子諸侯卿大夫羣吏所困迫而違道。孔子自謂也。○方氏曰。無儒者之行而爲儒者之服。無儒者之實而盜儒者之名。故曰今眾人之命儒也妄。以其妄故常爲人所詬病。旣至舍矣。又曰館之者。具食以致其養。具官以治其事也。言加信。則不以儒相詬矣。行加義。則不以儒相病矣。○李氏曰。儒行非孔子之言也。蓋戰國時豪士所以高世之節耳。其條十有五。然旨意重複。要其歸。不過三數塗而已。一篇之內。雖時與聖人合。而稱說多過。或曰哀公輕儒。孔子有爲而言。故多自夸大以搖其君。此豈所謂孔子者哉。○詘音屈。慁胡困切。累去聲。

大學第四十二

冠義第四十三

朱子章句

疏曰。冠禮起早晚。書傳無正文。世本云。黃帝造旃冕。是冕起於黃帝也。黃帝以前。以羽皮爲冠。以後乃用布帛。其冠之年。天子諸侯皆十二。○呂氏曰。冠昏射鄉燕聘。天下之達禮也。儀禮所載謂之禮者。禮之經也。禮記所載謂之義者。皆舉其經之節文。以述其制作之義也。○冠。去聲。

凡人之所以爲人者。禮義也。禮義之始。在於正容體。齊顏色。順辭令。容體正。顏色齊。辭令順。而後禮義備。以正君臣。親父子。和長幼。君臣正。父子親。長幼和。而后禮義立。故冠而后服備。服備而后容體正。顏色齊。辭令順。故曰冠者禮之始也。是故古者聖王重冠。方氏曰。容體欲其可度。故曰正。顏色欲其可觀。故曰齊。辭令欲其可從。故曰順。○長。上聲。

古者冠禮。筮日筮賓。所以敬冠事。敬冠事所以重禮。重禮所以爲國本也。呂氏曰。禮重則人道立。此國之所以爲國也。故曰爲國本。○方氏曰。筮日所以求夫天之吉。筮賓所以擇夫人之賢。然筮而不卜。何哉。蓋古者大事用卜。小事用筮。天下之事。始爲小。終爲大。冠爲禮之始。聖王之所重者。重其始而已。非大事也。故止用筮焉。至於喪祭之愼終。則所謂大事也。故於是乎用卜。

故冠於阼。以著代也。醮於客位。三加彌尊。加有成也。已冠而字之。成人之道也。呂氏曰。主人升立于序端西面。贊者筵于東序少北西面。將冠者即筵而冠。是位與主人同在阼也。父老則傳之子。子所以著其傳付之意也。酌而無酬酢曰醮。醮于戶西南面。賓位也。以禮賓之禮禮其子。所以爲成人敬也。始加緇布冠。再加皮弁。次加爵弁。三加而服彌尊。亦所以爲成人敬也。冠於阼醮於客位者。適子也。若庶子則冠于房外南面。遂醮焉。所以異者。不著代也。古者童子雖貴。名之而已。冠而後賓字之。以成人之道。故敬其名也。

見於母。母拜之。見於兄弟。兄弟拜之。成人而與爲禮也。玄冠玄端。奠摯於君。遂以摯見於鄉大夫鄉先生。以成人見也。母之拜子。先儒疑焉。疏以爲脯自廟中來。故拜受。非拜子也。呂氏以爲母有從子之義。故屈其庸敬。以伸斯須之敬。方氏從疏義。皆非也。此因成人而與爲禮一句。似乎凡冠者皆然。故啓讀者之疑。惟石梁王氏云。記者不知此禮爲適長子代父承祖者。與祖爲正體。故禮之異於衆子也。斯言盡之矣。玄冠。齊冠也。玄端服。天子燕居之服。諸侯及卿大夫士之齊服也。摯用雉。鄉先生。鄉之年德俱高者。或致仕之人也。○見音現。

成人之者。將責成人禮焉也。責成人禮焉者。將責爲人子。爲人弟。爲人臣。爲人少者之禮行焉。將責四者之行於人。其禮可不重與。故孝弟忠順之行立。而后可以爲人可以爲人而后可以治人也。故聖王重禮。故曰冠者禮之始也。嘉事之重者也。是故古者重冠。重冠故行之於廟。行之於廟者。所以尊重事。尊重事而不敢擅重事。不敢擅重事。所以自卑而尊先祖也。呂氏曰。所謂成人者。非謂四體膚革異於童稚也。必知人倫之備焉。親親貴貴長長不失其序之謂備。此所以爲人子。爲人弟。爲人臣。爲人少者之禮行。孝弟忠順之行立也。有諸己。然後可以責諸人。故成人然後可以治人也。古者重事必行之廟中。昏禮納采至親迎。皆主人筵几於廟。聘禮君親拜迎於大門之外。而廟受。爵有德。祿有功。君親策命于廟。喪禮既啓。則朝廟。皆所以示有所尊而不敢專也。冠禮者。人道之始。所不可後也。孝子之事親也。有大事。必告而後行。沒則行諸廟。猶是義也。故夫孝終身慕父母者。非終父母之身。終其身之謂也。○少。去聲。上三行。去聲。與。平聲。治。平聲。下二行。如字。

昏義第四十四

疏曰。謂之昏者。娶妻之禮。以昏爲期。因名焉。必以昏者。取陽往陰來之義。○呂氏曰。物不可以苟合而已。故受之以賁。天下之情。不合則不成。而其所以合也。敬則克終。苟則易離。必受之以致飾者。所以敬而不苟也。昏禮者。其受賁之義乎。○賁。音臂。易。去聲。

昏禮者。將合二姓之好。上以事宗廟。而下以繼後世也。故君子重之。是以昏禮納采。問名。納吉。納徵。請期。皆主人筵几於廟。而拜迎於門外。入。揖讓而升。聽命於廟。所以敬慎重正昏禮也。方氏曰。納采者。納鴈以爲采擇之禮也。問名者。問女生之母名氏也。納吉者。得吉卜而納之也。納徵者。納幣以爲昏姻之證也。請期者。請昏姻之期日也。夫采擇自我。而名氏在彼。故首之以納采。而次之以問名。此資人謀以達之也。謀既達矣。則宜貴鬼謀以決之。故又次之以納吉焉。人謀鬼謀皆協從矣。然後納幣以徵之。請日以期之。故其序如此。○好。去聲。

父親醮子。而命之迎。男先於女也。子承命以迎。主人筵几於廟。而拜迎於門外。壻執鴈入。揖讓升堂。再拜奠鴈。蓋親受之於父母也。降出御婦車。而壻授綏。御輪三周。先俟于門外。婦至。壻揖婦以入。共牢而食。合巹而酳。所以合體同尊卑以親之也。疏曰。共牢而食者。同食一牲。不異牲也。合巹而酳者。以一瓠分爲兩瓢。謂之巹。壻與婦各執一片以酳。酳。演也。謂食畢飲酒。演安其氣也。○程子曰。奠鴈。取其不再偶。○朱子曰。取其順陰陽往來之義也。○方氏曰。筵几於廟者。交神以筵之。奉神以安之也。父必親醮。非重子也。重禮而已。御其婦車。所以尊之也。授之綏。所以安之也。以輪三周爲節者。取陰陽奇偶之數成也。既二周。則御者代之矣。共牢。則不異牲。合巹。則不異爵。合巹有合體之義。共牢有同尊卑之義。體合則尊卑同。同尊卑。則相親而不相離矣。○迎，去聲。先，去聲。巹，音謹。酳，以刃切。奇，音基。敬慎重正而后親之。禮之大體。而所以成男女之別而立夫婦之義也。男女有別。而后夫婦有義。夫婦有義。而后父子有親。父子有親。而后君臣有正。故曰昏禮者。禮之本也。夫禮始於冠。本於昏。重於喪祭。尊於朝聘。和於鄉射。此禮之大體也。父子親而後君臣正者。資於事父以事君而敬同也。○別，必列切。夙興。婦沐浴以俟見。質明。贊見婦於舅姑。婦執笲棗栗段脩以見。贊醴婦。婦祭脯醢。祭醴。成婦禮也。舅姑入室。婦以特豚饋。明婦順也。質明。昏禮之次日正明之時也。贊。相禮之人也。笲之爲器似筥。以竹或葦爲之。衣以青繒。以盛此棗栗段脩之贄。脩。脯也。加薑桂治之曰段脩。贊醴婦者。婦席於戶牖閒。贊者酌醴。置席前。婦於席西東面拜受。贊者西階上北面拜送。又拜。薦脯醢。婦升席。左執觶。右祭脯醢。訖。以柶祭醴三。是祭脯醢祭醴者。所以成其爲婦之禮也。舅姑入于室。婦盥饋特豚。合升而分載之。左胖載之舅俎。右胖載之姑俎。無魚腊。無稷。舅姑並席于奧東面南上。饌亦如之。此明其爲婦之孝順也。○見，音現。笲，音煩。段，丁亂切。衣，去聲。盛、治並平聲。厥明。舅姑共饗婦以一獻之禮。奠酬。舅姑先降自西階。婦降自阼階。以著代也。厥明。昏禮之又明日也。昏禮註云。舅姑共饗婦者。舅獻爵。姑薦脯醢。又云舅洗于南洗。洗爵以獻婦也。姑洗于北洗。洗爵以酬婦也。賈疏云。舅獻姑酬。共成一獻。仍無妨姑薦脯醢。此說是也。但婦酢舅。更爵自薦。又云。奠酬。酬酢。皆不言處所。以例推之。舅姑之位當如婦見舅席于阼。姑席于房外。而婦行更爵自薦。及奠獻之禮歟。○疏曰。舅酌酒于阼階獻婦。婦西階上拜受。卽席祭薦祭酒畢。於西階上北面卒爵。婦酢舅。舅於阼階上受酢。飲畢。乃酬婦。婦更爵先自飲畢。更酌酒以酬姑。姑受爵奠於薦左。不舉爵。正禮畢也。降階各還燕寢也。○方氏曰。阼者主人之階。子之代父。將以爲主於外。婦之代姑。將以爲主於內。故此與冠禮並言著代也。○石梁王氏曰。此皆爲冢婦也。今按此一節難曉。儀禮圖亦不詳明。闕之以俟知者。○更，平聲。成婦禮。明婦順。又申之以著代。所以重責婦順焉也。婦順者。順於舅姑。和於室人。而後當於夫。以成絲麻布帛之事。以審守委積蓋藏。是故婦順備而後內和理。內和理而後家可長久也。故聖王重之。方氏曰。於舅姑言順。於室人言和者。蓋上下相從謂之順。順則不逆。可否相濟謂之和。和則不同。舅姑之禮至隆也。故可順而不可逆。室人之禮相敵也。故雖和而不必同。茲其別歟。○當、委、積、藏並去聲。別，必列切。是以古者婦人先嫁三月。祖廟未毀。教于公宮。祖廟既毀。教于宗室。教以婦德婦言婦容婦功。教成祭之。牲用魚。芼之以蘋藻。所以成婦順也。祖廟未毀者。言此女猶於此祖有服也。則於君爲親。故使女師教之于公宮。公宮。祖廟也。既毀。謂無服也。則於君爲疏。故教之于宗子之家。德。貞順也。言。辭令也。容。婉娩。功。絲蘩。祭之者，祭所出之祖也。魚與蘋藻皆水物，陰類也。芼之為羹也。○先，去聲。芼，音冒。古者天子后立六宮、三夫人、九嬪、二十七世婦、八十一御妻，以聽天下之內治，以明章婦順，故天下內和而家理。天子立六官、三公、九卿、二十七大夫、八十一元士，以聽天下之外治，以明章天下之男教，故外和而國治。故曰：天子聽男教，后聽女順；天子理陽道，后治陰德；天子聽外治，后聽內職。教順成俗，外內和順，國家理治，此之謂盛德。方氏曰：六宮，天地四時之官也。有六卿而又有九卿者，兼三公數之，則謂之九卿。由公至士，其數三而倍之，止於九者，陽成於三而窮於九，以其理陽道，故其數如此。后治陰德，而其數亦如之者，婦人從夫故也。六宮，謂大寢一、小寢五也。先言六宮而后言六官者，欲治其國，先齊其家之意也。○后治、欲治，治，平聲。數之數，上聲。餘如字。是故男教不脩，陽事不得，適見於天，日為之食；婦順不脩，陰事不得，適見於天，月為之食。是故日食則天子素服而脩六官之職，蕩天下之陽事；月食則后素服而脩六宮之職，蕩天下之陰事。故天子之與后，猶日之與月、陰之與陽，相須而后成者也。天子脩男教，父道也；后脩女順，母道也。故曰天子之與后，猶父之與母也。故為天王服斬衰，服父之義也；為后服齊衰，服母之義也。鄭氏曰：適之言責也。蕩，蕩滌其穢惡也。○朱子曰：王者脩德行政，用賢去姦，能使陽盛足以勝陰，陰衰不能侵陽，則日月之行雖或當食，不食也。若國無政，臣子背君父，妾婦乘其夫，小人陵君子，夷狄侵中國，則陰盛陽微，當食必食，雖日行有常度，實為非常之變矣。○葉氏曰：日月之食，理所常有也。反之陰陽之事者，躬自厚之道也。天子以男教勉天下之為子者，其道猶父也，故其卒也，天下為之服斬衰。后以女順化天下之為婦者，其道猶母也，故其亡也，天下為之服齊衰。父母為之服者，報其恩也；王與后為之服者，報其義也。○適，音責。見，音現。為，並去聲。去，上聲。背，音佩。

鄉飲酒義第四十五

呂氏曰：鄉飲酒者，鄉人以時會聚飲酒之禮也。因飲酒而射，則謂之鄉射。鄭氏謂三年大比，興賢者能者，鄉老及鄉大夫率其吏與其眾，以禮賓之，則是禮也，三年乃一行。諸侯之鄉大夫貢士於其君，蓋亦如此。黨正每歲國索鬼神而祭祀，則以禮屬民而飲酒于序，但此禮略而不載，則黨正因蜡飲酒，亦此禮也。先儒謂鄉飲有四：一則三年賓賢能，二則鄉大夫飲國中賢者，三則州長習射，四則黨正蜡祭。然鄉人凡有會聚，當行此禮，恐不特四事也。論語「鄉人飲酒，杖者出，斯出矣」，亦指鄉人而言之。○比，音畀。索，音色。屬，音燭。飲國、飲，去聲。長，上聲。

鄉飲酒之義。主人拜迎賓于庠門之外。入。三揖而后至階。三讓而后升。所以致尊讓也。盥洗揚觶。所以致絜也。拜至。拜洗。拜受。拜送。拜既。所以致敬也。尊讓絜敬也者。君子之所以相接也。君子尊讓則不爭。絜敬則不慢。不慢不爭。則遠於鬬辨矣。不鬬辨。則無暴亂之禍矣。斯君子所以免於人禍也。鄭氏曰。庠。鄉學也。州黨曰序。揚。舉也。○疏曰。此謂鄉大夫。故迎賓于庠門外。若州長黨正則於序門外也。盥洗揚觶者。主人將獻賓。以水盥手而洗爵揚觶也。拜至者。賓主升堂。主人於阼階上北面再拜也。拜洗者。主人拜至訖。洗爵而升。賓於西階上北面再拜。拜主人之洗也。拜受者。賓於西階上拜受爵也。拜送者。主人於阼階上拜送爵也。拜既者。既。盡也。賓飲酒既盡而拜也。○觶音志。遠去聲。

故聖人制之以道。鄉人士君子尊於房戶之間。賓主共之也。尊有玄酒。貴其質也。羞出自東房。主人共之也。洗當東榮。主人之所以自絜而以事賓也。疏曰。鄉人。謂鄉大夫也。士。謂州長黨正也。君子。謂卿大夫也。尊於房戶之間。賓主共之者。設酒尊於東房之西。室戶之東。在賓主之間。酒雖主人之設。而賓亦以之酢主人。故云賓主共之也。北面設尊。玄酒在左。是在酒尊之西也。地道尊右。設玄酒在西者。貴其質素故也。共之者。供於賓也。榮。屋翼也。設洗於庭。當屋之翼。必在東者。示主人以此自絜而事賓也。從冠義以來。皆記者疊出儀禮經文於上。而陳其義於下以釋之。他皆倣此。○主共共。如字。人共共音恭。

賓主。象天地也。介僎。象陰陽也。三賓。象三光也。贊皇浩齋曰。立賓以象天。所以尊之也。立主以象地。所以養之也。介以輔賓。僎以輔主人。象陰陽之輔天地也。三賓。衆賓之長也。其以輔賓。猶三光之輔于天也。三光。星之大者有三。其名不可得而考。先儒謂三大辰。心爲大辰。伐爲大辰。北辰亦爲大辰。理或然也。○僎音遵。讓之三也。象月之三日而成魄也。劉氏曰。以月魄思之。望後爲生魄。然人未嘗見其魄。蓋以明盛則魄不可見。月魄之可見。惟晦前三日之朝。月自東出。明將滅而魄可見。朔後三日之夕。月自西將墮。明始生而魄可見。過此則明漸盛。而魄不復可見矣。蓋明讓魄則魄現。明不讓魄則魄隱。魄陰象賓。明陽象主。主人讓賓至於三。象明之讓魄在前後三日。故曰讓之三也。象月之三日而成魄也。○復扶又切。四面之坐。象四時也。浩齋曰。謂賓主介僎之坐。象春夏秋冬也。或曰。介有剛辨之義。僎有巽入之義。各從其類。理或然歟。天地嚴凝之氣。始於西南而盛於西北。此天地之尊嚴氣也。此天地之義氣也。天地溫厚之氣。始於東北而盛於東南。此天地之盛德氣也。此天地之仁氣也。主人者尊賓。故坐賓於西北。而坐介於西南以輔賓。賓者。接人以義者也。故坐於西北。主人者。接人以仁。以德厚者也。故坐於東南。而坐僎於東北以輔主人也。仁義接。賓主有事。俎豆有數曰聖。聖立而將之以敬曰禮。禮以體長幼曰德。

德也者得於身也故曰古之學術道者將以得身也是故聖人務焉主人者厚其飲食之禮仁之義之道也求諸天地之氣以定其主賓之位至於俎豆亦莫不有當然之數焉聖人通明也謂禮義所在通貫而顯明也敬其天理之節體夫人倫之序所得者皆吾身之實理也孔子觀於鄉而知王道之易易謂其足以正身而安國也聖人務焉豈無意哉○浩齋曰天下之禮義無所不通而器數皆有令於自然者聖之謂也無所不通無所不敬禮之所由制也禮之行不在乎他在吾長幼之分而已性之德也禮得於身之謂德由學而後得於身則與先得於人心之同然者亦無異矣故曰古之學術道者將以得身也祭薦祭酒敬禮也嚌肺嘗禮也啐酒成禮也於席末言是席之正非專爲飲食也爲行禮也此所以貴禮而賤財也卒觶致實於西階上言是席之上非專爲飲食也此先禮而後財之義也先禮而後財則民作敬讓而不爭矣疏曰祭薦者主人獻賓賓即席祭所薦脯醢也祭酒者賓既祭薦又祭酒也此是賓敬重主人之禮也賓既祭酒之後與取俎上之肺嚌齒之所以嘗主人之禮也啐謂飲主人酒而入口所以成主人之禮也席末席西頭也按儀禮祭薦祭酒嚌肺皆在席之中惟啐酒在席末又嚌肺在前祭酒在後此先云祭酒者嚌是嘗嚌之名祭酒是未飲之稱故祭酒與祭薦相連表其敬禮之事敬主人之物故祭薦祭酒嚌肺皆在席中啐酒入於已故在席末於席上者是貴禮於席末啐酒是賤財也啐纔始入口猶在席末卒觶則盡爵故遠在西階上云卒觶者論其將欲卒觶之事致實則論其盡酒之體酒爲觴中之實今致盡此實也○呂氏曰敬禮也食財也人之所以爭者無禮而志於財也如知貴禮而賤財先禮而後財之義則敬讓行矣○嚌才又切啐取內切爲去聲鄉飲酒之禮六十者坐五十者立侍以聽政役所以明尊長也六十者三豆七十者四豆八十者五豆九十者六豆所以明養老也民知尊長養老而后乃能入孝弟民入孝弟出尊長養老而后成教成教而后國可安也君子之所謂孝者非家至而日見之也合諸鄉射教之鄉飲酒之禮而孝弟之行立矣坐者坐于堂上立者立于堂下豆當從偶數此但十年而加一豆非正禮也舊說此是黨正屬民飲酒正齒位之禮非賓與賢能之飲也○長去聲弟音悌孝當作教行去聲孔子曰吾觀於鄉而知王道之易易也主人親速賓及介而衆賓自從之至於門外主人拜賓及介而衆賓自入貴賤之義別矣三揖至于階三讓以賓升拜至獻酬辭讓之節繁及介省矣至于衆賓升受坐祭立飲不酢而降隆殺之義辨矣疏曰主人既拜其來至又酌酒獻賓賓酢主人主人又酌而自飲以酬賓介酢主人則止主人不酢介是及介省矣主人獻衆賓于西階上受爵坐祭立飲不酢主人而降於賓禮隆衆賓禮殺是隆殺

之義別矣。○方氏曰主酌賓爲獻賓答主主又答賓爲酬是禮也三賓則備之至於介則省酬焉至於衆賓則又省酢矣升受坐祭立飲者其升而受爵者惟祭酒得坐飲酒則立也蓋飲酒所以養老以其卑不敢坐而當其養故也此所以殺於三賓。○易去聲別必列切省音眚殺去聲。工入升歌三終主人獻之笙入三終主人獻之間歌三終合樂三終工告樂備遂出。句一人揚觶乃立司正焉知其能和樂而不流也。工入而升堂歌鹿鳴四牡皇皇者華每一篇而一終三篇終則主人酌以獻工焉吹笙者入於堂下奏南陔白華華黍亦每一篇而一終三篇終則主人亦酌以獻之也間者代也笙與歌皆畢則堂上與堂下更代而作堂上先歌魚麗則堂下笙由庚此爲一終次則堂上歌南有嘉魚則堂下笙崇丘此爲二終又其次堂上歌南山有臺則堂下笙由儀爲三終也合樂三終者謂堂上下歌瑟及笙並作也工歌關雎則笙吹鵲巢合之工歌葛覃則笙吹采蘩合之工歌卷耳則笙吹采蘋合之如此皆竟工以樂備告樂正樂正告于賓而遂出蓋樂正自此不復升堂矣故云遂出也一人者主人之吏也此人舉觶之後主人使相禮者一人爲司正恐旅酬時有懈惰失節者以董正之也如此則雖和樂而不至於流放矣。○間去聲和樂樂音洛更平聲卷上聲。賓酬主人主人酬介介酬衆賓少長以齒終於沃洗者焉知其能弟長而無遺矣。浩齋曰前言介之無酬衆賓之無酢者蓋未歌之時也此言賓酬主人主人酬介介酬衆賓者既歌之後行旅酬之時也沃洗者滌濯之人也雖至賤旅酬之際猶以齒焉則貴者可知矣自貴及賤無不序齒此所以知其能弟長而無遺矣。降說屨升坐脩爵無數飲酒之節朝不廢朝莫不廢夕賓出主人拜送節文終遂焉。知其能安燕而不亂也。浩齋曰前此皆立而行禮未徹俎故未說屨至此徹俎之後乃說屨升坐而坐燕也脩舉也脩爵無數無算爵是也凡治事者朝以聽政而鄉飲聽政罷方行是朝不廢朝也夕以脩令而鄉飲禮畢猶可以治私事是莫不廢夕也若黨正飲酒一國若狂則無不醉矣節文終遂者終竟也遂猶申也言雖禮畢主人猶拜以送賓節文之禮終申遂而無所缺則知其安於燕樂而不至於亂矣。○說音脫莫音暮治平聲。貴賤明隆殺辨和樂而不流弟長而無遺安燕而不亂此五行者足以正身安國矣彼國安而天下安故曰吾觀於鄉而知王道之易易也。總結上文五事之目。○殺去聲樂音洛弟去聲長上聲行易並去聲。鄉飲酒之義立賓以象天立主以象地設介僎以象日月立三賓以象三光古之制禮也經之以天地紀之以日月參之以三光政教之本也。浩齋曰飲酒之禮莫先於賓主立賓象天立主象地禮之經也其次立介僎以輔之者紀也其次立三賓以陪之者參也政教之立必有經有紀有參然後可行故飲酒之禮必有賓主介僎三賓然後可行故曰政教之本也前言介僎陰陽此言象日月者前章言氣故以陰陽象之此章言體故以日月象之也僎在東北象日出也介在西南象月出也以三光爲三大辰正義按昭公十七年有星孛于大辰公羊曰大辰者大火也。伐爲大辰。北辰亦爲大辰。爾雅。房心尾大火謂之大辰。北極謂之北辰。大火與伐。天所以示民時早晚。天下之所取正。是亦政教所出也。烹狗於東方。祖陽氣之發於東方也。洗之在阼。其水在洗東。祖天地之左海也。方氏曰。海有四。正言東者。取夫水之所歸也。水位居坎。而其流歸東者。由其生於天一。行於地中故也。天傾西北而不足。故水之源自此而生。地缺東南而不滿。故水之流順此而行。天之所傾。地之所缺。則其形下矣。而善下者。水之性也。故其理如此。然則水位居北者。本天位也。其流歸東者。因地勢也。南與北合。水位居北。而流不歸南者。蓋東方之德木。木則水之所生。南方之德火。火則水之所勝。生之爲利。勝之爲害。而善利者水之德也。故趨其所生焉。○浩齋曰。烹狗以養賓。陽氣以養萬物。故祖而法之。烹于東方焉。海水之委也。天地之間。海居于東。東則左也。故洗之在阼。其水在洗東。有左海之義焉。○天地之位。南前而北後。故以東爲左。尊有玄酒。敎民不忘本也。太古之世無酒。以水行禮。故後世因謂水爲玄酒。不忘本者。思禮之所由起也。賓必南鄉。東方者春。春之爲言蠢也。產萬物者聖也。南方者夏。夏之爲言假也。養之長之假之仁也。西方者秋。秋之爲言愁也。愁之以時察。守義者也。北方者冬。冬之爲言中也。中者藏也。是以天子之立也。左聖鄉仁。右義偝藏也。蠢者。物生動之貌。天地大德曰生。聖人德合天地。故曰產萬物者聖也。假。大也。揫。斂縮之貌。察。猶察察。嚴肅之意。揫之以時察。言揫斂之以秋時嚴肅之氣也。物之藏必自外而入內。故曰中者藏也。天子南面而立。則左東右西。南前北後也。○鄉去聲。愁作揫。介必東鄉。介賓主也。主人必居東方。東方者春。春之爲言蠢也。產萬物者也。主人者造之。產萬物者也。月者三日則成魄。三月則成時。是以禮有三讓。建國必立三卿。三賓者。政教之本。禮之大參也。張子曰。坐有四位者。禮不主於敬主。欲以尊賢若賓主相對。則是禮主於敬主矣。故其位賓主不相對。坐介僎於其閒。以見賓賢之義。因而說四時之坐。皆有義。其實欲明其尊賢。○呂氏曰。天子南面而立。而坐賓亦南鄉者。尊賓之至也。介閒也。坐賓主之閒。所以閒之也。○方氏曰。飲食之養。則主人之所造也。而有產萬物之象。所以居東。

射義第四十六

疏曰。繫辭云。弦木爲弧。剡木爲矢。又世本云。揮作弓。夷牟作矢。註云。二人黃帝臣。書云。侯以明之。夏殷無文。周則具矣。

古者諸侯之射也。必先行燕禮。卿大夫士之射也。必先行鄉飲酒之禮。故燕禮者。所以明君臣之義也。鄉飲酒之禮者。所以明長幼之序也。呂氏曰。諸侯之射。大射也。卿大夫士之射。鄉射也。射者男子之事。必飾之以禮樂者。所以養人之德。使之周旋中禮也。蓋燕與鄉飲。因燕以娛賓。不可以無禮。故有大射鄉射之禮。禮不可以無義。故明君臣之義。與長幼之序焉。○長上聲。中去聲。故射者進退周還必中禮。內志正。外體直。然後持弓矢審固。持弓矢審固。然後可以言中。此可以觀德行矣。呂氏曰。禮。射者必先比耦。故一耦皆有上耦下耦。皆執弓而挾矢。其進也。當階及階。當物及物。皆揖。其退也亦如之。其行有左右。其升降有先後。其射皆拾發。其取矢于楅也。始進揖。當楅揖。取矢揖。既搢挾揖。退與將進者揖。其取矢也。有橫弓卻手兼弣順羽拾取之節焉。卒射而飮。勝者袒決遂執張弓。不勝者襲說決拾加弛弓以升飮。相揖如初。則進退周旋必中禮可見矣。夫先王制禮。豈苟爲繁文末節使人難行哉。亦曰善養人而已。蓋君子之於天下。必無所不中節。然後成德。必力行而後有功。其四肢欲安佚也。苟恭敬之心不勝。則怠惰傲慢之氣生。動容周旋不能中乎節。體雖佚而心亦爲之不安。安其所不安。則手足不知其所措。故放辟邪侈。踰分犯上。將無所不至。天下之亂自此始矣。聖人憂之。故常謹於繁文末節。以養人於無所事之時。使其習之而不憚煩。則不遜之行。亦無自而作。至於久而安之。則非禮不行。無所往而非義矣。君子敬以直內。義以方外。所存乎內者敬。則所以形乎外者莊矣。內外交脩。則發乎事者中矣。射一藝也。容比於禮。節比於樂。發而不失正鵠。是必有樂於義理。久於敬恭。用志不分之心。然後可以得之。則其所以得之者。其爲德可知矣。○還音旋。中。行。並去聲。比。音畀。拾。其結切。楅。音偪。弣。音撫。說。音脫。

其節。天子以騶虞爲節。諸侯以貍首爲節。卿大夫以采蘋爲節。士以采蘩爲節。騶虞者。樂官備也。貍首者。樂會時也。采蘋者。樂循法也。采蘩者。樂不失職也。是故天子以備官爲節。諸侯以時會天子爲節。卿大夫以循法爲節。士以不失職爲節。故明乎其節之志。以不失其事。則功成而德行立。德行立。則無暴亂之禍矣。功成則國安。故曰射者所以觀盛德也。節者。歌詩以爲發矢之節度也。一終爲一節。周禮射人云。騶虞九節。貍首七節。采蘋采蘩皆五節。尊卑之節雖多少不同。而四節以盡乘矢則同。如騶虞九節。則先歌五節以聽。餘四節則發四矢也。七節者三節先以聽。五節者一節先以聽也。四詩惟貍首亡。騶。廐官。虞。山澤之官。此二職皆不乏人。則官備可知。○呂氏曰。彼茁者葭。則草木遂其生矣。一發五豝。則鳥獸蕃殖矣。吁嗟乎騶虞者。所以歸功於二官也。天子之射。以是爲節者。言天子繼天。當推天地好生之德。以育萬物。此所以樂官備也。貍首詩亡。記有原壤所歌及此篇所引曾孫侯氏。疑皆貍首詩也。貍首。田之所獲。物之至薄者也。君子縉會。不以微薄廢禮。諸侯以燕射會其士大夫。物薄誠至。君臣相與習禮而結歡。奉天子而脩朝事。故諸侯之射。以是爲節。所以樂會時也。采蘋之詩。言大夫之妻能循在家母敎之法度。乃可承先祖共祭祀。猶卿大夫已命。能循其未仕所學先王之法。乃可以與國政矣。故卿大夫之射以是爲節。所以樂循法也。采蘩之詩。言夫人不失職。蓋夫人無外事。祭祀乃其職也。惟敬以從事。是爲不失職。士之事君。何以異此。故士之射以此爲節者。所以樂不失職也。○樂音洛。行。去聲。乘。去聲。共音供。與。去聲。

是故古者天子以射選諸侯卿大夫士。射者男子之事也。因而飾之以禮樂也。故事之盡禮樂而可數爲以立德行者。莫若射。故聖王務焉。疏曰。諸侯雖繼世而立。卿大夫有功乃升。非專以射而選也。但既爲諸侯卿大夫。又考其德行。更以射辨其材藝之高下。非謂直以射選補始用之也。射者男子之事。謂生有懸弧之義也。○數音朔。行去聲。是故古者天子之制。諸侯歲獻貢士於天子。天子試之於射宮。其容體比於禮。其節比於樂。而中多者得與於祭。其容體不比於禮。其節不比於樂。而中少者不得與於祭。數與於祭而君有慶。數不與於祭而君有讓。數有慶而益地。數有讓則削地。故曰射者射為諸侯也。是以諸侯君臣盡志於射以習禮樂。夫君臣習禮樂而以流亡者。未之有也。鄭氏曰。三歲而貢士。舊說大國三人。次國二人。小國一人。○疏曰。書傳云。古者諸侯之於天子也。三年一貢士。一適謂之好德。再適謂之賢賢。三適謂之有功。一不適謂之過。再不適謂之傲。三不適謂之誣。○比音畀。中。與。並去聲。數音朔。故詩曰。曾孫侯氏。四正具舉。大夫君子。凡以庶士。小大莫處。御于君所。以燕以射。則燕則譽。言君臣相與盡志於射以習禮樂。則安則譽也。是以天子制之。而諸侯務焉。此天子之所以養諸侯。而兵不用。諸侯自為正之具也。曾孫侯氏者。諸侯推本始封之君。故以曾孫言。如左傳曾孫蒯聵之類是也。四正謂舉正爵以獻賓獻君獻卿獻大夫。凡四也。具皆也。此四獻皆畢然後射。此時大夫君子下及眾士。無問大小之官。無有處其職司而不來者。皆御侍于君所也。以燕以射言先行燕禮而後射也。則燕則譽者。燕安也。言君臣上下以射而習禮樂。則安樂而有名譽也。天子養諸侯以禮樂。則無所事征討矣。而此藝者。又諸侯所以自為正身安國之具也。舊說曾孫侯氏以下八句。貍首篇文。○處上聲。

孔子射於矍相之圃。蓋觀者如堵牆。射至于司馬。使子路執弓矢出延射曰。賁軍之將。亡國之大夫。與為人後者不入。其餘皆入。蓋去者半。入者半。矍相地名。如堵牆言圍繞而觀者眾也。鄉飲之禮。將旅酬使相者一人為司正。至將射則轉司正為司馬。故云射至于司馬也。延進也。誓眾選賢而進其來觀欲射之人也。賁與僨同。覆敗也。亡國。亡其君之國也。與為人後言人有死而無子者。則宗族既為之立後矣。此人復求為之後也。賁軍之將無勇。亡國之臣不忠。求為人後者忘親而貪利。此三等人皆在所當棄。故不使之入。其餘則皆可與之進也。○矍音攫。相去聲。賁音奮。將與並去聲。又使公罔之裘序點揚觶而語。公罔之裘揚觶而語曰。幼壯孝弟。耆耋好禮。不從流俗。脩身以俟死者。句不。句在此位也。蓋去者半。處者半。公罔姓。裘名。之語助也。序姓。點名也。揚舉也。射畢。則使主人之贊者二人舉觶于賓與大夫。儀禮云。古者於旅也語。故裘舉觶曰。幼壯而盡孝弟之道。老耄而守好禮之心。不與流俗同其頹靡。而守死善道者。不言今此眾人之中有如此樣人否。當在此賓位也。於是先時之入者又半去矣。○弟好並去聲。不音否。序點又揚觶而語曰。好學不倦。好禮不變。旄期稱道不亂者。句不。句在此位也。蓋勵有存者。八十九十日旄。百年日期。年雖高而言道無所違誤。故云稱道不亂也。勵有存者。蓋去者多而留者寡矣。子路之延射。直指惡者而斥之。則無此惡者自入。褒黜之揚觶。但舉善者而留之。則非其人者自退。褒之言尚疏。黜之言則愈密矣。○旄音耄。勵僅同。射之爲言者繹也。或曰舍也。繹者各繹己之志也。故心平體正。持弓矢審固。持弓矢審固。則射中矣。故曰爲人父者以爲父鵠。爲人子者以爲子鵠。爲人君者以爲君鵠。爲人臣者以爲臣鵠。故射者各射己之鵠。故天子之大射謂之射侯。射侯者射爲諸侯也。射中則得爲諸侯。射不中則不得爲諸侯。繹己之志者。各尋其理之所在也。射己之鵠者。各中其道之當然也。舍止也。道之所止。如君止於仁。父止於慈之類。○鄭氏曰。得爲諸侯。謂有慶也。不得爲諸侯。謂有讓也。又司裘註云。侯者。其所射也。以虎熊豹麋之皮飾其側。又方制之以爲準。謂之鵠。著于侯中。謂之鵠者。取名於鳱鵠。鳱鵠小鳥難中。是以中之爲雋。○呂氏曰。張皮侯而棲鵠。方制之。置侯之中以爲的者也。○舍如字。去聲。著直略切。鳱古安切。天子將祭。必先習射於澤。澤者所以擇士也。已射於澤。而后射於射宮。射中者得與於祭。不中者不得與於祭。不得與於祭者有讓。削以地。得與於祭者有慶。益以地。進爵絀地是也。澤。宮名。其所在未詳。疏云。於寬閑之處。近水澤而爲之。射宮。即學宮也。進爵絀地者。疏云。進則爵輕於地。故先進爵而後益以地也。退則地輕於爵。故先削地而後絀爵也。故男子生。桑弧蓬矢六。以射天地四方。天地四方者。男子之所有事也。故必先有志於其所有事。然後敢用穀也。飯食之謂也。宇宙內事。皆己分內事。此男子之志也。人臣所以先盡職事而後敢食君之祿者。正以始生之時。先射天地四方而後使其母食之也。故曰飯食之謂也。飯食。食子也。○射音石。飯上聲。食音嗣。射者仁之道也。求正諸己。己正而后發。發而不中。則不怨勝己者。反求諸己而已矣。爲仁由己。射之中否亦由己。非他人所能與也。故不怨勝己者。而惟反求諸其身。孔子曰。君子無所爭。必也射乎。揖讓而升。下而飲。其爭也君子。朱子曰。揖讓而升者。大射之禮。耦進三揖而後升堂也。下而飲。謂射畢揖降以俟衆耦皆降。勝者乃揖不勝者升。取觶立飲也。言君子恭遜不與人爭。惟於射而後有爭。然其爭也雍容揖遜乃如此。則其爭也君子。而非若小人之爭矣。○今按揖讓而升。未射時也。下而復升以飲。則射畢矣。揖讓而升下五字。當依鄭註爲句。○飲去聲。孔子曰。射者何以射。何以聽。循聲而發。發而不失正鵠者。其唯賢者乎。若夫不肖之人。則彼將安能以中。詩云。發彼有的。以祈爾爵。祈。求也。求中以辭爵也。酒者所以養老也。所以養病也。求中以辭爵者。辭養也。郊特牲。孔子曰。射之以樂也。何以聽。何以射。謂射者何以能不失射之容節。而又能聽樂之音節乎。何以能聽樂之音節。而使射之容與樂之節相應乎。言其難而美之也。循聲而發。謂射者依循樂聲而發矢也。畫布曰正。棲皮曰鵠。賢者持弓矢審固。故能中的。不肖者不能也。詩小雅賓之初筵。發猶射也。爵。謂罰酒之爵。中則免於罰。故云求中以辭爵也。酒所以養老病。今求免於爵者。以已非老者病者。不敢當其養禮耳。此讓道也。○正。平聲。

燕義第四十七

此明君臣燕飲之義。

古者周天子之官。有庶子官。庶子官職諸侯卿大夫士之庶子之卒。掌其戒令。與其敎治。別其等。正其位。國有大事。則率國子而致於大子。唯所用之。若有甲兵之事。則授之以車甲。合其卒伍。置其有司。以軍法治之。司馬弗正。凡國之政事。國子存游卒。使之脩德學道。春合諸學。秋合諸射。以考其藝而進退之。庶子。即夏官諸子職也。下大夫二人。掌其戒令以下。皆周禮文。卒。讀爲倅。副貳也。此官專主諸侯以下衆庶之子副倅於父之事。戒令。謂任之征役也。敎治。謂脩德學道也。別其等者。分別其貴賤也。此屬皆未命。以父之爵爲上下也。正其位者。朝廷之位尚爵。學校之位尚齒也。大事。謂大祭祀。大喪紀。大賓客。大燕享之類也。唯所用之。唯太子之所役使也。百人爲卒。五人爲伍。有司。統領卒伍者也。司馬弗征者。以其統屬於太子。故司馬不得而征役之也。凡國之政事。非上文所言大事也。游卒。倅之未仕者也。此既小事。乃民庶所爲。不使國子之未仕者爲之。蓋欲存之使脩德學道以成其材也。故春則合聚之於大學。秋則合聚之於射宮。考藝而爲之進退焉。○疏曰。庶者。衆也。適子衆多。故總謂之庶子。非適子庶弟而稱庶子也。必知適子者。以云倅是副貳於父之言。○呂氏曰。燕禮有主人升自西階。獻庶子阼階之上。又宵則執燭於阼階上。故此篇因陳庶子官之所掌。且明所以建官之義也。○卒。取內切。別。必列切。大。音泰。卒伍卒。如字。治。平聲。正。平聲。

諸侯燕禮之義。君立阼階之東南。南鄉爾卿。句 大夫皆少進。爾。與邇同。南鄉爾卿句絕。大夫皆少進句絕。少進。稍前也。定位者。定諸臣之位也。適。讀爲敵。自此以下。皆記者舉儀禮正文而釋其義也。○鄉。去聲。適。音敵。句 定位也。君席阼階之上。居主位也。君獨升立席上。西面特立。莫敢適之義也。

設賓主飲酒之禮也。使宰夫爲獻主。臣莫敢與君亢禮也。不以公卿爲賓。而以大夫爲賓。爲疑也。明嫌之義也。賓入中庭。君降一等而揖之。禮之也。獻主。代主人舉爵獻賓也。君尊。臣不敢抗行賓主之禮。宰夫。主膳食之官也。卑。故抗禮無嫌。記曰。與卿燕則大夫爲賓。謂與本國之臣燕。則然若鄰國之臣則以上介爲賓也公孤也上公之國得置孤一人公卿之尊次於君復以之爲賓則疑於尊卑無辨且嫌於偪上也大夫位卑雖暫尊之爲賓無所嫌疑也○方氏曰既曰爲疑而又曰明嫌者蓋疑未至於嫌特明嫌之義而已○亢苦浪切爲疑爲去聲 君舉旅於賓及君所賜爵皆降再拜稽首升成拜明臣禮也君答拜之禮無不答明君上之禮也臣下竭力盡能以立功於國君必報之以爵祿故臣下皆務竭力盡能以立功是以國安而君寧禮無不答言上之不虛取於下也上必明正道以道民民道之而有功然後取其什一故上用是而下不匱也是以上下和親而不相怨也和寧禮之用也此君臣上下之大義也故曰燕禮者所以明君臣之義也先是宰夫代主人行爵酬賓之後君命下大夫二人媵爵公取此媵爵以酬賓賓以旅酬於西階上旅序也以次序勸卿大夫飲酒也此之謂君舉旅於賓也君所賜爵則特賜臣下之爵也此二者賓皆降西階下再拜稽首公命小臣辭則賓升而成拜謂復再拜稽首也先時以君辭之於禮未成故云成拜也○楊氏曰按公取媵爵以酬賓此別是一禮與尋常酬賓不同此所謂公爲賓舉旅也燕禮君使宰夫爲獻主以臣莫敢與君抗禮也今君舉觶於西階之上以酬賓可乎蓋君臣之際其分甚嚴其情甚親使宰夫爲獻主所以嚴君臣之分今舉觶以酬賓賓西階下拜小臣辭升成拜公奠觶答再拜公卒觶賓下拜公答再拜略去勢分極其謙卑所以通君臣之情也註云不言君酬賓於西階上及君反位尊君空其文也此又所以嚴君臣之分也○上道如字下二道去聲 席小卿次上卿大夫次小卿士庶子以次就位於下獻君君舉旅行酬而后獻卿卿舉旅行酬而后獻大夫大夫舉旅行酬而后獻士士舉旅行酬而后獻庶子俎豆牲體薦羞皆有等差所以明貴賤也設席之位上卿在賓席之東小卿在賓席之西皆是南面東上而遙相次此所謂小卿次上卿也大夫在小卿之西是大夫次小卿也士受獻于西階之上退立于阼階下西面北上庶子受獻于阼階上亦退立于阼階下庶子次於士是士庶子以次就位于下也獻君者主人酌以獻也公取媵爵以酬賓賓以旅酬於西階上此所謂獻君君舉旅行酬也而后獻卿者亦主人獻之也公又行一爵亦媵者之爵也若卿若賓惟公所酬卿亦以旅于西階之上禮亦如初此亦是君舉旅而言卿舉者蓋君爲卿舉耳下言大夫舉旅士舉旅其義同而後獻大夫亦主人之獻也公又舉奠觶以賜是爲大夫舉旅也主人獻士公復賜之是爲士舉旅也公舉旅之禮止於士不及庶子矣而后獻庶子者主人獻之于阼階之上也牲狗也○疏曰公及卿大夫士等牲體薦不載

聘義第四十八

呂氏曰天子之與諸侯諸侯之與鄰國皆有朝禮有聘禮朝則相見聘則相問也朝宗覲遇會同皆朝也存頫省聘問皆聘也故聘禮有天子所以撫諸侯者大行人歲徧存

三歲徧頫。五歲徧省是也。有諸侯所以事天子者。大行人時聘以結諸侯之好。殷頫以除邦國之慝是也。有鄰國交脩其好者。大行人諸侯之邦交。歲相問。殷相聘是也。儀禮所載。鄰國交聘之禮也。聘義者。釋聘禮之義。○頫。眺。跳二音。省。悉井切。好。去聲。

聘禮。上公七介。侯伯五介。子男三介。所以明貴賤也。此言卿出聘之介數。上公七介者。上公親行則介九人。諸侯之卿。禮下於君二等。故七介也。以下放此。○呂氏曰。古者賓必有介。介。副也。所以輔行斯事。致文於斯禮者也。介紹而傳命。君子於其所尊弗敢質。敬之至也。紹繼也。其位相承繼也。先時上擯入受主君之命。出而傳與承擯。承擯傳與末擯。此是傳而下也。賓之末介受命於末擯。而傳與次介。次介傳與上介。上介傳與賓。是傳而上也。此所謂介紹而傳命也。質。正也。於所尊者不敢正自相當。故以介傳命。敬之至也。賓在大門外西北面。介自南向北爲序。主君在內迎。擯者出大門自北向南爲序。三讓而后傳命。三讓而后入廟門。三揖而后至階。三讓而后升。所以致尊讓也。疏曰。三讓而后傳命者。謂賓在大門外。見主人陳擯。以大客之禮待已。已不敢當。三度辭讓。主人不許。乃後傳聘賓之命也。三讓而后入廟門者。謂賓既傳命之後。主君延賓而入。至廟。將欲廟受。賓不敢當之。故三讓而後入。主君在東。賓差退在西。相向三讓。乃入廟門也。三揖而後至階者。初入廟門。一揖也。當階北面又揖。二揖也。當碑又揖。三揖也。三讓而後升者。謂主君揖賓至階。主君讓賓升。賓讓主君。如此者三。主君乃先升。賓乃升也。君使士迎于竟。大夫郊勞。君親拜迎于大門之內而廟受。北面拜貺。拜君命之辱。所以致敬也。敬讓也者。君子之所以相接也。故諸侯相接以敬讓。則不相侵陵。郊勞。勞之于近郊也。用束帛北面拜貺。亦主君之拜也。其拜於阼階上拜君命之辱者。釋北面拜貺之義也。○竟音境。勞。去聲。卿爲上擯。大夫爲承擯。士爲紹擯。君親禮賓。賓私面私覿。致饔餼。還圭璋。賄贈饗食燕。所以明賓客君臣之義也。卿。主國之卿也。承擯者。承副上擯也。紹擯者。繼續承擯也。賓行聘事畢。主國君親執醴以禮賓。是君親禮賓也。私面。謂私以已禮物面見主國之卿大夫也。私覿。私以已禮物覿見主國之君也。牲殺者曰饔。生者曰餼。致饔餼者。聘覿皆畢。賓介就館。主君使卿致饔餼之禮於賓也。還圭璋者。賓來時執以爲信。主君既受之矣。今將去。君使卿送至賓館。以還之也。還玉畢。加以賄贈之禮。經云。賄用束紡。紡。今之絹也。饗禮食禮皆在朝。燕禮在寢。一食再饗。燕無常數。○呂氏曰。擯者。主國之君所使接賓者也。主之有擯。猶擯之有介也。擯有三者。以多爲文也。大宗伯朝覲會同則爲上相。相。卽擯也。入詔禮曰相。出接賓曰擯。宗伯。卿也。故曰卿爲上擯。小行人。諸侯入王則爲承而擯。行人。大夫也。故曰大夫爲承擯。士職卑。承官之乏。以繼擯之事。故曰士爲紹擯也。使臣之義。則致其君臣之敬於所聘之君。主君之義。則致其賓主之敬於來聘之臣也。○餼。呼既切。還。音旋。食。音嗣。紡。音倣。故天子制諸侯。比年小聘。三年大聘。相厲以禮。使者聘而誤。主君弗親饗食也。

所以愧厲之也。諸侯相厲以禮。則外不相侵。內不相陵。此天子之所以養諸侯。兵不用而諸侯自爲正之具也。天子制諸侯者。天子制此禮而使諸侯行之也。比年。每歲也。小聘使大夫。大聘使卿。誤謂禮節錯誤也。○呂氏曰。上下不交。則天下無邦。人道所以不能羣也。故先王之御諸侯。使之相交以脩其好。必使之相敬以全其交。其相交也。必求乎疏數之中。故比年小聘。三年大聘也。其相敬也。必相厲以禮。故使者之誤。主君不親饗食以愧厲之。然後仁達而禮行。外則四鄰相親而不相侵。內則君臣有義而不相陵也。先王制禮以善養人於無事之際。多爲升降之文。酬酢之節。賓主有司有不可勝行之憂。先王未之有改者。蓋以養其德意。使之安於是而不憚也。故不安於偷情而安於行禮。不恥於相下而恥於無禮也。天子以是養諸侯。諸侯以是養其士大夫。上下交相養。此兵所以不用。天下所以平也。節文之多惟聘射。養人之至者也。諸侯自爲正。於射禮聘禮二禮之義。天子養諸侯之意爲深。故其義皆曰兵不用自爲正之具也。○比音畀。使去聲。食音嗣。好去聲。數入聲。勝平聲。以圭璋聘。重禮也。已聘而還圭璋。此輕財而重禮之義也。諸侯相厲以輕財重禮。則民作讓矣。聘使之行禮於君則用圭。於夫人則用璋。其行享禮於君則束帛加璧。於夫人則琮。享猶獻也。及禮畢則還其圭璋者。以圭璋是行禮之器。故重之而不敢受也。璧琮與幣皆財也。財在所輕。故受而不還。故曰此輕財而重禮之義也。○呂氏曰。諸侯相厲以輕財而重禮。則遠利而有恥。所以民作讓。主國待客。出入三積。餼客於舍。五牢之具陳於內。米三十車。禾三十車。芻薪倍禾。皆陳於外。乘禽日五雙。羣介皆有餼牢。壹食再饗。燕與時賜無數。所以厚重禮也。古之用財者不能均如此。然而用財如此其厚者。言盡之於禮也。盡之於禮。則內君臣不相陵。而外不相侵。故天子制之。而諸侯務焉爾。出。既行也。入。始至也。積謂饋之牢禮米禾芻薪之屬。其來與去。皆三饋之。故云出入三積也。餼客於舍。謂致饔餼於賓之館舍也。三牲備爲牢。五牢之具陳於內。謂飪一牢在賓館西階。腥二牢在賓館東階。餼二牢在賓館門內之西也。禾。稾實并刈者也。米車設於門東。禾車設於門西。倍禾。倍其數也。禮註云。薪從米。芻從禾。疏云。薪以炊爨。故從米。芻以食馬。故從禾。此四物皆在門外。乘禽。乘行羣匹之禽。鴈鶩之屬也。掌客云。凡禮賓客。國新殺禮。凶荒殺禮。札喪殺禮。禍災殺禮。在野在外殺禮。故曰古之用財者不能均如此。言不能皆如此豐厚也。然而於聘禮則用財如此之厚者。是欲極盡之於禮也。用財雖厚。盡禮而止。不敢加美以沒禮。故內不相陵。外不相侵。皆爲有禮以制之故也。○積子賜切。乘去聲。食音嗣。殺去聲。聘射之禮。至大禮也。質明而始行事。日幾中而后禮成。非强有力者弗能行也。故强有力者將以行禮也。酒清人渴而不敢飲也。肉乾人飢而不敢食也。日莫人倦。齊莊正齊。而不敢解惰。以成禮節。以正君臣。以親父子。以和長幼。此衆人之所難。而君子行之。故謂之有行。有行之謂有義。有義之謂勇敢。故所貴於勇敢者。貴其能以立義也。所貴於立義者。貴其有行也。所貴於有行者。貴其行禮也。故所貴於勇敢者。貴其敢行禮義也。故勇敢强有力者。天下無事。則用之於禮義。天下有事。則用之於戰勝。用之於戰勝則無敵。用之於禮義則順治。外無敵。內順治。此之謂盛德。故聖王之貴勇敢强有力如此也。勇敢强有力而不用之於禮義戰勝。而用之於爭鬭。則謂之亂人。刑罰行於國。所誅者亂人也。如此。則民順治而國安也。呂氏曰。節文之多。惟聘射之禮爲然。故曰至大禮也。君臣父子長幼之義。皆形見於節文之中。人之所難。我之所安。人之所懈。我之所敬。故能行之者君子也。君子自養其强力勇敢之氣。一用之於義禮戰勝。而敎化行矣。此國之所以安也。射禮。諸侯之射。必先行燕禮。卿大夫士之射。必先行鄉飮酒之禮。酬獻之節。極爲繁縟。故有酒淸肉乾而不敢飮食者。若聘禮。則受聘受享請覿。然後酌醴禮賓。無酒淸肉乾之事。特以節文之繁與射禮等。皆至日幾中而后禮成。故與射禮兼言之也。○幾。平聲。乾音干。莫音暮。齊音齋。下齊如字。解音懈。長。上聲。

子貢問於孔子曰。敢問君子貴玉而賤碈者。何也。爲玉之寡而碈之多與。孔子曰。非爲碈之多故賤之也。玉之寡故貴之也。夫昔者君子比德於玉焉。溫潤而澤。仁也。縝密以栗。知也。廉而不劌。義也。垂之如隊。禮也。叩之其聲淸越以長。其終詘然。樂也。瑕不揜瑜。瑜不揜瑕。忠也。孚尹旁達。信也。氣如白虹。天也。精神見于山川。地也。圭璋特達。德也。天下莫不貴者。道也。詩云。言念君子。溫其如玉。故君子貴之也。鄭氏曰。碈。石似玉。縝。緻也。栗。堅貌。劌。傷也。義者不苟傷人。越。猶揚也。詘。絕止貌。樂記曰。止如槀木。瑕。玉之病也。瑜。其中間美者。○陸氏曰。尹。正也。孚尹。猶言信正。○應氏曰。尹。當作允。孚。允。皆信也。○疏曰。圭璋特達。謂行聘之時。惟執圭璋。特得通達。不加餘幣也。○馬氏曰。能柔能剛。能抑能揚。能斂能彰。而能備精粗之美。以全天人之道者。玉之爲物也。能柔則溫潤而澤。所以爲仁。能剛則廉而不劌。所以爲義。能抑則垂之如隊。所以爲禮。能揚則其聲淸越以長。其終詘然。所以爲樂。能斂則縝密以栗。所以爲智。能彰則瑕不揜瑜。瑜不掩瑕。所以爲忠。孚尹於中。旁達於外。所以爲信。始之以仁。而成之以信。凡此皆粗而爲人道也。於氣如白虹。所以爲天。精神見于山川。所以爲地。圭璋特達。所以爲德。天下莫不貴之。所以爲道。凡此皆精而爲天道也。七者合而言之。皆謂之德。君子所貴以此德也。溫者德之始。言始所以見終。論語言孔子之五德則始於溫。夔敎胄子以四德亦始於溫。詩亦曰。溫溫恭人。惟德之基。古人用玉。皆象其美。若鎭圭以名諸侯。以恤凶荒。用其仁也。齊有食玉。用其智也。牙璋以起軍旅。用其義也。國君相見以瑞。相享以璧。

用其禮也。樂有鳴球。服有佩玉。用其樂也。邦國玉節。用其信也。琬以結好。琰以除慝。用其忠也。兩圭祀地。黃琮禮地。用其能達於地也。四圭祀天。蒼璧禮天。用其能達於天也。圭璋特達。用其能達於德也。已琢而還圭璋。已朝而班瑞。此皆古之爲器而用玉之美者也。古之善比君子於玉者。曰言念君子。溫其如玉。曰追琢其章。金玉其相。曰如圭如璧。曰有美玉於斯。韞匵而藏諸。曰玉振終條理。曰瑾瑜匿瑕。曰如玉如瑩。爰變丹青。此古人比君子於玉者也。○石梁王氏曰。因聘禮用玉。故論玉之德以結此篇。○瑉音民。爲去聲。與平聲。知音智。劌姑衛切。隊音墜。詘音屈。見音現。齊平聲。追平聲。

喪服四制第四十九

疏曰。以其記喪服之制。取於仁義禮智也。

凡禮之大體。體天地。法四時。則陰陽。順人情。故謂之禮。訾之者。是不知禮之所由生也。夫禮吉凶異道。不得相干。取之陰陽也。喪有四制。變而從宜。取之四時也。有恩有理。有節有權。取之人情也。恩者仁也。理者義也。節者禮也。權者知也。仁義禮知。人道具矣。體天地以定尊卑。法四時以爲往來。則陰陽以殊吉凶。順人情以爲隆殺。先王制禮。皆本於此。不獨喪禮爲然也。故曰凡禮之大體。吉凶異道以下。始專以喪禮言之。喪有四制。謂以恩制。以義制。以節制。以權制也。○訾音紫。知音智。其恩厚者其服重。故爲父斬衰三年。以恩制者也。疏曰。父最恩深。故特舉父而言之。其實門內諸親爲之著服。皆是恩制也。○爲去聲。門內之治恩揜義。門外之治義斷恩。資於事父以事君而敬同。貴貴尊尊。義之大者也。故爲君亦斬衰三年。以義制者也。門內主恩。故常揜蔽公義。門外主義。故常斷絕私恩。父母之喪。三年不從政。恩揜義也。有君喪服於身。不敢私服。義斷恩也。資猶取也。用也。用事父之道以事君。故其敬同也。人臣爲君重服。乃貴貴尊尊之大義。故曰以義制者也。然五服皆有義服。亦是以義制。此舉重者言之耳。三日而食。三月而沐。期而練。毀不滅性。不以死傷生也。三日而食。始食粥也。葬而虞祭。始沐。喪不過三年。苴衰不補。墳墓不培。祥之日。鼓素琴。告民有終也。以節制者也。不補。雖破不補完也。不培。一成丘壟之後。不再加益其土也。祥日。大祥之日也。素琴。無漆飾也。與素几素俎之素同。資於事父以事母而愛同。天無二日。士無二王。國無二君。家無二尊。以一治之也。故父在爲母齊衰期者。見無二尊也。齊衰之服。期而除之。以心喪終三年。○爲去聲。杖者何也。爵也。三日授子杖。五日授大夫杖。七日授士杖。或曰擔主。或曰輔病。婦人童子不杖。不能病也。百官備。百物具。不言而事行者。扶而起。言而后事行者。杖而起。身自執事而后行者。

面垢而已。禿者不髽。傴者不袒。跛者不踊。老病不止酒肉。凡此八者。以權制者也。疏曰。杖之所設。本爲扶病。而以爵者有德。其恩必深。其病必重。故杖爲爵者而設。故云爵也。遂歷敍有爵之人。故云三日授子杖。五日授大夫杖。七日授士杖。喪服傳云。無爵而杖者何。擔主也。擔假也。尊其爲主。假之以杖。或曰輔病者。喪服傳云。非主而杖者何。輔病也。謂庶子以下皆杖。爲輔病故也。婦人。未成人之婦人。童子。幼少之男子。百官備。謂王侯也。委任百官。不假自言而事得行。故許于病深。雖有扶病之杖。亦不能起。故又須人扶乃起也。大夫士既無百官。百物須已言而后喪事乃行。故不許極病。所以杖而起。不用扶也。庶人卑。無人可使。但身自執事。不可許病。故有杖不用。但使面有塵垢之容而已。子於父母。貴賤情同。而病不得一。故爲權制。禿者無髮。女禿不髽。故男子禿亦不免也。袒者露膊。傴者可憎。故不袒也。踊是跳躍。跛人脚蹇。故不跳躍也。老及病者身已羸瘠。又使備禮。必至滅性。故酒肉養之。此八者。謂應杖不杖。不應杖而杖。一也。扶而起。二也。杖而起。三也。面垢。四也。禿者。五也。傴者。六也。跛者。七也。老病者。八也。喪大記。大夫與士之喪。皆云三日授子杖。謂爲親也。此云五日七日。爲君也。○擔音贍。傴。其縷切。始死。三日不怠。三月不解。期悲哀。三年憂。恩之殺也。聖人因殺以制節。此喪之所以三年。賢者不得過。不肖者不得不及。此喪之中庸也。王者之所常行也。書曰。高宗諒闇。三年不言。善之也。自三日不怠以至三年憂。其哀漸殺而輕。故曰恩之殺也。○鄭氏曰。諒古作梁。楣謂之梁。闇讀如鶉鵪之鵪。闇謂廬也。廬有梁者。所謂柱楣也。○解音懈。期平聲。殺去聲。王者莫不行此禮。何以獨善之也。曰。高宗者武丁。武丁者殷之賢王也。繼世卽位而慈良於喪。當此之時。殷衰而復興。禮廢而復起。故善之。善之。故載之書中而高之。故謂之高宗。三年之喪。君不言。書云。高宗諒闇。三年不言。此之謂也。然而曰言不文者。謂臣下也。君不言。謂百官百物不言而事行者也。臣下不能如此。必言而後事行。但不文其言辭耳。故曰言不文者。謂臣下也。禮。斬衰之喪。唯而不對。齊衰之喪。對而不言。大功之喪。言而不議。緦小功之喪。議而不及樂。○說見閒傳。唯上聲。父母之喪。衰冠繩纓菅屨。三日而食粥。三月而沐。期十三月而練冠。三年而祥。比終茲三節者。仁者可以觀其愛焉。知者可以觀其理焉。強者可以觀其志焉。禮以治之。義以正之。孝子弟弟貞婦。皆可得而察焉。比及也。三月一節也。練一節也。祥一節也。非仁者不足以盡愛親之道。故於仁者觀其愛。非知者不足以究居喪之理。故於知者觀其理。非強者不足以守行禮之志。故於強者觀其志。一說理治也。謂治斂殯葬祭之事。惟知者能無悔事也。故曰觀其理。篇首言仁義禮知爲四制之本。此獨曰禮以治之。義以正之者。蓋恩亦兼義。權非悖禮也。孝子弟弟貞婦。專言門內之治。而不及君臣者。亦章首專言父母之喪。而恩制爲四制之首故也。○衰音催。期音基。比音畀。知去聲。治平聲。

國家圖書館出版品預行編目資料

禮記集說 /（宋）衛湜著. -- 初版. -- 新北市：華夏出版有限公司, 2024.02

冊； 公分. --（傳世經典；03-04）

ISBN 978-626-7296-90-5（上冊；平裝）. --

ISBN 978-626-7296-91-2（下冊；平裝）

1.CST：禮記 2.CST：注釋

531.22 112015586

傳世經典 004

禮記集說（下）

著 作 （宋）衛湜

出 版 華夏出版有限公司

220 新北市板橋區縣民大道 3 段 93 巷 30 弄 25 號 1 樓

電話：02-32343788 傳真：02-22234544

E-mail：pftwsdom@ms7.hinet.net

印 刷 百通科技股份有限公司

電話：02-86926066 傳真：02-86926016

總 經 銷 貿騰發賣股份有限公司

新北市 235 中和區立德街 136 號 6 樓

電話：02-82275988 傳真：02-82275989

網址：www.namode.com

版 次 2024 年 2 月初版一刷

特 價 新台幣 300 元（缺頁或破損的書，請寄回更換）

ISBN-13： 978-626-7296-91-2